beck^{sche}reihe

b^{sr}

Kubas Geschichte ist eine Geschichte des Reichtums und der Blüte, aber auch eine Geschichte von Sklaverei, Rassismus, Abhängigkeit und Unterdrückung und des nie erlahmenden Widerstandes dagegen. Der Reichtum der Insel durch den Zucker war untrennbar mit der Sklaverei verknüpft; die Befreiung von der spanischen Kolonialmacht mit dem Übergang in die Abhängigkeit von den USA; die Revolution Fidel Castros setzte Potenzen frei, führte aber auch zu großen Konflikten. Seit 1960 entstand der erste Sozialstaat Lateinamerikas.

Michael Zeuske bietet eine informative Synthese der kubanischen Geschichte, die in die Frage mündet: Wie wird es nach dem Ende der Ära Fidel Castro mit Kuba weitergehen?

Michael Zeuske lehrt als Professor für iberische und lateinamerikanische Geschichte in Köln.

Michael Zeuske

Kleine Geschichte
Kubas

Verlag C. H. Beck

1. Auflage. 2000
2., überarbeitete und aktualisierte Auflage. 2002

Originalausgabe

3., überarbeitete und aktualisierte Auflage. 2007
© Verlag C. H. Beck oHG, München 2002
Gesamtherstellung: Druckerei C. H. Beck, Nördlingen
Umschlagbilder: Seite 1, Fidel Castro, 1960 – Foto: AKG, Berlin
Straßenszene, Havanna – Foto: Arts & Others,
© Kubanisches Tourismusbüro
Seite 4: José Marti – Foto: Ralf Müller, Dortmund
Sandstrand – Foto: Arts & Others, © Kubanisches Tourismusbüro
Umschlagentwurf: + malsy, Willich
Printed in Germany
ISBN 978 3 406 49422 2

www.beck.de

Inhalt

Für Ingrid, Cathleen, Jenni und Jil Valentina

Kuba vor den Spaniern

Der Name *Cuba* für die größte der Antilleninseln geht auf die Bezeichnung *Colba* zurück. Ob damit schon die ganze Insel oder nur das Land der Taíno im Osten gemeint war, ist nicht bekannt. Colba – wie es Kolumbus bei den ersten Begegnungen verstanden hatte – wurde allmählich zum klingenderen *Cuba*. Zunächst verstanden die Spanier darunter die Stadt Santiago de Cuba mit ihrer Region, die in den ersten Jahrzehnten der Kolonialzeit Hauptstadt der Insel war. Noch im 19. Jahrhundert bezeichnete *Cuba* im Sprachgebrauch der Inselbewohner den Ostteil der Insel, den *Oriente*, oder eben die Stadt Santiago, während in Europa produzierte Karten und Texte schon recht früh diesen Namen für die ganze Insel benutzten. Die Benennungen *Juana*, *Juana de Cuba* oder *Fernandina* setzten sich nicht durch. Die Geschichte Kubas als einer Insel unter dieser Gesamtbezeichnung beginnt im allgemeinen Sinne also erst Ende des 15. Jahrhunderts; im strengen Sinne sogar erst im 19. Jahrhundert, als die Mehrzahl der Bewohner begann, sich als «Kubaner» zu fühlen und zu bezeichnen.

Mit dem Begriff *Indio* bezeichneten die Spanier die Bewohner der Inseln und Festländer, auf die Kolumbus während seiner Reisen getroffen war, weil er glaubte, auf dem Westwege nach Indien gelangt zu sein. Seit Beginn der Conquista ist er in pejorativer Weise verwandt worden, um den kulturellen Unterschied zwischen amerikanischen Völkern und Europäern in einen zivilisatorischen Abstand zwischen Eroberern und Unterworfenen umzudeuten und koloniale Herrschaft zu legitimieren. *Indio* gilt noch heute in vielen Ländern Lateinamerikas als Schimpfwort, das einen bäurischen, tölpelhaften Hinterwäldler bezeichnet; in Kuba wird der Ausdruck auch als Spitzname für Menschen eines bestimmten Phänotyps gebraucht. Die ursprünglichen Bewohner des Doppelkontinents und der karibischen Inseln benutzten und – sofern sie sich von den vorherrschenden eurokreolischen Kulturen abgrenzen wollen – benutzen eine Vielzahl von Begriffen, um ihre ethnische Identität auszudrücken. Wie sich die Bewohner der Insel zum Zeitpunkt der

Ankunft von Kolumbus nannten, wissen wir nicht, da auch die heute verwandten Völkernamen auf das von den Spaniern Gehörte oder gar auf das, was sie glaubten, verstanden zu haben, zurückgehen. Die Indios von Kuba hatten keine Schriftkultur. Ihre gesprochenen Sprachen wurden mit ihnen vernichtet, bis auf Begriffe und vor allem Ortsbezeichnungen, für die es im Kastilischen keine Worte gab und die deshalb übernommen wurden.

Bei Ankunft der Europäer lebten auf Kuba drei Gruppen von Völkern mit einer Gesamtzahl von etwa 200 000 Menschen. Die stärkste Gruppe bildeten die Taíno aus der Sprachfamilie der Aruak. Ihr Hauptsiedlungsgebiet war nicht Kuba, sondern Bohio oder Quisqueya, von den Europäern La Hispaniola genannt. Die Taíno stammten ursprünglich aus der Region des Orinoko in Südamerika und hatten im Laufe des europäischen Mittelalters über die Inseln des Antillenbogens zwischen 1000 und 1200 auch Kuba erreicht. Dort trafen sie auf die beiden anderen – früher nach Kuba gelangten – Großgruppen der Subtaíno und Ciboney, die je nach Fundorten, Chronologie und Kulturschema auch Guanahatabey genannt oder nach anderen Kriterien unterteilt werden. Die archäologischen Fundstätten der Taíno-Kultur finden sich an der äußersten Ostspitze der Insel in einem relativ kleinen Areal zwischen Baracoa, Guantánamo und dem Kap Maisí. Die Subtaíno siedelten in den Küstengebieten und auf den kleinen Inseln in der Nähe der östlichen und mittleren Hauptinsel bis zu einer Linie vom heutigen Cárdenas im Norden bis Cienfuegos im Süden. Der Siedlungsschwerpunkt der Ciboney oder Guanahatabeyes lag im Westteil, im Gebiet des heutigen Pinar del Río und der Provinz sowie Stadt Havanna; ansonsten finden sich archäologische Fundstätten vor allem an der Südküste bis nach Bayamo. Taíno und Subtaíno betrieben Brandrodungsfeldbau, kultivierten insbesondere die bittere Yuca (Maniok, Kassava), aber auch Mais, Bohnen, Boniato (Süßkartoffel), Tabak sowie verschiedene Pfefferarten und ernteten wilde Baumwolle. Jagd auf Meeresgroßsäuger, Sammeln von Mollusken, Krustentieren und Wurzeln, Fischfang mit Betäubungsmitteln oder auch mit dem berühmten *Guaycán* (oder Klebefisch) und Anfänge der Tierhaltung (unter anderem von Fischen) trugen zur Subsistenz bei. Ihr Grundnahrungsmittel war eine Art Fladen aus dem Mehl der bitteren Yuca, *Casabe*. Die Taíno hatten eine Methode entwickelt, der Yuca ihren giftigen Saft zu entziehen. Die

Wurzeln wurden auf einer Holz-Stein-Reibe bearbeitet, die Masse in einem langen Netz (*Cibucán*) durch ihr Eigengewicht gepreßt, bis der giftige Saft abgeflossen war. Das Mehl wurde zu Fladen geformt und dann auf heißen Steinen ausgebacken. Die Taíno stellten auch hochseegängige Einbäume (*Canoas*) her. Ihre geflochtene Hängematte (*Hamaca*) war für die spanischen Seeleute eine technologische Neuerung ersten Ranges. Außerdem kannten sie die Stein- und Muschel- sowie Tonverarbeitung, Weberei und Flechtkunst. Aus den genannten Materialien fertigten sie Gegenstände des täglichen Gebrauchs, aus Ton auch Götterbildnisse.

In den Taíno-Gemeinschaften, die in einem oder mehreren Dörfern meist in runden Hütten (*Caneyes*) siedelten, hatte sich ein erbliches Kazikentum herausgebildet. Die Kaziken oder andere Anführer lebten häufig in rechteckigen Hütten (*Bohios*). Die Spanier nannten die Territorien der einzelnen Gemeinschaften *Reynos* (Königreiche). Sie übernahmen auf La Hispaniola den Begriff *Cacique* und wandten ihn auf die Institution der Führerschaft auch in anderen Gebieten Amerikas an. Die Taíno verehrten Naturgewalten und stellten sie in Bildnissen aus Ton oder Stein (*Zemis*) dar. Sie huldigten ihnen an rituellen Plätzen (*Batey*) mit Ballspielen, Tänzen und Gesängen (*Areitos*).

Die Gruppen der Guanahatabeyes oder Ciboney siedelten vermutlich in zerstreuten Verbänden meist in küstennahen Höhlen des gebirgigen Westteils der Insel. Sie waren nichtseßhafte Sammler und Jäger ohne stabile Territorialorganisation. Ackerbau und Tonverarbeitung waren ihnen zunächst unbekannt; die wichtigste kulturelle Hinterlassenschaft sind Piktogramme. Die Ciboney-Kulturen repräsentieren möglicherweise die ältesten Bevölkerungsgruppen der Inseln. Die ersten Siedlungswellen waren zwischen 10 000 und 8000 v. Chr. aus dem Norden über Florida und die Bahamas nach Kuba gekommen. Die nächste große Welle kam um 2500 v. Chr. aus dem heutigen Venezuela an der Küste entlang zunächst nach Westen, dann nach Norden bis Yukatan und von da aus zur Halbinsel von Guanahacabibes, der Isla de Pinos, in die Zapata-Sümpfe und andere Gebiete an den Südküsten Kubas. Diese frühen Siedler wurden von der nachfolgenden Expansion der aruaksprachigen Subtaíno und Taíno ebenso nach Westen gedrängt wie eine Untergruppe, die seit ca. 500 v. Chr. aus Florida und dem Mississippital gekommen war und sich an den Nordküsten des Westteils angesiedelt hatte. Zur gleichen Zeit begannen von Osten, über den Antillen-bogen, die Subtaíno in mehreren Wellen nach Kuba vorzudringen. Die Erstankömmlinge wurden von den Spätergekommenen nach Westen und in die Küstengebiete sowie auf die *Cayos* (Inseln) ver-drängt, wo die *Indios cayos* (Typ *Cayo Redondo*) von den spani-schen Chronisten als Leute mit einer anderen Sprache als die der Aruak- und Karibenvölker und mit einer anderen Kultur, ebendie der Ciboneyes, wahrgenommen wurden. *Ciboney* kommt von den Aruakworten *siba*, gleich Höhe, und *eyerí*, gleich Mensch. Kuba ist ja eigentlich ein Archipel aus zwei großen Inseln (der Hauptinsel und der Isla de Pinos) sowie fast zweitausend Inseln und Inselchen. Die Ciboneyes lebten vor allem von Jutía-Jagd, Fisch- und Vogel-fang, Meerestier-Sammeln und der Jagd auf Robben, Seekühe (Manatí) und Schildkröten (Tortuga). Eine dritte Kultur, neben der Ciboney- und der Taínokultur, ist die von Mayarí im nördlich-zen-tralen Oriente (9.–11. Jahrhundert n. Chr.).

Kolumbus und die Konquistadoren

Unterjochung und Widerstand

Kolumbus landete auf der größten Antilleninsel am 27. Oktober 1492. Der Admiral nahm an, er betrete Cipangu (Japan), und nannte den Ort der Landung San Salvador. Die Europäer setzten sich zunächst jedoch auf der Insel Bohio oder Quisqueya (heute Haiti/ Dominikanische Republik) fest, die sie La Hispaniola nannten. Die Nachbarinsel Kuba blieb bis etwa 1510 – aus der Sicht der Spanier – ein Territorium der Schiffbrüchigen. Auch Sklavenjäger suchten Kuba heim. Die Kastilier raubten, handelten und suchten weiter nach dem großen Indien. Zusätzlich wurde Goldabbau mit indianischen Arbeitskräften betrieben. Zu Beginn des 16. Jahrhunderts wurde das Scheitern des Handelsstützpunktes auf La Hispaniola deutlich. Unterschiedliche Interessen strebten eine Erweiterung des Macht- und Siedlungsgebietes in der Karibik an. Als 1509 Diego Colón, der Sohn von Kolumbus, das Amt des Vizekönigs übernahm, ließ er die anderen von seinem Vater entdeckten Gebiete erkunden. Es entsprach auch dem königlichen Interesse, die «Geheimnisse» Kubas, worunter König Ferdinand von Aragón vor allem Gold verstand, zu entschleiern. Diego Velázquez de Cuellar übernahm die Leitung der Expedition.

Die *Pacificación* (Befriedung) Kubas begann 1510. Mit diesem euphemistischen Ausdruck umschrieben zeitgenössische Quellen die *Conquista* der Insel. Die Spanier brachen mit gezieltem Terror den Widerstand der Taíno, der unter der Führung eines Kaziken aus Haiti, Hatuey, organisiert worden war, und legten im äußersten Osten der Insel die Siedlung Nuestra Señora de la Asunción de Baracoa an. Damit verfügten sie über einen Brückenkopf. Die weitere Conquista Kubas gestaltete sich bis auf wenige Zwischenfälle relativ friedlich, das heißt, es waren kaum Getötete im Kampf auf spanischer Seite zu beklagen. Mit Hilfe zuvor unterworfener Indios, die als Träger fungierten, marschierten die Spanier nach Westen. Pánfilo de Narváez und Francisco de Morales wurden in

Gebiete mit dichter Indiobevölkerung (Bayamo und Maniabón) gesandt, wo sie zunächst friedlich aufgenommen wurden. Bald aber setzte das normale Verhalten der frühen Eroberungszüge gegenüber der Indiobevölkerung ein. Die Spanier zwangen die Indios zu Arbeitsdiensten, sie glaubten die Frauen vogelfrei und sich selbst im «Paradies Mohammeds». Die Gegenwehr der Indios wurde mit brutaler Härte unterjocht. Auf den großen Antillen entstand das Verb *aperrear* – Menschen von Hunden zerreißen lassen. Mit Gewalt erzwangen die Eroberer auch Arbeits- und andere Leistungen, an die die Indios nicht gewöhnt waren. Diese Formen der Zwangsarbeit wurden als *Repartimiento*, später *Encomienda*, institutionalisiert. Die Gemeinschaften der Taíno und Subtaíno zerfielen. Viele flüchteten in unzugängliche Regionen. Am meisten aber hat wohl die ungesteuerte Inkulturation europäischer Tiere und Krankheitserreger zur Zerstörung der Lebenswelt der Indios beigetragen. Von Juan Pérez de la Riva stammt das ironische Wort, die Taíno seien nicht so sehr von Menschen, sondern eher von den wildlaufenden Schweinen der Spanier vernichtet worden. Was von den Anbauprodukten der indianischen Siedlungszentren nicht von den Spaniern verbraucht wurde, fraß das europäische Vieh. Dazu kamen Krankheiten, gegen die die Einwohner der bis dahin biologisch isolierten Insel nicht immun waren. Hungersnöte und massenhaftes Sterben waren die Folge. Andererseits mußten auch die Spanier Immunität gegen Krankheiten erwerben. Auch sie hatten sich an die ungewohnten Lebensumstände und Nahrungsmittel zu gewöhnen. Dies erklärt, warum die Europäer erst im Jahre 1519 die Conquista der Großreiche auf dem amerikanischen Festland beginnen konnten. Ohne das indianische Nahrungsmittel *Casabe* hätte keiner der Eroberer überlebt.

In der Conquista Kubas zeigt sich das Bestreben, Siedlungen in Gegenden zu gründen, in denen man größere Goldvorkommen vermutete, wo schon indianische Siedlungen existierten und mit einer dichten und seßhaften Bevölkerung gerechnet werden konnte. Das war vor allem in den Gebieten der Taíno-Kulturen der Fall. Deshalb ist es möglich, daß das Wort *Cuba* zunächst nur den entwickelteren äußersten Osten der Insel bezeichnete; der Westteil war in dieser Frühzeit wenig besiedeltes Ciboney-Territorium. Auch natürliche Häfen, Flüsse und Seen oder militärische Gesichtspunkte gaben den Ausschlag für die Anlage von Siedlungen. Ehe die Spanier an weitere Eroberungen denken konnten, mußten sie erst einmal lernen zu überleben. Sie befanden sich in ungewohnter Umgebung, weit von ihrer Heimat entfernt und ohne kontinuierliche Verbindung nach Spanien. Die Zerstörung der indianischen Kulturen wirkte sich auch auf sie negativ aus. Desintegration der indianischen Gemeinschaften, schwindende Ernährungsbasis, Krieg und Vertreibung sowie Zerstörung der Ökologie führten zu einer demographischen Katastrophe und schließlich zum Zusammenbruch. Das betraf vor allem die karibische Landwirtschaft, genauer die Pflege und Kontrolle des genialen Hügelbeet-Feldbaus der Taíno. Der Fleischlieferant der Seefahrer, die Meeresschildkröte, war relativ schnell dezimiert worden. Bestimmte Nutztiere, wie Rinder, Schafe, Pferde, Schweine, Ziegen, aber auch eingeführte Wildtierarten oder Ratten, vermehrten sich derart rasant, daß sie den intensiven Feldbau zu zerstören drohten. Die europäischen Tiere wurden zur freilaufenden Ernährungsreserve für die Spanier. Besonders wichtig war das Schwein. Die christlich-europäische Kultur des Conquista-Kolonisationsprozesses ruhte auf diesem Tier. Nach einigen Jahren entwickelten sich neue mestizisierte Kulturen, die zunächst die Subsistenzbasis der Spanier auf Kuba darstellten. Das Besondere dieser Kulturen bestand darin, daß die Spanier Elemente des karibischen Feldbaus übernehmen mußten und ihrerseits bei der Viehzucht Ergebnisse der neolithischen Revolution in die Karibik brachten. Die neue Landwirtschaft kombinierte den Anbau von Yuca und Boniato auf Hügelfeldern, wie ihn die Taíno praktiziert hatten, mit der Großtierhaltung vor allem von Schweinen, bald auch von Rindern, Pferden und Maultieren sowie mit der Haltung von Ziegen, Schafen, Hunden und Geflügel. Der Begriff «Tierhaltung» ist jedoch irreführend. Viehwirtschaft bedeutete über lange Zeit ausschließlich Jagd von Vieh, das in bestimmten Gegenden frei lief (sog. *Cimarrón*-Vieh). Bei den großen Besitzern gab es Brandzeichen und einen oder zwei Hütesklaven, ansonsten schweiften die Tiere ungebunden umher. Aber immerhin hatte die Ausbeutung dieser biologischen Ressource so viel Erfolg, daß die Sklavenfangzüge in das Gebiet des heutigen Venezuela und die großen Expeditionen nach Mexiko, Mittelamerika und Florida, zum Teil auch noch die nach Südamerika, mit kubanischen Pferden, Vieh, Casabebrot, Mais, Salzfisch, Fleisch und Schinken ausgerüstet werden konnten. Der Südosten Kubas versorgte zeitweilig auch die

Regionen der Insel, in denen man Gold vermutete oder fand. Weizen, Wein und Oliven gediehen auf Kuba nur schwer, zudem wurde ihr Anbau von der Krone untersagt.

Für einige Jahre wurden der Osten Kubas und seine Südküste, das heißt Taíno-Kuba, zum ökonomischen Zentrum des spanischen Indien. *Las Indias* bezeichnete zu dieser Zeit neben Kuba und La Hispaniola vor allem Puerto Rico, Jamaika, Margarita und den Golf von Darién. Mit Velázquez waren etwa 300 Spanier und eine unbestimmbare Anzahl von indianischen Sklaven sowie möglicherweise einige Negersklaven nach Kuba übergesetzt. Aus Jamaika kam eine Gruppe von 30 Spaniern unter Pánfilo de Narváez mit Indiosklaven (*Naborías*). Vom Golf von Darién an der Grenze zwischen dem heutigen Panama und Kolumbien, dem damaligen Gold-Kastilien, erschienen nach dem Zeugnis von Las Casas «viele Caballeros». Auch von La Hispaniola zogen Siedler den Velázquez-Leuten nach, und aus Kastilien trafen Menschen ein. Der Widerstand der Indios konnte, solange Kuba im Zentrum spanischer Aufmerksamkeit stand, zurückgedrängt werden. Diese nahmen jedoch – besonders nachdem die Mehrzahl der ersten Siedler seit 1520 von Kuba nach Neu-Spanien (Mexiko) abgezogen war oder sich den großen Expeditionen wie der des Gouverneurs Hernando de Soto 1539 nach Florida angeschlossen hatte – die Eroberung keineswegs friedlich hin. Die Beschreibung der 26 indianischen Provinzen durch Las Casas läßt vermuten, daß dort viele Indios auch nach der Conquista nicht unter spanischer Kontrolle lebten.

Die kurze Blüte eines «goldreichen» Kuba wurde schon in der Aufstiegsphase vom Ruhm und Ruf neuer Gebiete überschattet. Das Jahr 1519 bildete einen Höhepunkt in der Goldausbeute. Kuba erlebte eine kurze Prosperität durch Gold und florierenden Tauschhandel. Noch in diese Zeit fiel jedoch, auch zusammenhängend mit dem Tod Ferdinands von Aragón (1516) und dem Thronwechsel in Spanien (1517), der Anfang vom Ende der zentralen Bedeutung Kubas als Brückenkopf für die Eroberung des kontinentalen Amerika. Die Goldausbeute wurde schnell geringer, die Konquistadoren unter Cortés eroberten das Azteken-Reich, und 1524 starb Velázquez. Die Bevölkerungszahl der Insel ging dramatisch zurück. Der Widerstand der Indios, die sich in unwegsame Gebirgsgebiete in Oriente, in die Küstengebirge etwa der Sierra de los Organos im Westen, auf die Inseln und *Cayos*, in die Berge von Ostkuba oder in die Zapata-Sümpfe im Süden zurückgezogen hatten, nahm gefährliche Formen an. Seit den zwanziger Jahren des 16. Jahrhunderts brachen auch immer wieder schwere Konflikte mit den Indios aus, die als Sklaven aus Mexiko nach Kuba eingeführt worden waren. Die ersten *Cimarrones* (Flüchtige, Rebellen) rekrutierten sich aus ihren Reihen, bald gesellten sich ihnen geflohene Schwarze zu. 1520 begann eine Aufstandswelle der Taíno, die erst nach Jahren niedergeschlagen werden konnte. Im Herbst 1526 mußte sich sogar der vielbeschäftigte Kaiser Karl V. mit dem Problem befassen und einerseits Vergebung für alle, die die Rebellion einstellten, anbieten, andererseits einen Freibrief ausstellen zum Töten und Versklaven der Indios oder *Cimarrones*, die weiterhin gegen die Christen kämpften und gegen die Krone rebellierten. Erst 1532/33, als der Kazike Guamá bei Baracoa getötet worden war, konnte der Widerstand in der Nähe der wichtigsten Siedlungszentren gebrochen werden. Zu dieser Zeit entstanden auch die ersten *Palenques*, befestigte Siedlungen in den Bergen, in denen sich *Cimarrones* ansiedelten.

Die am schwierigsten zu kontrollierende und – aus indianischer Sicht – erfolgreichste Form des Widerstandes stellten die Überfälle der *Indios cayos* dar. Dabei handelte es sich wahrscheinlich um Ciboneyes, die sich auf die Inseln an der kubanischen Nord- oder Südküste zurückgezogen hatten. Sie lebten laut Las Casas «nur von Fisch» und waren praktisch unkontrollierbar. Es bestand auch immer die Gefahr von Allianzen zwischen Indios und fremden Korsaren oder Piraten. Um die Mitte des 16. Jahrhunderts mußte die Krone wegen des Abzugs der Siedler von Kuba um den Erhalt der Kolonie fürchten. Seit dieser Zeit werden auch die Nachrichten über Aufstände und Rebellionen spärlicher, denn die großen Gruppen der autochthonen Bevölkerung waren nicht nur durch Conquista und Zusammenbruch, Arbeitszwang und Verfolgung, sondern auch durch eine große Pockenepidemie dezimiert worden. Die überlebenden Indios zogen sich in unzugängliche Gebiete zurück, wo sie Subsistenzwirtschaft betrieben. Auf lange Sicht bildeten sie den Kern der freien Bauernschaft der Insel. 1539 mußte Gouverneur Gonzalo de Guzmán an den Kaiser schreiben: «Der Indios, die uns dienen sollen, sind wenige, um sich zu erheben, zu schaden aber sind es viele.»

Schwierige Konsolidierung

Spätestens mit der durch die Berichte über die Eroberung Perus (1532–1548) neuerlich ausgelösten Auswanderungswelle war deutlich geworden, daß das Kolonialexperiment in der Karibik, verstanden als die dauerhafte Besiedlung der großen Inseln und Konsolidierung einer antillanischen Kolonialgesellschaft auf Grundlage städtischer Ansiedlungen, Mestizisierung und eines ertragreichen Goldbergbaus mit eigener Subsistenzwirtschaft auf *Encomienda*-Basis, gescheitert war. Die schwindenden Subsistenzgrundlagen und das immer deutlichere Absacken der Arbeitskräftezahlen ermöglichten bald nur einer sehr kleinen Gruppe der zuerst Gekommenen, Etablierten und Privilegierten mit guten Verbindungen nach Spanien ein standesgemäßes Auskommen in den Städten.

Sieht man Eroberung und Landnahme in der Karibik als eine Etappe der spanischen Conquista Amerikas an, so lag ihre Bedeutung à la longue in der gewiß außerordentlich komplizierten Implantierung einer karibisch-europäischen Landwirtschaft unter spanischer Kontrolle. Dazu kam die lebensgeschichtlich-biologisch bedeutsame Gewöhnung der Europäer an die neue Umwelt. Erst ein längerer Aufenthalt konnte die Immunität gegen die gefürchteten Krankheiten *Baquía* und *Modorra* sichern. Gewöhnlich fielen ihnen 30–50% der Europäer zum Opfer. In diesem karibischen Experiment hatte sich aber nicht nur die erste Konquistadorengeneration formiert. Es entstanden auch die wichtigsten militärischen, politischen, administrativen, wirtschaftlichen und juristischen Organisationsformen der Eroberung und die bis zum Hof reichenden politischen Netze der Komplizenschaft, die es erst ermöglichten, die Herrschaft über ein Gebiet abzusichern und weiter vorzudringen. Aus all diesen einzelnen Elementen entwickelte sich eine Technik der Conquista. Zu erwähnen wären etwa die frühe Schifffahrt in der Karibik, die sehr schnell indianische Transportmittel, z. B. das *Canoa*, übernahm, aber auch europäische Schiffe weiterbenutzte, sowie die Übernahme geographischer und landeskundlicher Informationen über andere Stämme und Reiche bzw. über Goldvorkommen oder Schätze wie Adels- und Priestergräber. Die Kastilier suchten nach den sogenannten *Secretos de la tierra*, «Geheimnissen», womit vor allem Gold und Silber gemeint waren. Sie fanden aber durchaus auch andere nützliche Informationen. Kuba war ein Zentrum der Informationssammlung über die Mayagebiete, das Aztekenreich und andere Ethnien des mexikanischen Raumes, Mittelamerikas und der *Tierra Firme*, dem heutigen Venezuela und Kolumbien, wie auch über *Florida*, worunter damals alle Gebiete im Norden verstanden wurden.

Obwohl die Eroberer, man mag fast sagen: «zur Bannung des gigantischen Neuen» danach trachteten, alles mit kastilischen Begriffen zu belegen, mußten auch Worte aus der Aruak-Sprache übernommen werden, um Gegenstände oder Phänomene zu bezeichnen, für die es im Kastilischen keine Ausdrücke gab; eine Kommunikationstechnik, deren Herausbildung ebenfalls in der karibischen Phase weitgehend abgeschlossen wurde und dann bei der Conquista der anderen Gebiete dort gebrauchte Begriffe der Indiosprachen verdrängte. Es sei nur auf einige wenige Beispiele verwiesen: aus dem Bereich indianischer Herrschaftstechniken etwa auf *Cacique*, *Naboría* (eine Art Sklaverei) und *Batey*, die Bezeichnung für den Ritualbereich der Taíno-Siedlungen, die für die zentralen Installationen der Zuckerplantagen übernommen wurde; aus dem Bereich der Lebensweise und der Nutzung örtlicher Ressourcen für die Anlage von Siedlungen auf *Palenque*, *Caney*, *Bohio* und *Barbacoa*, Bezeichnungen für eine von Palisaden umgebene Siedlung, verschiedene Hausformen und eine Siedlung auf Pfählen im Wasser; aus dem Bereich der Nahrungs- und Genußmittel auf *Casabe*, *Yuca*, *Tobaco* oder *Cibucán*; *Huracán* war der Ausdruck für die verheerende Naturerscheinung der karibischen Wirbelstürme (zugleich der Name einer der obersten Göttinnen der Taíno). Die große Anzahl indianischer Ortsnamen auf Kuba zeigt, daß sich dort zunächst die überlebenden Indios ansiedelten und die alten Benennungen beibehielten bzw. daß diese auch von den Europäern weiterbenutzt wurden. Der feuergehärtete spitze Grabstock der Taíno, *Coa* oder *Jan*, spielte noch auf den Zuckerplantagen des 19. Jahrhunderts eine wichtige Rolle bei der Bodenbearbeitung durch die Sklaven.

Frühe Siedlung und Landnahme

Verwaltungsstrukturen

Conquista und Kolonisation gingen ineinander über. Die sechs Städte (*Villas*), die Velázquez und Narváez auf Kuba gründeten, waren zunächst Stützpunkte beider Prozesse: Asunción (Baracoa, 1511), San Salvador (Bayamo, 1513), La Santísima Trinidad (Trinidad, 1514), Sancti Spíritus (1514) und San Cristóbal de La Habana (1514). Diese erste Gründung Havannas lag an der Südküste an einer Flußmündung, vielleicht beim heutigen Batabanó. Später zogen die Siedler an die Nordküste, aber erst seit 1519 – nach einer weiteren Verlegung wegen einer Ameisenplage – befand sich die Siedlung in der heutigen Altstadt. Mitte 1515 kamen Santa María del Puerto del Príncipe (Camagüey) sowie Santiago de Cuba und Remedios dazu und vervollständigten die Liste der berühmten ersten acht Städte Kubas.

Der Gründungsakt einer solchen *Villa*, zunächst nur eine Handvoll *Bohíos*, erfolgte durch die feierliche Ernennung eines *Cabildos* (Stadtrates), der den oder die *Alcaldes* (Bürgermeister) wählte. Die Mitglieder des jeweiligen Konquistadorentrupps wurden zu *Vecinos* (Vollbürgern). Den *Vecinos* wurden Baugrund in der Stadt und Ländereien (*Estancias*) in der Nähe oder in weiterer Entfernung von der Stadt als königliche Gnade (*Merced*) zugewiesen. Dazu bekam der Ort Gemeinde- und Weideland. Feste Steingebäude, vor allem Verwaltungsgebäude, Kirchen und Militäranlagen, wurden erst nach und nach errichtet. Der *Ayuntamiento*, die Versammlung der Mitglieder des Stadtrates, bestand aus *Alcaldes Ordinarios* (Bürgermeistern mit richterlichen Befugnissen) und *Regidores* (Stadträten) sowie Polizei- und Finanzbeamten. Ein juristisch gebildeter *Procurador* vertrat die Stadtinteressen gegenüber der Krone und anderen Körperschaften.

Eigentlich waren es acht Zentren. Eine wichtige Siedlung, wie die anderen sieben in den Quellen als *Villa de Españoles* bezeichnet, war, obwohl sie kein Stadtrecht hatte, La Sabana oder El Cayo, später auch San Juan Bautista de Remedios del Cayo oder einfach Remedios genannt. Der Ort wurde wichtig für das Übersetzen nach Florida und die Passage zwischen dem Golf von Mexiko und dem Atlantik. Weitere Siedlungsplätze ohne Munizipalrechte waren kleinere Ansiedlungen an der Bucht der späteren Stadt Matanzas und eine Ansammlung von Häusern und Hütten zwischen der Mündung des Flusses La Chorrera (Almendares) und der Bucht der späteren Stadt Havanna, genannt Puerto de Carenas. Wegen der Expansion nach Kontinentalamerika kam es zunächst kaum zur effektiven Kolonisierung des Innern der Insel (*Interior*). Die spanische Landnahme auf Kuba nach der Gründungsphase 1510–1515 ähnelte eher einer langsamen Ausbreitung von kleinen Tintenflekken auf Löschpapier.

Zu dieser Gründungsperiode gehört auch die Entstehung von Siedlungen, in denen sich die überlebenden Indios niederließen, die nicht ins Innere der Insel geflohen waren. In der Nähe Havannas entstanden Guanabacoa (1559) und Jibacoa (1576), nahe Santiago San Luis de los Caneyes und bei Bayamo der Ort Jiguaní, der erst 1701 offiziell als *Villa de Indios* errichtet wurde. Zwischen 1600 und 1700 sollte mit den Gründungen von Filipinas (1600), Pinar del Río (1669), Guanajay (1650), Alquizar (1618), Santiago de las Vegas (1685), Quemado de Güines (1667), Santa Clara (1689) sowie Matanzas (1693) und Santiago del Prado oder El Cobre (1658) ein zweiter Schub einsetzen. Diese Ortschaften, deren Jahreszahlen den offiziellen Gründungsakt markieren, nicht aber die realgeschichtliche Entstehung des jeweiligen Siedlungsplatzes, verdankten ihr Zustandekommen den dort lebenden Indios, den *Resguardos*, dem Bemühen um bessere Verteidigung des extremen Westens und Orientes und der stärkeren Einwanderung von Kanariern, dem Einsetzen des Tabakanbaus sowie der Ausweitung der Viehzucht.

In der zweiten Hälfte des 16. Jahrhunderts war die Umstellung vom Goldwaschen auf die Landwirtschaft vollzogen. Der Boden um die ersten Siedlungszentren war durch die *Cabildos* an die wichtigsten Familien der Oberschicht verteilt worden. Die Vertreter ebendieser Oberschicht, ehemalige Konquistadoren oder erste Siedler, die auf Kuba verblieben waren, saßen in den städtischen Räten. Dort schanzten sie sich das beste Land zu. Die Krone bestätigte diese *Mercedes* dann in den meisten Fällen. Durch illegale

Aneignung, Kauf, Erbschaft und brutale Okkupation entwickelten sich diese Kernbesitztümer zu Größgrundbesitz. Wirtschaftliche Basis dieser Oberschicht von *Vecinos*, die sich in Viehzüchter-Oligarchien wandelten, waren die runden *Hatos, Corrales* und *Sitios* zur extensiven Haltung von Rindern, Schweinen, Pferden, Maultieren und Kleinvieh. Bis in das letzte Drittel des 16. Jahrhunderts kostete der Boden fast nichts. Zugleich aber wurde er Grundlage des gesellschaftlichen Status und sozusagen akkumuliertes Sozialkapital. 200 *Caballerías* – eine *Caballería* (Ritterhufe) umfaßte im 16. Jahrhundert, je nach angewandtem Regionalmaß, zwischen 13 und 40 Hektar – kosteten etwa soviel wie ein Hirtensklave (25 Dukaten). Der normale *Hato* war auf Kuba eine Kreisfläche mit einem Radius von zwei *Leguas* (2 mal 5572 m) und einer Fläche von 1644,25 *Caballerías*. Das sind nach heutigen Maßstäben 22 602,635 Hektar. 1549 wurde die *Encomienda* aufgehoben, eine Institution, in der die Indios de jure für kastilische Zivilisation im Gegenzug Arbeitsleistungen hatten erbringen sollen, die de facto aber Zwangsarbeit war. Unendlich viel und billiges Land, aber wenige und teure Arbeitskräfte, so könnte das wirtschaftliche Motto dieser ersten Kolonistengeneration lauten. Bei diesen Größenordnungen war um 1580 das gute und erreichbare Land vergeben, doch beileibe nicht effektiv besetzt oder gar bebaut. Allein der mächtige *Cabildo* von Sancti Spíritus in der Nähe der wichtigsten Goldausbeutungsgebiete hatte Land bis in die Gegenden der heutigen Siedlungen Morón im Osten und Matanzas im Westen verteilt. Zwischen beiden Orten liegen mehr als 400 km Entfernung. Auf der Basis der *Hatos* bildete sich Anfang des 17. Jahrhunderts die Gruppe der mächtigen *Señores de hatos*. Eine auf Kuba, oftmals von den indianischen Frauen oder Geliebten der Konquistadoren geborene Oligarchie der ersten und zweiten Generation war entstanden – der Kern der kreolischen Oberschicht.

Wirtschaftliche Grundlagen

In der Region von Havanna gab es in dieser Zeit auch schon einen primitiven Zuckerrohranbau. Um die Zuckerproduktion auf Kuba zu fördern – die Preise für Zucker stiegen in Europa rasant –, vergab die Krone 1595 ein Privileg, genannt *Ley de Privilegios de Inge-*

nios. Es handelte sich vor allem um die Nichtverpfändbarkeit der Zuckerpflanzungen und betraf Boden, Sklaven, Werkzeuge und Geräte, auch Mühlen und andere Installationen. Der *Diezmo*, die Abgabe des staatlich verwalteten Kirchenzehnts, wurde verringert, und an die wichtigsten Zuckerproduzenten wurden Kredite vergeben. Der Zuckersektor erlebte daraufhin eine erste Wachstumsperiode, konnte aber nicht mit dem brasilianischen Zucker konkurrieren. 1603 gab es um Havanna schon 31 *Ingenio*-Besitzer. Die *Ingenios* waren Zuckerbetriebe, auch *Haciendas, Fincas* oder *Trapiches* genannt, deren hervorstechendes Merkmal die Verbindung zwischen landwirtschaftlicher Produktion der Pflanze und der manufakturellen Verarbeitung des Zuckerrohrsaftes war.

Mit fortschreitender Kolonisation deckten die Städte ihren Bedarf an Textilien, an europäischen Manufakturwaren, an Mehl und Genußmitteln sowie Luxusgütern, später auch an Sklaven durch Handel. Da dieser Handel im absolutistischen System Spaniens scharf kontrolliert und als Monopol an privilegierte Gruppen und Häfen – auf Kuba nur Havanna – vergeben wurde, mußten die restlichen Städte andere Möglichkeiten suchen. Ihr Austausch mit Märkten außerhalb Kubas fand nur zu einem kleinen Teil als offizieller Handel und zu einem je nach Lage und Möglichkeit größeren Teil als intensive verdeckte Kommerzialisierung, sprich Schmuggel, statt, so daß regelrechte Kontraökonomien entstanden. Die Städte des Interior, häufig in geheimem Kontakt mit Piraten oder illegalen Geschäftemachern fremder und feindlicher Staaten, wurden Zentren dieser verdeckten Kommerzialisierung. «Es war der Schmuggel und nicht der Zucker, der für die Bewohner von Kuba einen wichtigen Lebensunterhalt während dreier Jahrhunderte darstellte» (R. Ely). Hauptstädte der Konterbande waren Bayamo in der Ebene des Cauto-Flusses und Puerto del Príncipe (Camagüey). Nicht umsonst brachen in Bayamo und Camagüey mehrfach Rebellionen gegen Versuche der Metropole aus, den Schmuggel zu unterbinden. Die lokalistische, antizentralistische Mentalität der Bewohner des Interior spielte dabei stets eine wichtige Rolle.

Mit der Schwerpunktverlagerung der spanischen Kolonisation nach Neu-Spanien und der Proklamation Havannas zum Haupthafen der Seeverbindung zwischen Amerika und Sevilla (Carrera de Indias, 1564) formierten sich auf der Insel drei hierarchisierte Achsen von Städten.

Erstens entstand die Achse Santiago de Cuba – Bayamo, die von der südöstlichen karibischen Küstenfassade der Insel ins Viehzucht-hinterland reichte. Die zweite Achse war Havanna – Matanzas am Golf von Mexiko. Notdürftig verbunden wurden diese beiden durch Sancti Spíritus und Puerto Príncipe, die Viehzuchtmetropolen Zentralkubas. Der Mittelteil der Insel, das Land der vier Städte (*Las Villas* oder *Cuatro Villas*) mit den Orten Sancti Spíritus, Remedios, Trinidad und Santa Clara, der in der ganz frühen Kolonisation Schwerpunkt der Goldfunde war, verlor allerdings bis zum Beginn des 19. Jahrhunderts an Bedeutung. Auf der Insel bildete sich ein geographisch-politischer Dualismus zwischen Westen (Havanna) und Osten (Santiago) heraus. In Las Villas, Puerto Príncipe und Bayamo mit Viehhaltung, Schmuggel und lokalen Subsistenz-wirtschaften entwickelte sich dagegen ein starker Regionalismus.

Seinen strategischen Wert gewann Kuba erst durch die Entdek-kung und Conquista Mexikos und Perus. Der Grund hierfür war der Zwang, die Routen von und nach *Las Indias* kontrollieren und verteidigen zu müssen sowie die Flotten vor der Rückkehr über den Mittelatlantik in einem aufnahmefähigen und gut befestigten Hafen zu sammeln. Das hatte spätestens der Angriff des französischen Korsaren Jacques Sores auf Havanna im Jahre 1555 deutlich ge-macht. Die Stadt wurde befestigt und verwandelte sich zum über-regionalen Zentrum einer imperialen Meeresökonomie, sozusagen zum atlantischen Schnittpunkt zwischen den kontinentalen Kolo-nien und Spanien. Damit löste sie sich in gewissem Sinne von der Entwicklung des Restes der Insel, und es begann sich eine deutliche Distanz zwischen Havanna und den Städten des Interior herauszu-bilden. Die Hafenstadt stand in Verbindung mit den Messezentren von Portobelo und Veracruz. Von dort kamen die Silberflotten nach Havanna, um sich in Konvois zu sammeln und Wasser sowie Nahrungsmittel aufzunehmen oder Schiffe vor der Atlantiküber-querung zu reparieren. Dazu benötigten die Stadt und der Hafen ein Umfeld für die Versorgung mit Wasser, Früchten, Backwaren, Fleisch und anderen Notwendigkeiten. Diese Tatsache relativiert wiederum die Meeresorientierung Havannas und ihre Distanz zum Interior. Vieh und Fleisch kamen aus Sancti Spíritus oder Puer-to Príncipe, aus Santiago Kupfer; nicht von ungefähr war es eben-diese Verbindung zum Landesinneren, die später zur Basis für die Exportwirtschaft des Zuckers werden sollte.

Aus den ursprünglich relativ gleichgewichtigen acht historischen Regionen, eben den Territorien der ersten sieben Städte und Remedios, entwickelten sich seit dem späten 16. und vor allem im 17. Jahrhundert vier Wirtschaftsgroßregionen oder Paises (Länder) mit eigenen Identitäten. Der País de La Habana im Nordwesten reichte von Pinar del Río bis zur späteren Provinz Matanzas. Ein zweiter País bildete sich im Zentrum der Insel mit den Cuatro Villas oder Las Villas heraus. In den Ebenen des mittleren Ostens war Santa María de Puerto Príncipe das Zentrum einer Viehhaltungs- und Schmuggelregion. Im Oriente stritten sich seit der frühen Besiedlung die *Cabildos* von Santiago de Cuba und Bayamo um Rang und Status. Die Küstenstadt Santiago war andauernden Piratenangriffen ausgesetzt, so daß sich viele Vecinos in das besser geschützte Bayamo zurückzogen. Baracoa, die erstgegründete Stadt, eine typische Brückenkopfsiedlung der Conquista, geriet durch ihre ungünstige Lage hinter den östlichen Gebirgen bald in eine Abseitsposition. Ähnliches geschah im Falle Trinidads, das als reine Küstenansiedlung wenig erschließbares Hinterland für die extensive Viehzucht hatte und außerdem sehr anfällig für Seeangriffe war. Die schlechten Verbindungen über das Guamahaya-Gebirge (Escambray) und an den Küsten erschwerten einen Entsatz über Land. Trinidad befand sich seit 1655 in wirtschaftlichem Sinne näher am englischen Jamaika als am spanischen Havanna. Mit der Ausformung dieser Regionen und ihrem Anschluß oder Nichtanschluß an den Welthandel verfestigte sich der Dualismus zwischen Oriente und Occidente.

Oriente und Occidente

Santiago de Cuba

Santiago war bis zur Mitte des 16. Jahrhunderts Verwaltungszentrum der Insel, in dem die ersten Gouverneure und die Bischöfe residierten. 1516 war zwar eine Diözese in Baracoa gegründet worden, der Bischofssitz wurde jedoch schon 1522 nach Santiago verlegt. Im Gegensatz zu seinen beiden Vorgängern übte der Dominikaner Miguel Ramírez de Salamanca (1529–1532) sein Amt tatsächlich in Santiago aus. Hauptaufgabe der Kirche stellte die Missionierung der Indios dar, was zugleich zur Rechtfertigung der Conquista diente. Auch für alle kulturellen und sozialen Probleme wie z. B. Erziehung, Bildung, öffentliche Wohlfahrt, Armenpflege sowie moralische Fragen war sie zuständig. Sie übte auch Kontrolle über die Administration aus. Die Kirche ist auch für die Herausbildung einer frühen kreolisch-kubanischen Kultur wichtig geworden. Einer der Kleriker, Miguel Velázquez, Kanoniker und Vertreter der ersten Mestizengeneration, Sohn eines Spaniers und einer Indianerin, gehörte jener Gruppe von Menschen an, ohne die die Kolonisierung und Kreolisierung Amerikas nicht möglich gewesen wären. Eine Tochter von Cortés, ein Sohn Hernando de Sotos, Gómez Suárez de Figueroa, sowie zwei Töchter Vasco Porcallo de Figueroas waren ebenfalls Mestizen. Von Miguel Velázquez stammt eines der ersten Zeugnisse kreolischen Sentiments. In einem Brief klagt er über Kuba als «trauriges Land, wie tyrannisiert und beherrscht».

1547 wurde die Diözese Kuba dem Erzbistum von Santo Domingo auf La Hispaniola unterstellt. Die Bischöfe residierten oft in Havanna, und so gab es vielfältige Versuche, das Episkopat auch offiziell nach Nordwesten zu verlegen, aber Santiago blieb Sitz des Bischofs. Erst 1789 kam es zur Gründung einer zweiten Diözese in Havanna. Santiago wurde ab 1803 Erzbistum. Pfarreien wurden nach und nach in allen Städten eingerichtet; die wichtigsten nach Santiago und Havanna waren Bayamo, Baracoa, Puerto Príncipe,

Sancti Spíritus und El Cayo/Remedios. Neben diesen Pfarreien für Spanier entwickelten sich in den indianischen Siedlungen wie z. B. Guanabacoa und San Luis del Caney sowie El Cobre bei Santiago Seelsorgestationen, vor allem von Franziskanern gegründet.

Im Laufe des 17. Jahrhunderts wurde das Marienheiligtum Nuestra Señora de la Caridad del Cobre bei den 1529 entdeckten Kupferlagerstätten des Cerros de Cardenillo in unmittelbarer Nähe Santiagos zum Zentrum der Volksfrömmigkeit in Kuba. Ein tief-wurzelnder Synkretismus entstand um die Muttergottes-Figur der *Vírgen de la Caridad del Cobre*. Der Platz entwickelte sich von einem regionalen Verehrungsort der königlichen Minenarbeiter zur Wallfahrtsstätte. Später vermischten sich die afrikanischen syn-kretistischen Kulte der Congos (oder Bantú) mit den bald nach der Conquista bei den Indios entstandenen Legenden über Jungfrau-enerscheinungen und trugen zum Ruhm der *Caridad* bei. Seit der zweiten Hälfte des 19. Jahrhunderts drangen religiöse Strömungen, die sich vornehmlich an der Yoruba-Kultur orientierten, nach Ost-kuba vor. Dieser wird heute meist als *Santería* oder *Regla de Ocha* bezeichnet. Die Jungfrau von Cobre entspricht in der *Regla de Ocha* (*Santería*) Ochún, der Göttin der körperlichen Liebe. Die Marien-figur war der Legende nach 1613 bei den Salinen der Bahia de Nipe im Norden Orientes aus dem Meer gefischt worden. Nach Unter-suchungen der Historikerin Olga Portuondo aus Santiago de Cuba hat sie, auch wegen ihres mestizischen Phänotyps, zuerst die Vereh-rung der Indios auf dem *Hato* de Barajuaga gefunden, bevor sie im Hospital der Sklaven in El Cobre, also bei den Kranken und Be-dürftigen der untersten Volksklasse, aufgestellt wurde. Erst später erhielt der lokale Kult in Einsiedeleien und schließlich in einer Kirche sein Zentrum. Die Verehrung der *Vírgen* wurde zum Sym-bol der Mischung zwischen Schwarzen, Indios und Weißen. Soziale Basis des Kults war die Gruppe der Königssklaven in Santiago del Prado. Die *Cobreros* (Kupferbergleute) zogen ihr Selbstbe-wußtsein als Gruppe aus dem Kult und verteidigten mit Hilfe der *Vírgen* ihre Rechte gegenüber der Oligarchie von Santiago de Cuba. Gegen Ende des 17. Jahrhunderts setzte sich der Kult gegenüber anderen Formen der Volksfrömmigkeit durch und wurde auch von der katholischen Kirche offiziell anerkannt. Wegen der Nähe zu den Kupferminen von Santiago del Prado, in dem sich das Natio-nalheiligtum der kubanisch-kreolischen *Caridad* als Symbol der religiösen Einheit aller Kubaner entwickelte, war Santiago für die Masse des Volkes in gewisser Hinsicht immer wichtiger als der materialistische Hafen im Norden. Der ganze gebirgige Osten galt stets als eine Art Land der Freiheit für Indios, Farbige und Schwarze.

Havanna: Der Schlüssel der Neuen Welt

San Cristóbal de la Habana wurde 1592 der Titel *Ciudad* verliehen, mit dem Recht, ein Wappen zu führen. Im eigentlichen Sinne gilt die immer wieder zitierte Ehrenbezeichnung «Schlüssel der Neuen Welt» nur für die Stadt und den strategischen Hafen, welche vor allem durch den Schiffs- und Festungsbau sowie die Versorgung der Flotten eine Bedeutung erhielten. Kuba – womit eben vor allem Havanna gemeint war – bildete bis weit in das 18. Jahrhundert hinein die wichtigste maritime Dienstleistungskolonie des spanischen Imperiums. Mit dem Rückgang der Silberproduktion in Peru, dem Niedergang des karibisch-mittelamerikanischen Handelszentrums Portobelo und dem Aufstieg der Silberzentren im Vizekönigreich Neu-Spanien verstärkte sich die Position der Antillenmetropole. Havanna wurde nun auch zum wichtigen Umschlagplatz von mexikanischem Silber und zum Vorposten des spanisch-amerikanischen Kernreiches. Es schützte die Atlantikfassade der kontinentalen Besitzungen einschließlich Floridas und war zugleich letzter Hafen vor der langen Ozeanpassage nach Europa. Die Quellen des 16. und 17. Jahrhunderts heben immer wieder hervor, daß im Hafen Havannas tausend Schiffe Platz hätten. Da aus diesen Gründen die Stadt bereits relativ früh gegen andere Mächte geschützt werden mußte, gab die Krone viel Geld für sie aus. Schon 1540, rund 20 Jahre nach der Stadtgründung, war der Bau einer ersten Festung begonnen worden, auf die im Laufe des 16. und frühen 17. Jahrhunderts noch einige andere folgen sollten. Havanna war jahrhundertelang ein imperialer Bauplatz, und zwar nicht nur aufgrund des Festungsbaus, sondern auch wegen der Herstellung der berühmten *Navíos criollos*, der kreolischen Schiffe aus den Hölzern der Insel, die auch beim Bau des Escorial in Spanien Anwendung fanden.

Aus dieser Bautätigkeit entwickelten sich eine Reihe ausgesprochen wichtiger Wirtschaftszweige und eine regelrechte Unternehmermentalität der kreolischen Oligarchie. Für den Bau bzw. die Erhaltung von Festungsanlagen und Mauern wurden große Mengen Silber aus dem Vizekönigreich Neu-Spanien nach Kuba transferiert. Von diesen finanziellen Mitteln (*Situados*) gingen über die Lieferung von Lebensmitteln, Hölzern, anderen Baumaterialien und die Verleihung von Sklaven immense Mengen vor allem an die Oligarchie Havannas. Die Paläste dieser Notabeln – größer und prächtiger als mancher Palast in Peru – waren sozusagen die innerstädtische Variante des imperialen Baubooms. Im 17. Jahrhundert wurden auch die Orte Cojímar, weltbekannt durch Ernest Hemingway und seine Erzählung *Der alte Mann und das Meer*, und La Chorrera an der Mündung des Río Almendares durch *Torreones* (große Wachtürme) befestigt. Durch die Gründung der Stadt Matanzas (1693) im Osten von Havanna mit ihren Befestigungen wurde das Verteidigungssystem abgerundet. Matanzas blieb immer im Schatten von La Habana. Nur in einem Punkt wurde der Ort wichtiger. Der eigentümlich geformte Berg *Pan de Matanzas* (Brot von Matanzas), auch «die schlafende Indianerin» genannt, war die wichtigste topographische Markierung für die Schiffahrt an der Nordküste Kubas. Diese Neugründungen und die beginnende innerimperiale Migration sind ein Zeichen dafür, daß schon in der späten Habsburgerzeit ein neuer Wind im Imperium wehte. Denn auch in Santiago wurde die Hafenfestung von San Pedro de la Roca ausgebaut. Die Bourbonen konnten im 18. Jahrhundert an diese Leistungen anknüpfen und bauten an der Südküste der Insel weitere Verteidigungsbauten. Selbst im abgelegenen Baracoa entstand seit 1725 eine Festung, die dann während des *Asiento*-Krieges (1739–1748) den fernen Osten der Insel schützen und die Kontrolle über die britische Schiffahrt nach Jamaika erleichtern sollte.

Es war üblich, daß sich im Hafenbecken Havannas jeweils im Frühjahr alle Schiffe der Flotten (*Carrera de Indias*) sammelten. Mit der Abfahrt bis Juli hoffte man der Zeit der Herbststürme zuvorzukommen. Manchmal mußten die Schiffe aber auch viele Monate länger im Hafen bleiben. Dann lagen ca. 25–50 große Galeonen beider Flotten im Hafenbecken, und Havanna mußte 5000 bis 7000 Menschen beherbergen. Allein für die *Casabe*-Mehlproduktion des Umlandes sowie die Bäckereien der Stadt gab es Arbeit in Hülle und Fülle. In Havanna kostete ein Huhn, wenn die Flotte im Hafen war, 14 Reales. Für dieses Geld konnte man in Santiago de Cuba ein Rind kaufen. Ende des 16. Jahrhunderts hatte die Stadt selbst nur eine Bevölkerung von 5000 Einwohnern, allerdings schon mit einem gutstrukturierten Handwerks- und Dienstleistungssektor sowie einer Reihe von Fachleuten, die für den Festungs- und Schiffsbau nach Havanna abkommandiert waren. Die Dienstleistungen und Güter wurden meist in bar bezahlt, was damals Silber bedeutete. Das gab es nur in sehr wenigen anderen Orten des spanischen Reiches. Aus der geostrategischen Lage von Havanna und der «europäischen Hauptstadt Amerikas», Sevilla bzw. später Cádiz, ergibt sich sehr deutlich, daß diese Städte und ihre Häfen zentrale Punkte an den Enden der Hauptachse des imperialen Kontroll-, Dienstleistungs-, Handels-, Kommunikations- und Transportsystems bildeten. Ihre Weltstellung für die frühe Neuzeit gründete darauf, daß sie nicht nur Ausgangs- bzw. Endhafen für die jeweilige Atlantikpassage waren, sondern auch Festungsstädte, die die Ausgänge des europäischen und «des amerikanischen Mittelmeeres» (Humboldt) kontrollierten.

Geostrategische Bedeutung der Insel

Die Insel Kuba war seit 1509 Bestandteil der Provinz La Hispaniola, an deren Spitze Diego Colón, der Sohn des Kolumbus, als Vizekönig und Gouverneur in Santo Domingo stand. Anfangs, zumindest seit 1513, bestand die Verwaltung der Insel aus einem Stellvertreter des Gouverneurs und den nachgeordneten Bürgermeistern der *Cabildos* der ersten *Villas*. Dem Gouverneur standen fünf von ihm weitgehend unabhängige Kronbeamte zur Seite, die teils direkt der Krone, teils der Casa de la Contratación in Sevilla unterstellt waren.

Auf Diego de Velázquez folgten Männer aus der kleinen Oberschicht der ersten *Vecinos*, wie Manuel de Rojas (1524/25) und Gonzalo de Guzmán (1526–1531), die sich mit kurzen Unterbrechungen im Amte ablösten. Schon vor der offiziellen Politik des Ämterkaufs war somit diese Position im Besitz der beiden mächtigsten Familien. Hernando de Soto war der erste direkt vom Kaiser ernannte Gouverneur von Kuba, der überdies kurzfristig schon in Havanna residierte. 1538 angekommen, nutzte er die Ressourcen des nordwestlichen Teils der Insel sowie Trinidads in ähnlicher

Weise, wie es Cortés im Zuge der Eroberung von Mexiko mit denen des Ostens getan hatte. Als er 1539 zur Eroberung Floridas aufbrach, teilte er die Verwaltung der Insel unter seinen Stellvertretern auf. Damit waren de facto die administrative Zweiteilung der Insel und die Führung Havannas Realität geworden.

Diese Tatsache nahm die Krone fast fünfzig Jahre später zum Anlaß, die Administration auch de jure nach ihr auszurichten. 1607 wurde Kuba in zwei *Gobernaciones* aufgeteilt. Die *Gobernación de La Habana* umfaßte die Stadt selbst, die Häfen von Mariel, Cabañas, Bahia Honda und Matanzas sowie die Gerichtsbarkeit über ein 50 Leguas (rund 275 km) in das Innere der Insel hineinreichendes Territorium. Zum Chef der Verwaltung wurde ein *Gobernador* bestimmt. Dieser nahm meist zugleich auch die Stellung eines *Capitán General* ein, das heißt, er hatte auch den militärischen Oberbefehl. Die *Gobernación de Santiago de Cuba* oder schlicht «Cuba» faßte unter der Führung von Santiago die Gebiete der Villas Bayamo, Baracoa und Puerto Príncipe zusammen, obwohl bis zum Beginn des 17. Jahrhunderts Bayamo noch größer als Santiago war. Die Stadt erhielt einen Gouverneur, im militärischen Bereich aber nur einen *Capitán a guerra*. In den Bereichen *Policía* (Verwaltung) und *Guerra* (Krieg) sowie in Kriminalsachen der Miliz, die die Kapitalstrafen Tod oder Galeere erforderten, war der Gouverneur und Generalkapitän von Havanna dem von Santiago übergeordnet. In der Kronanordnung von 1607 fanden die Gebiete der Städte Trinidad und Sancti Spíritus im Zentralteil der Insel keine Erwähnung. Beide wurden in Madrid 14 Jahre lang vergessen. Erst eine *Real Cédula* von 1621 schlug die Orte zur *Gobernación de La Habana*. Die Administration war einfach zu schwerfällig und das Imperium zu groß, um eine durchorganisierte Territorialverwaltung zu gewährleisten.

Die Geschichte Kubas muß vor allem auch im Zusammenhang mit der geostrategischen Lage der Insel gesehen werden. Kuba spielte seit der Mitte des 16. Jahrhunderts und eigentlich bis zum Ende des kalten Krieges immer eine bedeutende strategische Rolle zwischen den Imperien. Der kubanische Kulturanthropologe und Historiker Fernando Ortíz bringt dies folgendermaßen zum Ausdruck: «Kuba hat das Wichtigste seiner geographischen Situation zu verdanken.» Drei wichtige Meeresstraßen dominierten die Insel, die für die Verbindungen zwischen Europa und Amerika von erstrangiger Bedeutung waren. Die Floridaenge, die den Golf von Mexiko mit dem Atlantischen Ozean verbindet, war zu Zeiten des Segels sozusagen die offizielle Ausgangstür von Amerika nach Europa. Die Meerenge hatte aber nicht nur für die Verbindung der zentralen Teile des spanischen Imperiums in Amerika mit dem Atlantik und Spanien eine große Bedeutung, sondern sie verband die Insel auch mit dem Süden des Nordkontinents. Die beiden Floridas (Ost- und Westflorida) und das spätere Louisiana waren wirschaftlich und zum Teil politisch von Kuba abhängig.

Zwischen Ostkuba und der Westküste des heutigen Haiti verbindet die Windwardpassage den Atlantik mit dem westlichen Zentralteil der Karibik und Jamaika. Sie wurde vor allem zum wichtigen Tummelplatz für Flibustier, Korsaren und Piraten. Diese setzten sich an den Nordwest- und Westküsten von La Hispaniola, in Jamaika sowie im Gewirr der Bahamainseln fest. Von Bedeutung wurde die Passage für die konkurrierenden europäischen Kolonialmächte England und Frankreich, während sie für die Spanier die verbotene Hintertür in die Karibik bedeutete. Über die Yukatan-Straße schließlich zwischen dem heutigen Mexiko und Kuba gelangten die Schiffe von Cartagena de las Indias und Portobelo aus den karibischen Küstenzonen Süd- und Mittelamerikas in den Golf von Mexiko und nach Havanna. Damit wurden die Insel und im engeren Sinne Havanna zur wichtigsten Verteidigungsgrenze des spanischen Amerika, vor allem Neu-Spaniens.

Kuba trennt mit einer Ost-West-Längenausdehnung von ca. 1200 km und einer Fläche von 110920 km² von der Punta de Maisí im Osten bis zum Cabo de San Antonio im Westen die Karibik vom Golf von Mexiko. Mit ihrer vorherrschenden Dienstleistungsökonomie sowie den regionalen Subsistenz- und Kontraökonomien, ihren kurzen Nord- oder Südentfernungen aus dem Innern zu den Küsten lag die Insel günstig in bezug auf die wichtigsten Plantagenkolonien. An erster Stelle muß Jamaika genannt werden, das sich in 140 km Entfernung von der Südküste Kubas befindet. Mitte des 17. Jahrhunderts beherbergte diese Insel ganze 1500 Einwohner spanischer Herkunft. Zu dieser Zeit hatte Spanien die Kontrolle über die Karibik verloren. Jamaika wurde 1655 von den Engländern erobert. Seit den dreißiger Jahren des 17. Jahrhunderts hatte auch die Infiltration meist französischsprachiger Kolonisten, der berühmt-berüchtigten Flibustier und Bukanier, an der

Nordküste von La Hispaniola begonnen. 1655 wurde der erste französische Gouverneur in den Westteil der Insel gesandt. Die ursprünglich erste spanische Kolonie in der Karibik wurde zur produktivsten Plantagenkolonie des 18. Jahrhunderts und als Saint-Domingue 1697 offiziell französischer Besitz.

Ein Blick auf eine Karte des atlantisch-amerikanischen Raumes zeigt schnell die geostrategische Bedeutung Kubas. Havanna und die Insel waren in den Zeiten der Segelschiffahrt zum «Schlüssel der Neuen Welt und Schutzmauer Westindiens» geworden. Diese Position einer relativ kleinen Stadt mit einer quantitativ geringen, aber festgefügten und einflußreichen Oberschicht hat die Mentalität der Eliten zutiefst geprägt. Die Oligarchie Havannas hat sich, meist in Verbindung mit schnell gezähmten Funktionären Spaniens, verhältnismäßig früh als eine imperiale Elite, als herausgehoben gegenüber den anderen Oberschichten Spanisch-Amerikas, empfunden. Mit dieser Mentalität hat sie seit jeher aus einer scheinbaren Position der Schwäche, aber im klaren Bewußtsein ihrer geopolitischen Stärke, Mächte gesucht und gefunden und deren Eliten für ihre Ziele einzuspannen gewußt.

Zwischen Habsburgern und Bourbonen

Krieg, Schmuggel und Korruption

Das spanische Imperium wurde im Spanischen Erbfolgekrieg (1701–1713) zum Objekt internationaler Politik. 1713 schrieb der Friedensvertrag von Utrecht erstmals den Zugang fremder Mächte in den spanischen Kolonialbereich fest. Der Vertrag sicherte auch der neuen Dynastie der Bourbonen, in Person des Königs Philipp V., den Thron in Madrid. Für die amerikanischen Teile des Reiches und speziell für Kuba war es von Bedeutung, daß im Erbfolgekrieg die eher westeuropäisch-atlantisch orientierten Bourbonen vor den viel mehr nach Zentral- und Osteuropa ausgerichteten österreichischen Habsburgern die Oberhand in Spanien gewannen. Für Kuba bedeutete der Großmachtkonflikt vor allem eine Unterbrechung nahezu aller Schiffsverbindungen zum Mutterland. Während bis 1705 überhaupt keine Flotten kamen, gelangten zwischen 1706 und 1712 nur vier unter französischem Konvoi nach Neu-Spanien und eine nach Portobelo. 1701 hatte die französische Guinea-Kompanie auch das Monopol (*Asiento*) auf den Sklavenhandel erhalten. Der Krieg paralysierte den atlantischen Handel und stoppte die Wirtschaftsimpulse, die sich aus der Versorgung der Flotten für Havanna und die Viehgebiete im näheren Umland ergeben hatten.

In diesen Krisenzeiten zeigte sich aber auch die Stärke der subsistenzwirtschaftlichen Basis der regionalen Bevölkerung. Besonders die Städte im Innern Kubas demonstrierten in diesen Zeiten Fähigkeiten, sich unter der Führung der *Ayuntamientos* und der lokalen Oligarchien nahezu autark zu erhalten. In der in Kriegszeiten faktisch allein gelassenen Kolonie entwickelte sich das kubanische Korsarentum – verbunden mit Schmuggel – zu neuer Blüte. Der Einschlag von Holz und Edelhölzern, vor allem der *Caoba* (Mahagoni), und der Verkauf an Franzosen, Engländer und Holländer entwickelten sich zu einem profitablen Geschäft. Tabak, Wachs und Honig sowie Fleisch, Vieh und die Folgeprodukte der Viehhaltung wie Fett, Talg, Horn, Schinken, Trockenfleisch sowie Rinderhäute,

Dinge, die in geregelten Zeiten zur Versorgung der Flotten und der Garnisonen geliefert wurden, bildeten in Kriegszeiten Bestandteile der Schmuggel- und Kontraökonomie. Vor Tabak, Zucker und Kaffee durchlief die kubanische Wirtschaft eine Ära des Leders und des Korsarentums. Nur nach außen und in den Berichten der Kronfunktionäre, die oftmals durch Bestechung oder Familienbande beteiligt waren, stellte sich diese Wirtschaft als chaotisch dar.

Havannas Meereswirtschaft befand sich wegen des Ausbleibens der Flotten in einer tiefen Krise. Auch hier mußten die Betroffenen sich zum Teil auf Schmuggel umstellen, was wegen der stärkeren Kontrolle schwierig war. Aber bestochene oder beteiligte Beamte drückten beide Augen zu. In den Städten des Interior, Sancti Spíritus, Trinidad, Bayamo und Puerto Príncipe, aber funktionierten diese Verfahren wie eh und je. Bayamo wurde gar zum «Mekka des Schmuggels» (O. Portuondo). Aus El Cobre, den Minen nahe Santiagos, wurde Kupfer bis nach Jamaika, Cartagena, Curaçao und Saint-Domingue geschmuggelt. Die Zentren dieses Geschäfts lagen fern von den Hauptstädten, die Kontrolle war in normalen Zeiten schwach, in Kriegszeiten faktisch nicht vorhanden, und die Korruption blühte. Aus solchen Kontraökonomien entwickelte sich unter dem Druck der wachsenden Einwanderung von spanischen Untertanen, vor allem Kanariern, der Anbau eines der besten Tabake der Welt. Dieser erwies sich bald als so profitabel, daß die neuen Herren in Madrid auf ihn aufmerksam wurden. Tabakanbau und -schmuggel gab es schon seit dem ersten Drittel des 17. Jahrhunderts, vor allem in den Regionen Havanna (Guanabo), Matanzas (Canasí), Trinidad (Arimao und Agabama), Remedios (Vueltarriba), Sancti Spíritus und in den ursprünglich indianischen Ortschaften Mayarí und Caney im Osten der Insel.

Während des Erbfolgekrieges ab 1701 gewannen französische Kaufleute starken Einfluß auf den Handel der Insel; sie konnten erstmalig direkt auf Kuba Geschäfte betreiben. Einige von ihnen wie auch eine ganze Reihe ehemaliger Korsaren ließen sich auf Kuba nieder, was die Nachfrage nach Tabak steigerte. Im Friedensvertrag von Utrecht 1713 erhielt die englische South Sea Company den *Asiento* auf Sklavenversorgung und, sozusagen als Materialisierung des Zugangs zum spanischen Kolonialbereich, das Recht auf das *Annual ship*. Dieses «jährliche Schiff» sollte offiziell nur Lebensmittel und Bekleidung für die im *Asiento* importierten Skla-

ven einführen. Unter diesen Bedingungen fanden die Engländer
beste Bedingungen für den Schmuggel.

Zentralisierungsbestrebungen

Kern der Schmuggelökonomie waren, soweit sie den profitablen
Export amerikanischer Genußmittel betraf, die Tabakproduktion,
aber auch Korsarentum, Sklavenschmuggel sowie illegaler Vieh-
und Häuteexport. Um den Tabak der spanischen Kontrolle zu unterwerfen und Gewinne abzuschöpfen, errichteten die Beamten der
neuen Dynastie im Jahre 1717 den *Estanco del Tabaco*, das Tabakmonopol.

In Havanna wurde zur Durchsetzung dieses Kronmonopols eine
Hauptfaktorei eingerichtet mit Niederlassungen in Trinidad, Sancti
Spíritus, Santiago de Cuba und Bayamo. Die wesentlichen Strukturen und Effekte des *Estanco* bildeten sich bis zur Jahrhundert-
mitte heraus. Es entstand ein geregeltes System des Aufkaufs bestimmter Mengen von Tabak zu festgesetzten Preisen. Königliche
Funktionäre sorgten für die Lagerung in der *Real Factoría*, und der
Abtransport nach Europa wurde von der *Real Compañia de la Habana* (seit 1739) und der *Nueva Factoría* (1761) organisiert. Zuvor
aber hatte das Monopol massive Proteste der kubanischen *Vegueros*
(Tabakbauern) ausgelöst, die von Kaufleuten, Mönchen sowie dem
Patriziat Havannas und den *Cabildos* der Schmuggelzentren noch
aufgestachelt wurden. Gouverneur Vicente Raja und seine Verwaltung zeigten sich allen Klagen gegenüber abweisend, weshalb es im
August 1717 zur ersten Rebellion der *Vegueros* kam, die bewaffnet
in Havanna eindrangen und den Gouverneur absetzten.

Da diese Ereignisse mit einem kurzen Krieg zwischen Spanien/
Frankreich einerseits und England/Österreich andererseits zu-
sammenfielen, in dessen Verlauf die spanische Flotte bei Passaro
geschlagen wurde, konnte zunächst kein neuer Gouverneur nach
Havanna entsandt werden. Als sich die Kriegswolken im fernen
Europa verzogen hatten, ernannte die Krone den kampferfahrenen
Gregorio Guazo Calderón zum neuen Gouverneur, der mit starken
Truppenkontingenten in Havanna erschien. Seine wichtigste In-
struktion lautete: Durchsetzung des Tabakmonopols. Allerdings
wurden die Bestimmungen etwas gelockert. Die Faktorei kaufte

nur noch eine bestimmte Menge zu festen Preisen, was den Tabakbauern eine gewisse Sicherheit gab. Da die restlichen Mengen offiziell jedoch nicht auf dem freien Markt verkauft werden durften, folgte im August 1720 die nächste Rebellion. Nach langen Verhandlungen einigte man sich darauf, daß die Tabakbauern, nachdem die Funktionäre der Faktorei ihre Käufe abgeschlossen hatten, die Erlaubnis erhielten, den verbliebenen Tabak frei zu verkaufen. 1723 konnte der *Estanco* endgültig durchgesetzt werden.

Eine nachhaltige Folge für die wirtschaftliche Entwicklung Kubas ergab sich daraus, daß das Kronmonopol die Besitzstrukturen der Tabakfelder (*Vegas*) künstlich begrenzte, aber zugleich auch erhielt und schützte. 1789 wurde angeordnet, die Böden der Flußufer als königliches Eigentum zu erhalten, um die *Vegueros* vor der Expansion des Großgrundbesitzes und der Plantagen zu schützen. Die großen Landbesitzer wichen – vor allem im Zusammenhang mit dem Aufschwung der Zuckerwirtschaft und dem Aufkommen der Kaffeeproduktion – auf diese nichtmonopolisierten tropischen Produkte aus. Mit der Aufteilung und Umwandlung der riesigen alten Viehzucht-*Hatos* in kleinere Plantagen ergaben sich Strukturveränderungen, die zur Vertreibung von Tabakbauern aus den Schnittflächen der alten Grundbesitztümer führten. Es entwickelte sich eine durch Bodenqualität und klimatische Bedingungen beeinflußte geographisch-wirtschaftliche Gliederung von Tabak-, Zucker- und Kaffeeproduktion sowie der Viehhaltung. Der Tabak hatte in dieser Makrowirtschaftsstruktur seinen Platz an den Peripherien der sich ausbreitenden Zuckerzonen. Das ist noch heute an den Zentren der Tabakproduktion abzulesen. Die Tabakzone Kubas par excellence ist die westlichste Provinz Pinar del Río. Diese wird zwar unter der Hand immer zum Zuckerwesten Kubas gerechnet, ist aber in bezug auf die alten Zuckerhochburgen Havanna und Matanzas eindeutig Peripherie gewesen.

Mit diesen ersten Schritten der Bourbonen in der Wirtschaftspolitik erfolgten weitere Zentralisierungsmaßnahmen. 1715 wurde das Amt des von der Krone eingesetzten *Teniente del Rey* neu geschaffen, das die Nachfolge des Generalkapitäns sicherte. Das bedeutete den Ausschluß der kreolischen Bürgermeister Havannas von der Verwaltung der Gesamtkolonie. Die *Alcalden* von Havanna hatten bis zu diesem Zeitpunkt gegebenenfalls diese Funktion ausgeübt. An den bedeutendsten Plätzen wurden *Batallones fijos* untergebracht, eine Variante des absolutistischen stehenden Heeres. Die Gründung der Universität von Havanna durch die Dominikaner (1728) als prominenteste Bildungseinrichtung der Insel ermöglichte den Oberschichten der Kreolen im Unterschied zu den Bewohnern englischer, holländischer oder französischer Kolonien den Erwerb höherer Bildung in Amerika selbst.

1729 wurde den *Cabildos* untersagt, Ländereien ihrer Gerichtsbarkeit an *Vecinos* zu verteilen. Das Verbot konnte allerdings erst 1739 durch den Generalkapitän Güemes y Horcasitas gegen den starken Widerstand der *Ayuntamientos* vollständig durchgesetzt werden. In allen bedeutenderen Städten wurden seit 1720 nach und nach *Capitanes a guerra* als Vertreter des Gouverneurs eingesetzt, in kleineren Städten *Tenientes a guerra*. 1733 unterstellte Philipp V. den Ostteil der Insel in allen wichtigen Regierungsangelegenheiten dem Generalkapitän von Havanna. Auch in die traditionellen Regionen wurden königliche Beamte geschickt. Seit 1733 residierten Vertreter des Gouverneurs in Trinidad und Puerto Príncipe. Am schärfsten protestierte Bayamo gegen die neuen Kontrollen. Die Stadt wurde zum Bannerträger bei der Verteidigung regionaler Rechte. 1732 war ein großer Teil von der Jurisdiktion Bayamos abgeteilt worden, und die Krone verlieh dem Zentrum des neuen Territoriums im Nordosten, Holguín, den Titel *Ciudad*. Bayamo dagegen blieb einfache *Villa*. Das mächtige *Cabildo* bekam 1750 auch noch einen *Teniente Gobernador* vorgesetzt.

In all diesen Maßnahmen zeigt sich die Tendenz zur Zentralisierung und zur Militarisierung der Politik. Die Uniform wurde Dienstkleidung der hohen Beamten und Statussymbol des männlichen Teils der Oberschichten. 1737 gab es bereits 112 Kompanien der sogenannten städtischen Miliz mit knapp 10 000 Mitgliedern. Durch die Einrichtung der Post in Kuba (1754) und den damit verbundenen Ausbau der Überlandverbindung verbesserte sich der Zusammenhalt der Inselbevölkerung. Imperiale Macht bedeutete im 18. Jahrhundert vor allem Seemacht. 1723 wurde die königliche Werft von Havanna gegründet. Die Stadt entwickelte sich neben San Juan de Puerto Rico zur Basis der spanischen Marine im karibischen Raum. Zwischen 1724 und 1796 wurden 114 Schiffe für die spanische Kriegsflotte gebaut, darunter die gigantische *Santísima Trinidad* mit 2153 Tonnen. Die Anlage einer zweiten großen Ma rinebasis und Werft an der holzreichen Südküste, in der Bucht von Jagua, blieb in den Anfängen stecken.

Die langfristige Konsequenz der Entscheidung, die Flottenkräfte des Reiches über das gesamte Imperium zu verteilen und dabei Havanna zu einem Zentrum in diesem Flotten- und Defensivkonzept zu machen, war die relativ schnelle und umfangreiche Abholzung der Naturlandschaften, die Havanna umgaben. Die königliche Kontrolle durch die *Comandancia de la Marina* konnte zwar die Entwaldung nicht stoppen, aber wenigstens die Auswüchse bremsen. Unter dem Druck des Zuckerbooms stiegen nämlich bald die Landpreise, und durch die Entwaldungen wurde im Wortsinne Raum frei. Die guten Böden der Zone von Havanna-Matanzas und später auch die berühmte rote Ebene von Artemisa bis Colón wurden potentiell zu Plantagengebiet. Aufgrund des Holzeinschlags und -handels entwickelte sich aber auch der Küstentransport als Wirtschaftszweig, was für die Zuckerwirtschaft günstig war.

Der gestiegenen Bedeutung Kubas wurde durch die Ernennung der höchsten Beamten Rechnung getragen. Am 18. März 1734 übernahm Juan Francisco de Güemes y Horcasitas das Gouverneursamt in Havanna. Er war ein typischer Beamter der Bourbonenzeit: aktiv, ambitioniert, unternehmungsfreudig und energisch; nach seinem Dienst auf Kuba wurde er zum Vizekönig von Neu-Spanien ernannt. Mit seinem Dienstantritt auf der Insel begann eine neue Ära. Die Zentralisierung der politischen Kontrolle und die gestiegene Autorität der spanischen Verwaltung erlaubten es, die wirtschaftlichen Gegebenheiten der Kolonien besser im Sinne der Metropole auszunutzen. Mit Bezug auf den kubanischen Tabak setzte sich auch der Gedanke durch, daß eine Landwirtschaftskolonie ebenso Gewinn abwerfen könne wie die Minen von Peru, Mexiko oder Neu-Granada.

Bald entwickelten der neue Gouverneur und seine Vertrauten Pläne, die Produkte Kubas in Form von Monopolgesellschaften zu vermarkten. Zunächst vergab Güemes 1739 an einen Kaufmann aus Cádiz eine Konzession, die drei Millionen Pfund Tabak, die der Fiskus jedes Jahr übernahm, aufzukaufen und nach Sevilla zu transportieren. Der nächste Schritt war die Gründung einer Handelsgesellschaft, der *Real Compañía de Comercio de la Habana*. Diese bekam zunächst vom König das Tabakmonopol (*Asiento general y exclusivo del tabaco*) und 1740 das Monopol über fast den gesamten

Handel Kubas. Es umfaßte das Recht, Tabak, Häute, Zucker, Hölzer und andere Artikel von der Insel in die Metropole zu transportieren sowie abgabenfrei Manufakturwaren, Mehl, Wein, Schinken, Stoffe, Tonwaren und die meisten Massenverbrauchsgüter von Spanien nach Kuba zu bringen. Nach dem Frieden von Aachen 1748 brach eine Zeit der Monopolgewinne der Kompanie an. Havanna war der einzige Hafen der Insel, in den offiziell afrikanische Sklaven und ausländische Waren eingeführt sowie von dem aus Tabak und Zucker ausgeführt werden durften. Dagegen protestierten vor allem die *Ayuntamientos* von Puerto Príncipe, Trinidad und Santiago. Animositäten gegen Havanna und die Privilegien der Kompanie kamen hinzu. Von den Monopolisten gingen auch fragwürdige Maßnahmen aus, die den Schmuggel bekämpfen sollten, sich aber eigentlich direkt gegen die wirtschaftlichen Interessen von Städten wie Bayamo und Puerto Príncipe richteten. In der Verteidigung ihrer Belange und in Abwehr des «todbringenden Monopols» pflegten die Eliten der Städte des Interior – offensichtlich nachdem ihnen die Krone bestimmte Privilegien nicht gewährt hatte – weiterhin einen robusten Regionalismus. Diese Mentalität des Antizentralismus und des Anti-Havanna-Komplexes hat auch die kubanische Politikgeschichte zutiefst geprägt; einige Historiker haben in diesen Gefühlen die Anfänge des kubanischen Kriollismus im Sinne eines Protonationalismus sehen wollen.

Gesellschaftsstrukturen

Soziale Schichtung

Kuba hatte im Jahre 1544 eine Kolonialbevölkerung von rund 3000 Personen. Dazu kamen etwa 1000 Indios als Zwangsarbeiter und Sklaven sowie 800 schwarze Sklaven. Die freien Indios wurden nicht erfaßt. Levi Marrero hat darauf hingewiesen, daß noch Ende des 18. Jahrhunderts drei rein indokubanische Ortschaften in Oriente existierten. In der Region um Havanna entstanden aus den Ansiedlungen mestizisierter Indios recht schnell erste neue Siedlungszentren wie Guanabacoa, Wajay, Jibacoa und Guanajay, die schon aufgrund ihrer Namen als Indiosiedlungen zu erkennen sind. Die Einwohner besaßen auf ihren Namen ausgestellten und von der Krone bestätigten Landbesitz. Zu Beginn des 19. Jahrhunderts waren indianische Bevölkerungsreste noch in den abgeschiedenen Gebirgszonen von Oriente südöstlich von Manzanillo und westlich von Baracoa, in abgelegenen Teilen von Pinar del Río und Ciego de Ávila, in Puerto Príncipe – von Gertrudis Gómez de Avellaneda in ihrem Roman *Sab* verarbeitet – sowie im Zapata-Sumpf zu finden. In anderen Teilen des Landes war die Mestizisierung zwischen Indios und armen Spaniern sowie nach und nach auch Schwarzen weit fortgeschritten. Um die Mitte des 18. Jahrhunderts verloren die Vorstädte, zumindest die Havannas und anderer größerer Orte, ihren Charakter von Indiosiedlungen. In Oriente, um den Pico Turquino und im Stromgebiet des Río Toa, gibt es bis heute Dörfer, die von indianischen Abkömmlingen geprägt sind, den sog. Indios von Yateras. Die meisten tragen noch die Namen der *Encomenderos* aus dem 16. Jahrhundert, Rojas und Ramírez.

Neben der ländlichen Bevölkerung existierte wegen des Dienstleistungscharakters der Seeökonomie von Havanna seit der Mitte des 16. Jahrhunderts ein ziemlich großer, in sich differenzierter und spezialisierter Handwerkssektor, in dem Spanier und schwarze Sklaven alle Bedürfnisse des Schiffbaus bis hin zur Instrumentenherstellung befriedigen konnten und außerdem noch die Arbeiten des Festungsbaus auszuführen imstande waren.

Die Wachstumsrate der Bevölkerung betrug zunächst 0,9 % jährlich. Noch 1570 hatte Bayamo mit 70 *Vecinos* und 80 *Indios casados*, verheirateten und akkulturierten Indianern, die größte Einwohnerschaft. Aber die Bevölkerung Havannas wuchs bereits am schnellsten, mit Raten um die 6 % jährlich, so daß bald die Hälfte der Gesamtbevölkerung der Insel in der Stadt lebte. Seit dem letzten Viertel des 17. Jahrhunderts beschleunigte sich das Wachstum auf eine Gesamtrate von 1,6 % jährlich, um dann von 1700 bis 1750 auf den hohen Satz von 2,3 % zu schnellen. Zu Beginn des 18. Jahrhunderts lebten bereits ca. 120 000–140 000 Menschen auf der Insel. Davon wohnten etwa 30 000 in der Stadt Havanna selbst und um die 50 000 ohne Bürgerrechte in den Vorstädten. Außerhalb Havannas war die Insel bis auf die Zentren Puerto Príncipe, Bayamo und Santiago de Cuba fast menschenleer und waldbedeckt. Der erste offizielle Zensus von 1774 weist eine Bevölkerung von 171 620 Menschen aus, davon 96 440 «Weiße», 30 847 freie «Farbige» und 44 333 Sklaven. Indios wurden als «Weiße» erfaßt.

Die Unterscheidung der großen Gruppen dieser Bevölkerung erfolgte nach zeitgenössischen ethnisch-sozialen sowie ideologischen Kriterien in *Blancos* (Weiße), *Pardos* (Mulatten, Mestizen) und *Negros* oder *Morenos* (Schwarze). In Eigeneinstufung durch die sogenannten *Vecinos buenos* (Anständige Bürger, 1683) stellte sich die kubanische Gesellschaft in folgenden Ständen dar:

Klerus (*Religiosos*); Kolonialbeamte und höhere Militärs, meist Spanier (*Gente principal*); die Oligarchie der Besitzer von *Hatos*, *Hacendados* und wohlhabende *Vegueros*, das heißt Landwirte (*Labradores*); Überseekaufleute und Besitzer großer *Bodegas* (*Mercaderes y tratantes*); armes Volk (*Gente pobre*). Diese Einteilung spiegelt die Verhältnisse der quasiautonomen Kolonie im 17. Jahrhundert wider. An der Spitze standen die obersten Kircheninstitutionen, der Bischof und die mächtigen kirchlichen *Cabildos* sowie die Orden, dann kamen die Gouverneure und militärischen Autoritäten, und erst darauf folgten kreolische Oligarchie und spanische Kaufleute sowie das gemeine Volk. Die gleiche Quelle sagt aus, daß zwischen den Reichsten und den Ärmsten der Unterschied nur minimal war.

Mit dem Einsetzen der ersten bourbonischen Reformmaßnahmen und dem Aufstieg von König Zucker begann sich nach der

Mitte des 18. Jahrhunderts eine sehr viel differenziertere Struktur nach sozialer Lage und Beschäftigung abzuzeichnen, die zugleich eine politisch-juristische und ethnische Bevölkerungshierarchie darstellte und ihre volle Ausbildung erst im 19. Jahrhundert erfuhr.

1609 gab es in Havanna etwa 5000 Sklaven. Während bis 1730/40 diese insgesamt nur einen geringen Prozentsatz der Bevölkerung ausmachten, stieg ihre Zahl ab dem ersten relativ zuverlässigen Zensus (1774) schnell an. Das Verhältnis von Freien zu Sklaven verschob sich innerhalb weniger Jahrzehnte beträchtlich. Während letztere 1774 nur 26% der Bevölkerung bildeten, war ihr Anteil 1817 schon auf 37% angestiegen. Der Anteil der Freien sank von 74% (1774) auf 63% (1817).

Die ersten spanischen Siedler und ihre kreolischen Nachkommen waren vor allem Viehzüchter (*Ganaderos*) und als Nachkommen der wenigen ersten Siedler, die in den Genuß von Posten, *Encomiendas* und *Mercedes* gekommen waren, im Besitz der wichtigsten lokalen Ämter. Landbesitz, Ämterkontrolle, Endogamie, weiße Hautfarbe und familiäre Tradition begründeten einen Status der Nobilität. Aus dieser kreolischen Oberschicht, den Spitzen der Kolonialverwaltung sowie der Gruppe spanischer Kaufleute und Militärs begann sich zu Beginn des 18. Jahrhunderts vor dem Hintergrund breiterer Gruppen städtischer Oberschichten eine kleine Gruppe mit spanischen Adelstiteln (*Nobleza*) herauszubilden. Diese prägte sehr stark die politische Kultur und Mentalität der entstehenden kubanischen Gesellschaft. 1709 war die erste adlige *Maestranza de Caballería* (Reiterbruderschaft) in Havanna gegründet worden, und Ende des 18. Jahrhunderts gab es auf Kuba 24 *Nobles* mit relativ rezenten Titeln. In der Übergangszeit der bourbonischen Reformen und der kontinentalen Unabhängigkeitsbewegung 1760–1830 kam es zur Vergabe von 46 Titeln, einige mit Hochadelsbrief (*Grandeza*).

Die Geschichte ist bei fast all diesen Familien gleich: Die ersten Träger eines solchen Titels bzw. deren Väter oder Großväter kamen als Kronfunktionäre, meist als hohe Offiziere des Heeres oder der Marine, nach Kuba. Dort bereicherten sie sich durch Geschäfte im Amt. Durch Heirat verbanden sie sich mit einer der alten kreolischen Familien und erwarben dadurch Rechte auf Landbesitz und Status.

Eine herausgehobene Gruppe stellte der Klerus dar. Nicht umsonst standen die *Religiosos* an der Spitze der Standestabelle von 1683. Die Kleriker genossen hohe Autorität, und Priester wurden in Havanna, im Seminario de San Ambrosio, seit dem 16. Jahrhundert ausgebildet. 1722 entstand das Seminario San Basilio el Magno in Santiago. Die Priesterlaufbahn wurde zur bevorzugten Karriere für die zweiten und nachfolgenden Söhne der Oberschicht; für einen Teil ihrer weiblichen Mitglieder diente der Eintritt in ein Nonnenkloster der Sozialversorgung. Aber auch etliche reiche Mulatten beschritten diese Laufbahn. Mitte des 18. Jahrhunderts war fast der gesamte Klerus des Landes kreolischer Herkunft, mit Ausnahme der Bischöfe. Unter ihnen gab es nur einen Kreolen: Dr. Santiago Echavarría y Elguezúa, Bischof von Santiago 1769–1789. Diese familiären und mentalen Bindungen des Klerus an die kreolische Oberschicht hatten durchaus Bedeutung in der Haltung der Kirche zu den inneren Problemen der Insel sowie zu den Kolonialautoritäten. Außerdem blieb ein Großteil der finanziellen Zuwendungen an die Kirche im Lande bzw. kam der Oberschicht zugute.

Im Vergleich zu anderen Provinzen Spanisch-Amerikas waren die Kirchen in Kuba bescheiden ausgestattet. Wegen der niedrigen Bevölkerungszahlen floß der Kirchenzehnt (*Diezmo*) zunächst gering. Zum Beginn des 19. Jahrhunderts wurde der expandierende Zuckersektor sogar von der Zahlung des Zehnten befreit. Die Kirche – als Institution – war zwar nicht arm, aber die überbordende Präsentation von Reichtum fehlte. Das zeigte sich auch an den Dimensionen und der Einrichtung der beiden Hauptkirchen, den Kathedralen von Santiago de Cuba und Havanna. Die Macht des Klerus in Kuba beruhte vor allem auf der sozialen und institutionellen Kontrolle von Erziehung sowie Bildung, des gesamten Hospitalbereiches und der Fürsorge. Auch hatte die Kirche informellen und über die Kollegialbehörden auch direkten Einfluß auf die oberste Kolonialverwaltung. Da die Bischöfe meist viel länger im Amt waren als die Gouverneure und Generalkapitäne, waren sie besser vertraut mit den örtlichen Gegebenheiten. Allerdings sank mit den staatlichen Maßnahmen des aufgeklärten Absolutismus, wie z. B.

der Ausweisung der Jesuiten und der wachsenden Kontrolle der *Hacendados* über die religiösen Angelegenheiten ihrer Sklaven, der Einfluß des Welt- und Ordensklerus.

Ländliche Bevölkerung

Eine sehr wichtige Gruppe bildete die Masse der Bewohner des Landes und der kleinen offenen Landsiedlungen. Die freien, in ihren Ursprüngen meist indianischen oder mulattischen Bauern wurden als *Montunos* oder *Monteros* bezeichnet, weil sie im Gegensatz zu den großen Landbesitzern nicht das gute, flache Land besaßen, sondern auf die Höhen der Berge bzw. in das unerschlossene Land, den *Monte*, ausweichen mußten. Dort lebten sie, wie ein britischer Konsul festgehalten hat, in «patriarchalischer Einsamkeit». Meist hatten sie auch keine Besitztitel für das Land. Andere Möglichkeiten der Subsistenz boten die abgelegenen Sumpflandschaften, wo die karge Landwirtschaft durch Holzsammeln, Fisch-, Krustentier- und Krokodilfang sowie Köhlerei ergänzt wurde.

Im 17. Jahrhundert entstand die Gruppe der *Vegueros*. Sie hatte sich aus freien Arbeitskräften der großen *Señores de hatos* gebildet. Häufig stammten sie von den Kanarischen Inseln (*Canarios* oder *Isleños*). Von dort kamen seit etwa 1640 Wellen von Einwanderern, die, da der Boden um die frühen Siedlungszentren vergeben war, kleinere Landstücke zwischen oder am Rande der *Hatos* pachteten oder einfach bearbeiteten, zunächst in der Nähe dieser Siedlungen, dann die Flußläufe entlang in das unerschlossene Innere der Insel. Die Einwanderung der Kanarier gab somit dem internen Kolonisationsprozeß neue Dynamik, erkennbar an der Entstehung weiterer ländlicher Ortschaften und am Eindringen des Tabaks in periphere Zonen wie den Süd- und Westteil der heutigen Provinz Pinar del Río. Dort lebten sie als Pächter (*Arrendatarios*), aber auch als auf einer Parzelle eines Großgrundbesitzes angesiedelte abhängige Arbeitskräfte unter formellen oder informellen Verhältnissen mit Ernteteilhabe (*Aparceros, Precarios*) sowie als freie bezahlte Landarbeiter (*Asalariados*); es gibt auch Historiker, die von der «weißen Sklaverei» der Kanarier sprechen.

Seit dem 18. Jahrhundert bildete sich aus diesen ländlichen Gruppen eine der tragenden Figuren des sozialen Spektrums: der *Gua-*

jiro, ein Bauer, der im Land verwurzelt ist und einer ganzen kreoli-schen Kultur als Basis diente, wie sie Cirilo Villaverde in seinem Roman *Viaje a vueltabajo* literarisch verewigt hat. Diese freien Klein- und Mittelbauern litten, obwohl sie sich selbst als «Weiße» den Sklaven und freien Farbigen überlegen fühlten, wirtschaftlich unter der anwachsenden Dominanz von Plantagen und Sklaverei, deren effektives Export- und Importsystem sie faktisch zu ewiger Subsistenz verurteilte und geographisch von den ebenen Flächen in die Berge oder die Flußtäler entlang ins Innere der Insel trieb. Sie litten aber auch unter der Konkurrenz der anwachsenden freien farbigen Bevölkerung, was sie manipulierbar machte. Zu Zeiten der *Veguero*-Erhebungen gegen den *Estanco del Tabaco* sammelten sich zu den Protestaktionen allein im Bereich der Jurisdiktion von Havanna 1000 *Vegueros*; im Oriente gab es ca. 2000 von ihnen; eine Zahl um die Tausend ist auch für das Inselzentrum anzunehmen. Multipliziert man diese Zahlen mit dem Faktor 5 für die durch-schnittliche Familiengröße, so haben wir es mit einer Gruppe von etwa 25 000 Menschen zu tun, 1774 immerhin rund 15 % der gesam-ten Bevölkerung.

Königssklaven und Minenarbeiter

Eine besondere Gruppe stellten die Königssklaven in den Kupfer-minen von Santiago del Prado (*El Cobre*) dar. Die Minen des Cerro del Cardenillo waren 1529 bei einer Indiosiedlung entdeckt wor-den. Im 16. Jahrhundert wurden dort einige Dutzend Königsskla-ven beschäftigt, aber auch Indios führten Arbeiten zur Versorgung, zur Beschaffung der Holzkohle sowie im Transport aus. Einige dieser männlichen Sklaven zeugten mit freien Indias Nachkommen, so daß sich unter den Minenarbeitern (*Cobreros*) eine mestizisierte freie Gruppe formierte, die zudem von den indianischen Müttern Recht auf Land geerbt hatte. Als 1594 die Artilleriewerkstätten in Havanna gegründet wurden, gedachte die Krone das Kupfer der Minen für die Waffenherstellung zu verwenden. 1599 wurde der Ort Santiago del Prado offiziell gegründet. Der Gouverneur von Santiago, Francisco Sánchez de Moya, zugleich Administrator der Minen, gab den *Cobreros* Land zur Selbstversorgung sowie Hütten zum Wohnen und ließ eine Einsiedelei in der Siedlung errichten. Er kaufte weitere Sklaven und ein Vieh-*Hato* zur Versorgung der Minen mit Fleisch und Vieh. 1608 gab es in El Cobre bereits 206 Sklaven, 140 Männer, 40 Frauen und 26 Kinder. Die königlichen Minen florierten, da Kupfergeräte für die Zuckerproduktion und viele andere Zwecke benötigt wurden. Eines der wichtigsten Nachfragegebiete für Schmuggelgut aus Kupfer wurde der Westteil der Nachbarinsel La Hispaniola, den die spanische Krone deshalb verwüsten ließ. In den folgenden Jahren sickerten nach und nach französische Bukanier, Flibustier und Siedler von der Insel Tortuga nach Santo Domingo ein. Auf Jamaika hatte sich Ende des 17. Jahrhunderts eine florierende Plantagenwirtschaft unter Kontrolle der Engländer entwickelt, was wiederum die Nachfrage nach Kupfer erhöhte.

Im 17. Jahrhundert erschöpften sich die oberflächennahen Vorkommen des Kupferminerals, und die Minen verfielen. Die Gemeinschaft der *Cobreros*, bereits kreolisiert und in vielfältiger Weise untereinander verwandt, zum Teil in Freiheit und mit Rechtsansprüchen auf Boden, zum Teil Königssklaven, blieb aber intakt. Sie bewahrte, nun bereits durch Tradition, eine Quasiautonomie. Diese wurde immer stärker repräsentiert durch den Marienkult um die *Vírgen de la Caridad del Cobre*. Trotz vielfältiger Versuche der Oligarchie von Santiago de Cuba, die Sklaven für andere Arbeiten und den Militärdienst einzusetzen und sich den Boden anzueignen, konnten die *Cobreros*, auch mittels Aufständen, ihre Stellung bewahren. Die Erfahrenen unter ihnen, oft auch Frauen, gewannen auch weiterhin, sozusagen auf eigene Kosten, Kupfer. El Cobre florierte durch Schmuggel weiter. Diese wirtschaftliche Blüte manifestierte sich im Bau einer ersten festen Kirche in den vierziger Jahren des 17. Jahrhunderts. Anläßlich seiner Pastoralreise 1756 hob Bischof Morell de Santa Cruz die Bedeutung des Kults hervor. Zu Beginn des 18. Jahrhunderts umfaßte die Gemeinschaft der *Cobreros* 515 *Pardos* (Mulatten) und *Morenos* (Schwarze), 1731 bereits 786 Individuen (306 männliche Sklaven und 83 Freie, 329 Sklavinnen und 68 freie Frauen). 1764 war die weitgehend kreolisierte Bevölkerung auf 1459 Personen, davon 826 Sklaven, angewachsen. Die prosperierende Siedlung Santiago del Prado zählte 3000 Wohnstätten.

Das Selbstbewußtsein der *Cobreros* hob ihre Gemeinschaft scharf von anderen Sklaven ab, besonders von den nun zahlreicher einströmenden Afrikanern. Sie verteidigten ihre Quasiautonomie und ihre Stellung als «Vasallen, die nur dem König untergeordnet sind», sogar vor Gericht und schickten 1783 eine Abordnung nach Madrid. 1800 erhielten sie die Freiheit und verbrieftes Recht auf ein Stück Land. Allerdings verloren sie damit auch ihre Rechte an der Arbeit in den Minen, und die Versprechungen über den Landbesitz wurden niemals ganz umgesetzt, auch weil einige *Cobreros* ihre Rechte verkauften und die Gemeinschaft sich immer stärker differenzierte. Die Gruppe der *Cobreros* löste sich auf, ohne daß die Tradition von El Cobre jemals ganz verfiel. Ein Teil der ärmsten *Mineros* zog in die Berge und vermischte sich mit den *Cimarrones* der Sierra Maestra.

Freie und Sklaven

Den Rest der Unterschichten bildeten freie farbige Bevölkerungselemente, Seeleute, Handwerker, Kneipiers, Wäscherinnen und städtische Sklaven (meist als Domestiken, im Transport oder als Handwerker im Besitz von Privatpersonen), aber auch weitere kleinere Gruppen von Königssklaven, die – allerdings unter weniger günstigen Bedingungen als die *Cobreros* – im Festungs-, Straßen- und Hafenbau arbeiteten.

Neben den Sklaven existierte die Gruppe der städtischen *Horros* oder *Libertos*, die sich aus den freigelassenen und kreolisierten Nachkommen der Sklaven zusammensetzte. Die vorliegenden Quellen lassen die Hypothese zu, daß diese Gruppe vor allem aus der Nachkommenschaft freigelassener Sklavinnen sowie aus der biologischen Vermischung (*Mestizaje*) zwischen Weißen und schwarzer Dienerschaft sowie städtischen Sklaven im späten 16., 17. und 18. Jahrhundert stammte. Wiederholte Kronanweisungen gegen Prostitution von schwarzen und farbigen Frauen lassen eine Quelle dieser Mestizisierung deutlich werden: «... der skandalöse Mißbrauch, die Negerinnen und Mulattinnen in die Öffentlichkeit zu schicken, um den Tagesverdienst zu gewinnen, die meisten von ihnen nackt, mit merklichem Skandal, und dabei viele Todsünden begehend, um ihren Herren den Teil [Geldes] zu beschaffen, der Brauch ist». Dann begann sich diese Gruppe, auch wegen ihres Frauenüberschusses, auf eigener demographischer, sozialer und kultureller Basis zu entwickeln. Sie wurde zu einer eigenständigen

Gruppe und stellte bald überall in den Kolonien für kreolische und spanische Oligarchien ein großes Problem dar. Zu Beginn des 18. Jahrhunderts hatte sie einen solchen Aufschwung genommen, daß sie 45% der Bevölkerung ausmachte.

Wegen der Mißachtung der Handarbeit durch Kreolen und Spanier waren gegen Mitte des 18. Jahrhunderts fast alle städtischen Handwerks- und Gewerbeberufe in den Händen von Schwarzen oder Farbigen. Einige von ihnen waren Hausbesitzer und Sklaveneigner, zum Beispiel als Arbeitsvermittler oder Chefs von Trägergangs an den Molen des Hafens. Während die wichtigsten Vertreter dieses farbigen Bürgertums in Havanna vor allem im Transport-, Schneider- und Zimmerergewerbe sowie als Besitzer von Begräbnisanstalten oder Barbierstuben auftraten, waren ihre Pendants in Santiago de Cuba und im Ostteil der Insel in erster Linie Besitzer kleinerer landwirtschaftlicher Güter (*Fincas*). *Negros horros* – wegen des Selbstfreikaufes durch Sparen so genannt – sind schon im 16. Jahrhundert als Hausbesitzer ausgewiesen. Dabei handelte es sich zweifelsohne um Aufsteiger unter den freien *Pardos* und *Pardas*, *Morenos* und *Morenas*. Sie entwickelten seit Ende des 18. Jahrhunderts kreolische Gruppenmentalitäten, in denen sich einerseits freie Mulatten (*Pardos libres*) von den freien Schwarzen (*Morenos libres*) abhoben, andererseits aber beide Gruppen sich, je mehr freie Generationen sie zählten, um so schärfer von den neueingeführten afrikanischen Sklaven distanzierten.

Die relativ große Anzahl von *Libertos* in der Bevölkerung Kubas des 18. und frühen 19. Jahrhunderts war nicht zuletzt in einem vergleichsweise ausgeglichenen Verhältnis der Geschlechter, zum Teil sogar mit Frauenüberschuß, begründet. In der Gruppe der Freien arbeiteten traditionell Männer und Frauen. *Las negras horras* als ambulante Verkäuferinnen von Speisen und Getränken im Hafen, als Hebammen, Wäscherinnen, Nutten und Kneipenwirtinnen waren typische Figuren im Havanna der Dienstleistungen für Flotten und Galeonen.

In den großen Ballungsgebieten der freien farbigen und schwarzen Bevölkerung, die sich in bestimmten Vierteln – in Havanna meist in der Nähe des Hafens – ansiedelte, sammelten sich auch die Arbeitslosen, das Lumpengesindel, die in die Städte geflüchteten Sklaven sowie andere Deklassierte. Da es für die wenigsten geregelte Arbeit gab, bildete sich eine Subkultur, deren Mitglieder von

Glücksspiel, Prostitution, Mord und Verbrechen lebten. So hatte sich seit dem Ende des 18. Jahrhunderts, zuerst in den Hafenvierteln Havannas, dann auch in Matanzas, eine Gruppe von Messerstechern, Mördern und Raufbolden formiert, die *Curros del Manglar* genannt wurden. Cirilo Villaverde hat diesem Typ in seinem Roman *Cecilia Valdés* ein literarisches Denkmal gesetzt. Die Beschreibungen sind zwar Früchte des romantischen Kostumbrismus, aber Klagen über die *Curros* finden sich schon im 18. Jahrhundert.

Die spanische Reformgesetzgebung der Bourbonenzeit versuchte, die weitere Vergrößerung des *Pardo*-Sektors der Kolonialgesellschaft aus dem Bestand der Sklaven zu verlangsamen. Die Krone erließ Verbote gemischtethnischer Erziehung und stigmatisierte seit dem Ende des 18. Jahrhunderts immer stärker gemischte Ehen. Sie versuchte die Kaste der *Pardos* durch spezielle Gesetze «einzuweißen», was auf politisch-juristischem Wege nicht gelang, vor allem weil sich die kreolischen Oligarchien dieser Politik widersetzten. Erst die Massensklaverei, die sich seit dem letzten Drittel des 18. Jahrhunderts herauszubilden begann, führte zu einer deutlichen Verringerung des Anteils der freien farbigen Bevölkerung. Das hatte auch militärische Gründe. In den Kolonialkriegen des 18. Jahrhunderts, mit den Versuchen vor allem Englands, Spaniens Kolonien in der Karibik zu besetzen, stellten die freien Farbigen ein wichtiges militärisches Potential zur Verteidigung dar. Auch Erwägungen, die *Pardos* im Falle von Siedlerrevolten gegen die kreolischen Oberschichten einzusetzen, spielten eine Rolle. Der Militärdienst war für die Farbigen aber zugleich ein wichtiges Mittel, ihre Loyalität zur Krone zum Ausdruck zu bringen und somit ihren Status zu verbessern.

Lebensbedingungen

Im Alltag verbrauchte die kubanische Bevölkerung vor allem Holz, Leder, Holzkohle und einfache, in der Region, oftmals auf den eigenen Feldern oder Viehweiden produzierte Nahrungsmittel. Sklavennahrung und tägliches Brot der Unterschichten waren *Tasajo* (Trockenfleisch) und *Bacalao* (Stockfisch) sowie Casabe, Yuca, Bohnen, Boniato und Bananen. Reis kam zunächst aus South Carolina, wurde dann aber auch auf Kuba angebaut. Die Gesellschaft war aber auch durch naturgeographische Faktoren wie Wirbelstürme und Überschwemmungen sowie durch schlechte Ernten, Epidemien und Krankheiten viel stärker geprägt, als wir uns das vorstellen können. Als Beispiel sei auf eine der Krankheiten verwiesen, die sowohl das natürliche Wachstum, die Größe wie auch die Verteilung der Bevölkerung stark beeinflußte: das Gelbfieber oder *Vómitonegro* («Schwarzes Erbrechen» geronnenen Blutes, nach den finalen Symptomen). Das Virus der Krankheit wird durch Moskitos mit dem Namen Aedes Aegypti verbreitet, über infiziertes Blut. Das Virus überlebt nur bei Temperaturen über 16 Grad Celsius, und der Moskito braucht es noch wärmer: um 27 Grad Celsius. Die Mücke läßt sich faktisch vom Menschen halten. Sie lebt von seinem Blut und vermehrt sich vor allem in flachen stehenden Gewässern – ideal waren die in Kuba verbreiteten Wasserzisternen und Rückhaltebecken. Das Ergebnis einer Erstansteckung war gewaltig: Nach fünf Tagen Fieber betrug die Todesrate bei Erwachsenen bis zu 80%. Wer die Krankheit einmal überstanden hatte, besaß lebenslange Immunität. Der Mediziner und Literat Tomás Romay aus der kreolischen Oberschicht beschrieb sie 1798 erstmals ausführlich. Als Überträger der Krankheit wurde das Insekt erst 1871 durch den Kubaner Carlos J. Finlay identifiziert. Zusammen mit Dutzenden von anderen, nicht weniger gefährlichen Krankheiten – von Malaria über Filariasis, Pocken und Cholera bis zu Typhus, die es auch in Europa gab – machte das Gelbfieber Westindien zu einer der ungesündesten Regionen der Welt. Seit 1603 kam es fast regelmäßig zu Epidemien, deren Ursache nicht immer nur Gelbfieber war; im 19. Jahrhundert überwog die Cholera. Zwischen 1731 und 1762 sprechen die Quellen von sechs Gelbfieberwellen; danach nahm die Gefahr für Einheimische ab, da sie die Krankheit als Kinder – die generell weniger darauf ansprechen als Erwachsene – überlebt hatten und immun waren. Das Gelbfieber traf vor allem weiße Einwanderer, Soldaten und Seeleute sowie auch ausländische Kaufleute. Menschen aus Westafrika hatten Immunität, da sowohl Virus wie auch Mücke von dort stammten. Die Krankheit Gelbfieber gehörte also zu den Faktoren, die die schwarze Sklaverei förderten.

Entwicklungen des 18. Jahrhunderts

Konflikte zwischen Spaniern und Briten

Bei den auf Kuba seit 1717 spürbaren Reformen handelte es sich um eine zweite Conquista bürokratischen und wirtschaftlichen Charakters, eine Art Revolution von oben. Es ging der Metropole vor allem um eine höhere Beteiligung Spaniens am atlantischen Handel, das heißt um die Zurückdrängung des Schmuggelhandels bzw. des Fremdhandels überhaupt. Die Reformen sollten für die Aufbringung und direkte Abschöpfung höherer Steuern, Zölle und Monopolgewinne (Tabak, Kakao) in Amerika sorgen, ihre Abführung nach Spanien ermöglichen und die Verteidigung der Kolonien sicherstellen. Schließlich ging es auch um die Zurückdrängung des regionalen Einflusses der kreolischen Oligarchien und um den Versuch, ihnen höhere Anteile an den imperialen Kosten aufzubürden.

Zugleich war das 18. Jahrhundert eine Zeit der Kolonialkriege und der Auseinandersetzungen zwischen den Großmächten. Die Geschichte der Karibik zwischen 1739 und 1815 zeigt neben diesen offiziellen Kriegen eine ununterbrochene Kette von Konflikten und Kleinkriegen, vor allem zwischen Großbritannien, Frankreich und Spanien. Kuba befand sich dabei fast immer im Zentrum, zumal eine der Grundstrategien der Briten darin bestand, die neuralgischen Schnittpunkte, die die Beherrschung von Seeräumen und Zugängen zu Imperien sicherten, zu erobern. Die Versuche Spaniens, den englischen Handel und Schmuggel einzudämmen, führten zum *War of Capt'n Jenkins' Ear* (*Asiento*-Krieg, 1739–1748).

Bald nach dem Friedensschluß und dem Vertrag von Utrecht 1713 hatten sich neue Probleme ergeben, die vor allem in den spanischen Versuch mündeten, die Kontrolle über Amerika durch ein System von Küstenwachen und mit Hilfe des offiziell geförderten kubanischen Korsarentums, der *Guarda-Costas* und *Corsarios*, durchzusetzen. Der Schmuggel der Briten, Holländer, Dänen und Nordamerikaner wurde zum Vorwand genommen, um von seiten

Spaniens die Bestimmungen des Vertrages von Utrecht zu unterlaufen – was sich vor allem gegen England richten mußte. Im Falle
der *South Sea Company* hatte es die spanische Krone relativ einfach, weil die Company mit ihren Niederlassungen, Warenlagern
und Sklavenfaktoreien im spanischen Machtbereich vom guten
Willen der Spanier abhängig war. Die Direktoren der Kompanie bevorzugten deshalb zunächst, obwohl ihnen der Schutz durch britische Kriegsschiffe durchaus zustand, die Angelegenheiten durch
Druck auf den britischen Botschafter in Madrid zu regeln. Als das
nichts fruchtete, kam es von englischer Seite zu massiven Klagen
über Behinderungen des vertraglich zugesicherten Handels. Für die
spanischen Behörden sah die Sache ganz anders aus. Die preiswerten und guten englischen Waren, und vor allem der Schmuggel,
untergruben die spanischen Monopole.

Auf Kuba äußerten sich die Schwierigkeiten mit den Briten vor
allem im Schmuggel zwischen Jamaika und der kubanischen Südküste; zu dieser zählten auch die kreolischen Schmuggelzentren
Bayamo und Trinidad. Der offizielle Sklavenpreis lag in der ersten
Hälfte des 18. Jahrhunderts bei etwa 300 Peso, die Steuer auf Skla-
venkauf betrug 11% dieser Summe. Die jamaikanischen Schmuggler brachten Schwarze zu einem Drittel dieses Preises und ohne
die lästige Steuer an die kubanische Südküste bei Playa Girón oder
Santa Cruz del Sur. Mit dem Schmuggel war auch die Furcht vor
illegalen Landungen der Engländer oder anderer Nationen verbunden. Immerhin waren – nach heutigen Maßen – 5746 km Küsten-
linie zu bewachen, und die Unzahl der Inselchen und *Cayos* war
überhaupt nicht zu kontrollieren.

Am Golf von Honduras und Belize waren große englische Holz-
fällercamps entstanden. Die britischen Campecheholztransporter
mußten oftmals wegen Reparaturen, Wasser- und Nahrungsmittel-
aufnahme an der kubanischen Küste haltmachen und wurden dort
von den Corsarios aus Trinidad oder Santiago aufgebracht. Die
Spanier behandelten die Händler und Kapitäne wie Piraten und
Schmuggler. Alle aus spanischem Bereich stammenden Waren
wurden unabhängig davon, wie sie erworben worden waren, als
Schmuggelgut betrachtet und eingezogen; so auch Blauholz, Kakao, Indigo, spanische Münzen (Piaster) – obwohl diese ebenso in
Jamaika als Zahlungsmittel zirkulierten – oder einfach Silber. Je
mehr Spanien dieses Kontrollsystem der Küstenwachen ausbaute,

eigene oder eingebürgerte französische Korsaren einsetzte, die Abmachungen von Utrecht torpedierte und die Kaufleute anderer Nationen sich dagegen zur Wehr setzten, desto mehr glich die Lage in der Karibik und im Golf von Mexiko einem nichterklärten Krieg.

Ein englischer Kapitän namens Jenkins war 1731 vor Kuba kontrolliert und mißhandelt worden, wobei ihm möglicherweise ein Ohr abgeschnitten worden war. 1738 zeigte er dieses – in Alkohol konserviert – in einer Parlamentsdebatte vor. Nachdem die englische Presse die Übergriffe und Grausamkeiten der *Guarda-Costas* bewußt hochgespielt und damit eine Welle «nationaler Empörung» (Parry) ausgelöst hatte, war das der Tropfen, der das Faß zum Überlaufen brachte. Nach einer Friedenszeit von 26 Jahren erklärte Großbritannien im Oktober 1739 Spanien wieder den Krieg, der ausschließlich aus handelspolitischen Interessen begonnen wurde.

Eines der wichtigsten Ziele Spaniens in der Zeit der frühen Bourbonen war der weitere Ausbau einer kriegstüchtigen Flotte. Zugleich versuchte die Krone, in diesem Krieg eine direkte Konfrontation auf See mit den stärkeren Engländern zu vermeiden. Die Briten sollten in der Karibik gebunden werden, damit Gibraltar und Menorca in Europa zurückerobert werden konnten. Dabei stützte sich die spanische Militär- und Marineführung vor allem auf das Verteidigungssystem der Festungen und regionalen Marineeinheiten sowie auf lokale Milizen, Korsaren und Küstenwachen. Die Briten dagegen setzten ihre Flotte ein. Die Geschwader brachen im Juli 1740 aus England auf, «um Spanien auf dem Umweg über Westindien anzugreifen», wie es Jonathan Swift schon 1710 gefordert hatte. Zunächst ging man in London davon aus, daß Kreolen und Indianer im spanischen Amerika nur auf die Befreiung durch die Engländer warteten, und hatte eine Angriffsstrategie gegen die Nervenzentren Panama/Portobelo, Cartagena und Havanna entworfen, verbunden mit einer Reihe von Überraschungsschlägen gegen die südamerikanische Pazifikküste und Santiago de Cuba. Die britische Flotte richtete mehrere Attacken auf Cartagena de Indias im heutigen Kolumbien, um den erwarteten Aufstand schnell auf ganz Südamerika übergreifen zu lassen. Kommodore Anson, ein ehemaliger Korsar, griff von Süden her Panama an. Später zielten die Angriffe auch auf Kuba, weil die Region Havanna-Matanzas das strategische Nervenzentrum des amerikanisch-spanischen Imperiums war. Hier war die Verteidigung jedoch gut organisiert. Die

Garnison von Havanna war verstärkt worden. An 4000 *Vecinos* waren Waffen verteilt worden, und in Havanna und an anderen Orten der Insel hatte Generalkapitän Güemes y Horcasitas zusätzlich zu den Kompanien der städtischen weißen Milizen Kompanien freier Schwarzer bilden und bewaffnen lassen. Aus Studenten der Universität von Havanna wurde eine Art von Freikorps zusammengestellt. Alle Häfen von einiger Bedeutung hatten Küstenwachen gegründet und Korsarenschiffe ausgerüstet.

Eine britische Marineeinheit unter Admiral Vernon, unterstützt durch den Gouverneur von Jamaika, Wentworth, trug mittlerweile Attacken großen Stils auf Cartagena de Indias vor. Besonders der dritte Angriff vom 13. März bis zum 20. Mai 1741 war ohne Vorbild in der Kriegsgeschichte: 140 Kriegsschiffe, 11 000–12 000 Mann Truppen, darunter 3600 Nordamerikaner, waren am Unternehmen gegen die schwerbefestigte Stadt beteiligt. Am Ende jedoch stand einer der gloriosen Siege der spanischen Militärgeschichte. Für die Krone stellte er eine Bestätigung ihres Defensivkonzepts dar. Nach gescheiterten britischen Angriffen auf Havanna und Santiago de Cuba kam es 1748 schließlich zu einer Seeschlacht vor der kubanischen Küste. Im gleichen Jahr beendete der Frieden von Aachen die Feindseligkeiten.

Die Niederlage der gutausgerüsteten und zahlenmäßig überlegenen Briten vor Cartagena bewies die Funktionsfähigkeit des amerikanischen Defensivsystems. Der Angriff zeigte aber auch – und das übersah man in Spanien weitgehend – die Fähigkeit der Briten, große Expeditionsflotten mit Landungstruppen (Marineinfanterie), die sich auf gutorganisierte Basen in Nordamerika sowie Jamaika stützen konnten, schnell und überraschend zu mobilisieren und mit ihnen weltweit zu operieren. Im Grunde waren die Engländer trotz dieser Niederlage in einer günstigen Situation. Sie konnten große Flotten- und Truppeneinheiten auf bestimmte Punkte des riesigen spanischen Kolonialreiches konzentrieren, während die Spanier ihre Kräfte auf eine Reihe von Festungen und Marinebasen verteilen mußten. War die Generalprobe für die Briten mißlungen, so sollte die Premiere um so überzeugender ausfallen.

Das spanische Verteidigungssystem war abhängig von viel Geld, das oft im bürokratischen Dschungel versickerte, und zunehmend auch von der Beteiligung der Kreolen. Die Anlagen erforderten eine ständige Erhaltung und Modernisierung sowie Erneuerung der

Garnisonen. Das brachte neben den finanziellen in gleichem Maße organisatorische, soziale und wirtschaftliche Probleme mit sich.

Die unterschiedlichen Erfahrungen, die aus dem Krieg 1739–1748 gezogen wurden, führten 1762 zur Einnahme Havannas durch die Briten.

Der Fall von Havanna und seine Folgen

Nach dem Abschluß des Friedens von Aachen (1748) und einer relativ langen Friedenszeit (1748–1761) kam es unter Ferdinand VI. zu Erfolgen auf vielen Gebieten. Spanien baute die Flotte auf Kosten des Landheeres aus. Es wurden eine konsequentere Personalpolitik in Amerika betrieben und der Ämterverkauf abgeschafft. Die Stellung der Vizekönige wurde gestärkt. Zur effektiveren Steuereinziehung erfolgte der Aufbau einer Fiskalverwaltung, und administrative Kontrollreisen (*Visitas*) sorgten für zusätzliche wissenschaftliche Daten. Zugleich verfolgte Ferdinand eine andere Englandpolitik als sein Vorgänger und berief britenfreundliche Minister. Die Folgen dieser Anglophilie, verbunden mit der Sparpolitik trafen die Verteidigung, insbesondere die Festungen. Auch die Kombination von Veteranentruppen und städtisch-kreolischen Milizen wurde kaum weiterentwickelt. Einerseits konnte man sich auf die Erfolge bei der Verteidigung Cartagenas berufen, andererseits hatten die spanischen Reformer in Madrid durchaus die Gefahren erahnt, die sich aus einer Bewaffnung und militärischen Ausbildung der Kreolen ergeben könnten. Zudem wollte die Krone die neuerbaute Flotte nicht in einem Krieg gegen England riskieren.

Nach dem Tode Ferdinands VI. (1759) bestieg Karl von Neapel als Karl III. den Thron in Madrid. Er hatte zunächst Hoffnungen, die englandfreundliche Politik fortsetzen zu können. Diese Hoffnung wurde durch die Siege der Briten während des *French and Indian War* in Nordamerika und in der Karibik zunichte gemacht. Spanien geriet unter außenpolitischen Druck. In dieser Situation kam es 1761 zu einem «Familien»-Pakt zwischen den Bourbonen Karl III. und Ludwig XV. 1762 wurde Spanien in den Siebenjährigen Krieg (1756–1763) gezogen. Die präventive Antwort der Briten auf die Kriegserklärung Spaniens ließ nicht lange auf sich warten. Im selben Jahr erschien vor Havanna eine englische

Flotte. Sie bestand aus 50 Linienschiffen und Fregatten mit einer für diese Zeit gigantischen Feuerkraft. 150 kleinere Transportschiffe brachten ca. 10 000 Mann Truppen unter dem Befehl von Admiral Sir George Pocock und Sir George Keppel, dem Earl of Albemarle. Am 7. Juni landete britische Marineinfanterie östlich und westlich von Havanna. Die Belagerung begann. Nach dem Fall der Morro-Festung am rechten Hafenausgang mußte Havanna übergeben werden. Den Siegern fielen mehrere Millionen Silberpesos sowie elf spanische Kriegsschiffe in die Hände. Zur Beute gehörte auch eine Menge kubanischer Plantagengüter (Zucker, Tabak, Häute) aus spanischen Handelshäusern.

Viel wichtiger als diese Beute aber war der tiefe Schock. Erstmals hatten die Engländer den Schlüssel der Neuen Welt erobert und die imperiale Organisation Spaniens an einem strategischen Punkt getroffen. Die militärische Verteidigung hatte sich als völlig unzureichend erwiesen. Ein besonders problematischer Schwachpunkt waren die regulären spanischen Armeeeinheiten und die höhere Kommandoebene. Die Briten wiederum hatten gezeigt, daß sie mit Angriffen großer und relativ gut organisierter Flotten und Streitkräfte die Nervenzentren des spanischen Imperiums einnehmen konnten. Albemarle wurde Gouverneur Kubas, wobei das Zentrum und der Ostteil der Insel – etwa ab der Linie Jagua, Santa Clara und Remedios – unter spanisch-kubanischer Kontrolle blieben. Die Briten betrieben eine kluge Besatzungspolitik, indem sie alle Handelsbeschränkungen mit England und den englischen Kolonien in Nordamerika aufhoben. Sie versuchten auch, die kreolische Oligarchie auf ihre Seite zu ziehen. Zivilverwaltung und Rechtsprechung wurden nicht geändert, so daß das *Ayuntamiento* von Havanna seinen traditionellen Aufgaben nachgehen konnte. Nur mit Bischof Morell de Santa Cruz gerieten die Eroberer schnell in Konflikt. Morell, der zur Seele des kreolischen Widerstandes wurde, mußte nach Florida in die Verbannung gehen. Die wichtigsten Veränderungen ergaben sich im Handel. Das Monopol der *Compañía de la Habana* wurde aufgehoben. In den rund elf Monaten englischer Besatzung kamen ca. 1000 englische und nordamerikanische Schiffe nach Havanna, die kubanische Produkte exportierten sowie Sklaven und englische oder nordamerikanische Waren importierten.

«1762» wurde ein spanisches Trauma. Die kubanischen Oberschichten machten es aber auch zum Argument bei ihren Forderungen nach Reformen. In seinem *Discurso sobre la Agricultura de la Habana y medios de fomentarla* (1792) formuliert dies der kreolische Sklavereiideologe Arango y Parreño folgendermaßen: Die englische Besetzung «gab Havanna auf zweierlei Art Leben; die erste kam mit den beträchtlichen Reichtümern, mit der großen Anzahl von Negern, Gebrauchsgegenständen und Stoffen, die der Handel Großbritanniens in nur einem Jahr hereinströmen ließ; und die zweite, indem sie unserem Hof die Bedeutung jenes [strategischen] Punktes (Havanna) bewies und all seine Aufmerksamkeit und Vorsicht auf ihn zog».

Das Problem bestand aber nicht darin, daß die Briten mit ihrem Handel und den Sklavenlieferungen ein neues wirtschaftliches System in der Region Havanna geschaffen hätten. Ihr «Freihandel», der auch nur in ihrem Einflußbereich frei war, ließ aber schlagartig deutlich werden, daß in dieser Region effektive Exportstrukturen von tropischen Produkten schon existierten. Schon vor 1762 hatten die *Habaneros* nicht mehr nur auf die Flotten gewartet, um den Matrosen ihre Lebensmittel und Dienstleistungen zu verkaufen – das taten sie auch weiter. Jetzt aber kamen Schiffe in Massen nach Havanna, die die Produkte der Region (vor allem Zucker und Tabak) für ihre heimischen Märkte suchten! Ein neues Wirtschaftssystem war im Entstehen begriffen.

Im Frieden von Paris (1763) kam es zur Rückgabe von Havanna im Austausch gegen Florida. Die Briten rundeten damit ihren Kolonialbesitz in Nordamerika ab. Spanien erhielt zum Ausgleich für seine Verluste das französische Louisiana.

Bourbonische Reformen

Eine Konsequenz aus der britischen Eroberung lautete: Die Verteidigung des amerikanischen Imperiums ist marode, wenn schon die besten Festungen erobert werden können; dem Militärwesen und besonders der Flotte muß immer die erste Aufmerksamkeit gelten. Die überwiegend wirtschaftlichen Gründe sind nur von wenigen Zeitgenossen erkannt und benannt worden. Arango hat sie in seinem *Discurso* von 1792 – ideologisch überhöht – genannt. In sozialer und wirtschaftlicher Hinsicht waren in den amerikanischen Gebieten entscheidende Veränderungen vorgegangen, die durch die englische Freihandelsphase sichtbar geworden waren. Aber nicht allein aus dem Zusammenhang Großmachtpolitik/Verteidigung der Imperiumsreformen ergab sich dieser Wandel, sondern auch und vor allem aus den Folgen demographischer Selbstorganisation und aus dem für die Zeitgenossen weniger deutlich erkennbaren Wirken ökonomischer Faktoren.

Dabei muß man davon ausgehen, daß für das iberische Amerika in seiner Gesamtheit die zweite Hälfte des 18. Jahrhunderts eine Epoche allgemeiner Prosperität war. Das Bevölkerungswachstum nahm gegen 1750 zu und kontrastierte auffallend mit den demographischen Katastrophen der vorangegangenen Jahrhunderte. Produktion und Binnen- wie Exporthandel dehnten sich kontinuierlich aus. Eine massive Immigration besonders nichtkastilischer Spanier nach Amerika hatte eingesetzt, und eine neue Urbanisierungswelle begann. Besonders deutlich wurden diese Aufschwungprozesse in den bisherigen Randzonen des Kolonialreiches. In Venezuela und in Kuba wurden sie noch bis 1792 überdeckt vom Erfolg Jamaikas oder des französischen Saint-Domingue. Insgesamt verlagerten sich die ökonomischen Aktivitäten der amerikanischen Kolonialreiche stärker zur Atlantikfassade und in die Karibik. Kuba, schon unter dem starren Monopolsystem der Habsburger privilegiert, nahm bei der wirtschaftlichen Selbstorganisation der amerikanischen Kolonien eine hervorragende Stelle ein. Wenn Spanien die Ergebnisse dieser Selbstorganisation nicht aufs Spiel setzen wollte, mußte es Strukturreformen auf den Weg bringen. Während die Zentralisierungsmaßnahmen vor 1760 doch eher vorsichtige Schritte oder Schrittchen gewesen waren, begann ab 1763 die große Zeit der bourbonischen Reformen in Amerika.

Nach der Rückgabe Havannas wurde Graf von Ricla zum Bevollmächtigten der spanischen Krone für die Übernahme der Stadt ernannt. 50 Offiziere begleiteten den neuen Gouverneur und Generalkapitän der Insel, darunter Alejandro O'Reilly McDowell, ein gebildeter Militär irischer Herkunft, der deutsch-elsässische Ingenieuroberst Agustín Crame (August Krämer), der französische Kavallerieoberst Antonio Raffelin (Antoine Raffelin) sowie 550 erfahrene Unteroffiziere und 1500 Soldaten. Sie bildeten den Kern der neuen Garnison von Havanna und den Grundstock des Heeres. O'Reilly übernahm das Amt eines Subinspekteurs. Da Ricla erkrankte, führte er auch eine Visite der Inseln Kuba und Puerto Rico durch. Damit wurde er zum intimen Kenner der internen Verhältnisse Kubas, was für die Reformen der Inselverwaltung von Bedeutung war.

Für Sofortmaßnahmen nach der Übergabe hatte Graf Ricla umfangreiche Sondervollmachten. Vor allem war zunächst durch die Reparatur und den Ausbau der alten Festungsanlagen die Verteidigung zu organisieren. Auch der königliche Marinestützpunkt, der *Apostadero*, und das dazugehörige Arsenal sowie die Werft mußten repariert werden, da die Briten sie bei Abzug zerstört hatten. Überdies sollte Ricla reguläre Truppen in den Festungen Havannas und in anderen Städten unterbringen und das Milizwesen der Insel neu ordnen. Da sich die spanische Krone und alle Beteiligten im klaren waren, daß die Wiederherstellung der Verteidigung Kubas viel Geld kosten würde, erhielt Ricla vor allem den Auftrag, das Finanzwesen der Insel zu überprüfen und zu reorganisieren. Das Steueraufkommen sollte – wenn möglich – erhöht werden, um die Maßnahmen allein mit den Abgaben der Insel bezahlen zu können. Das sollte ein Wunschtraum der Madrider Reformer bleiben. Denn bald mußten sich Ricla und seine Mitstreiter davon überzeugen, daß in der Finanz- und Truppenverwaltung eine «unglaubliche Unordnung» herrschte und daß die Monopole so nicht bestehenbleiben konnten.

Ricla empfahl deshalb der spanischen Zentrale eine Reihe von Maßnahmen zur Erhöhung des Steueraufkommens, deren wichtigste die Installierung von Intendanturen in Kuba war, um das Verwaltungssystem der Insel dem des Mutterlandes anzugleichen. Im Jahre 1764 wurde deshalb in Havanna die erste Intendantur Amerikas etabliert. Die Zuständigkeit des Intendanten war auf die Finanzverwaltung und die Truppenversorgung einschließlich der Soldzahlungen beschränkt. Sie umfaßte also die klassischen Verwaltungsbereiche Wirtschaft und Verteidigung. Im Innern der Insel ging es zunächst um die Einziehung von Steuern überhaupt, was gerade in bezug auf die neueingeführte *Alcabala*, quasi eine koloniale Mehrwertsteuer auf Grundnahrungsmittel und Massenverbrauchsgüter, zu Unruhen führte. Gleiches war bei der Einführung des Tabakmonopols geschehen, was den Widerstand der Produzenten und Zwischenhändler hervorgerufen hatte. Die Reformen, sowohl die neuen Belastungen wie auch die Verbesserungen, die von ihnen ausgingen, blieben zunächst auf die *Gobernación* von

Havanna begrenzt, regional vor allem auf die Territorien um Havanna und Matanzas.

Mit der Reorganisation konnte man sich zunächst einen Überblick über die vorhandenen Mittel verschaffen. Es wurde deutlich, daß Kuba weiterhin auch der Zuschüsse *(situados)* aus Neu-Spanien bedurfte. Von 1763 bis 1774 bekam die Insel Situados in Höhe von ca. 20 Millionen Silberpesos aus Mexiko. Damit konnten der Festungsbau zielstrebig vorangetrieben und die Hafenbefestigungen erneuert und repariert werden. Viertausend Bauarbeiter, meist Leihsklaven, Königssklaven und Sträflinge, waren ständig im Bausektor tätig. Die Reformmaßnahmen und die umfangreiche Bautätigkeit wären ohne die Partizipation der lokalen kreolischen Oligarchie unmöglich gewesen. Genau dies war das schwierigste Problem für die Reformer, und – um es vorwegzunehmen – an diesem Punkt sind die Reformen in weiten Bereichen des kontinentalen Spanisch-Amerika gescheitert. Kuba jedoch war überschaubar, vor allem im Vergleich mit den gigantischen Territorien Neu-Spaniens; hier durften die Reformen nicht scheitern. Die kubanischen Oligarchien waren sich ihrer starken Position durchaus bewußt, wie im Auftreten Arango y Parreños deutlich zu erkennen. Beide Seiten zeigten sich aber auch flexibel, und die seit jeher privilegierte Stellung der Oligarchie sowie ihre Sondervollmachten machten O'Reilly und Ricla ein Nachgeben in gewissen Fragen leicht. Die Oligarchie Havannas wußte mit den militärisch-strategischen Motiven der imperialen Zentrale umzugehen, was weniger als ideologische Verschlagenheit, sondern vielmehr als simples Interesse zu deuten ist.

Da bedeutende Summen in Havanna zirkulierten, ließen die Plantagenherren einen Teil ihrer Sklaven auf den Baustellen arbeiten. Für die Ernährung der Bauarbeiter wie der Truppen schlossen sie Großaufträge ab und lieferten Fleisch und andere Nahrungsmittel. Da all dies aber nicht ausreichte – auch weil die Zone um Havanna schon viel Zucker produzierte –, nutzte Ricla seine Sondervollmachten und verkündete eine Vorform des Freihandels: Weizen- und Maismehl, Reis, Baumaterialien wie Ziegel und Fliesen, Pferde, Zugvieh und Holz durften über einen naturalisierten englischen Großhändler aus New York eingeführt werden. Dieser «Handel mit Neutralen» wurde immer als militärische Sondermaßnahme begründet, weniger als ökonomisches Mittel im Interesse der wirtschaftlichen Entwicklung der Region. Für die Oligarchie Havannas war diese Öffnung akzeptabel und in gewisser Weise ein Erfolg, weil sie damit die notwendigen Importe billiger erhielt und sich selbst verstärkt der Exportproduktion von Zucker und Kaffee zuwenden konnte.

In der Organisation des Handels wurden entscheidende Veränderungen eingeführt. Die Schiffe aus Havanna mußten sich nicht mehr den Flotten anschließen, sondern durften nach Genehmigung und Registrierung als *Registros fijos* (registrierte Einzelschiffe) die Reise über den Atlantik antreten. Legalisiert wurde dieser Freihandel der spanischen Kolonien in der Karibik (Havanna, Santo Domingo, Puerto Rico, Margarita und Trinidad) mit neun spanischen Häfen im *Reglamento de comercio libre de Barlovento* vom Oktober 1765. Ein neues Zollgesetz, eingeführt nach einer Unterredung O'Reillys mit den Spitzen der Oligarchie, zeigte schon deutlich die Tendenz zum Freihandel. Dieser wurde mit dem «Freihandelsdekret» vom 12. Oktober 1778 (für Neu-Spanien und Venezuela erst 1787/89) für das ganze Imperium eingeführt. Die Stellung Havannas im imperialen Kommunikationsnetz erfuhr durch den Ausbau des Post- und Personenverkehrs nach Cádiz und La Coruña sowie der Post auf der Insel nochmals eine erhebliche Stärkung.

Milizen

Von ebenfalls erheblicher strategischer Bedeutung war der Ausbau des Milizwesens in Kuba nach dem Vorbild des bereits 1734 in Spanien eingeführten Systems der Provinzialmilizen. Ihre Bildung war das Verdienst Alejandro O'Reillys. Die alten städtischen Milizen waren ein Schwachpunkt bei der Verteidigung Havannas gewesen. Am Aufbau dieser neuen paramilitärischen Truppe läßt sich die Bedeutung der loyalen Partizipation der kreolischen Oligarchien besonders schön demonstrieren.

Die neuen Milizen von Havanna bestanden aus einem «weißen» Infanterieregiment von zwei Bataillonen, einem «weißen» Kavallerieregiment und zwei Bataillonen von *Pardos libres* und *Morenos libres*. Anfang 1764 wurden auch in anderen Städten der Insel vier Infanteriebataillone sowie ein «weißes» Dragonerregiment in Matanzas gebildet. Ein «weißes» Bataillon sowie ein Bataillon von

Pardos libres entstanden in Santiago und Bayamo, und jeweils ein «weißes» Bataillon wurde in den *Cuatro Villas* des Inselzentrums und in Puerto Príncipe gebildet. Die Gefechtsstärke der Milizen betrug 7500 Mann. Damit stellten sie, zumindest nach den Feldeinsätzen im Krieg um die Unabhängigkeit der USA (1779–1783), die stärkste militärische Kraft auf der Insel dar. Die *Moreno*- und *Pardo*-Regimenter galten als besonders kampfstark.

Die Milizen wurden nach einem standardisierten Strukturmodell gebildet, erhielten eine systematische Waffenausbildung und exerzierten unter der Leitung von Veteranenoffizieren. Ganz wie eine reguläre Armee-Einheit erhielten die Einheiten Waffen, Uniformen und Ausrüstungen sowie korporative Privilegien. Diese waren z. B.: Freiheit von Einquartierungen, von Hand- und Spanndiensten, gleicher Sold wie reguläre Soldaten bei Kriegsmobilisierung, gesonderte Militärrechtsprechung. Alejandro O'Reilly ist als Vater der kubanischen Milizen und in gewissem Sinne auch des neuen Kolonialpaktes zwischen Oligarchie und Krone in die kubanische Geschichte eingegangen. Er wurde kurze Zeit darauf Generalinspekteur der spanischen Infanterietruppen.

Allerdings war die Bildung der lokalen Milizen durchaus ein Problem für die Metropole. Für Gotteslohn nahmen die Plantokraten den Milizdienst nicht auf sich. Es mußten Ränge, Stellen und Titel geschaffen werden. Wenn sie es aber – vor allem als Offiziere – taten, dann konnten sie und ihre Einheiten in Konfliktfällen durchaus zu einer Gefahr für das Imperium werden. Deshalb wurden die ersten hohen Offiziersposten der Milizen ausgewählten Clanchefs der Nobilität von Havanna in aufwendigen Ritualen – faktisch wie ein weiterer Titel – übertragen. Dazu verteilte man auffällig viele Hochadelsbriefe. 1764–1770 waren es acht neue Titel im Vergleich zu den fünf Titeln, die im Zeitraum 1708–1763 vergeben worden waren. Das betraf vor allem die Familien der obersten Nobilität. Unter den ersten Hauptleuten der Milizen fanden sich bald Namen aus allen großen Familien. Die Masse der Offiziersposten, auch die von Subinspekteuren, Adjutanten und *Garzones* (eine Art Fähnrich) in den farbigen und schwarzen Milizregimentern, blieben den Söhnen der weißen Oligarchie vorbehalten. Während das weiße Offizierskorps sich bald aus dem ebenfalls 1764 gebildeten Kadettenkorps rekrutierte, in dem die Söhne der Nobilität versammelt waren, durften aus der Gruppe der freien Farbigen oder freien Schwarzen Offiziere nur wegen außergewöhnlicher Leistungen ad personam zu Kommandanten (*comandantes*) ernannt werden. Die Führer weißer Bataillone trugen den Rang Oberst (*coronel*). Schwarze oder farbige Kadettenkorps gab es nicht. So bildete sich die Kaste der Pflanzer-Offiziere, die die lokalen Grundlagen kreolischer Macht nun auch durch reale militärische Macht absichern konnten; hier wird die frühe Symbiose von Militär und Wirtschaft auf Kuba deutlich.

Neben der Titelsucht und den realen Privilegien wirkte im Alltagsleben auch die Uniform als starkes Zugmittel. Auf den Bildern jener Zeit erscheinen mehr und mehr uniformierte Männer. Diese «Uniformierung» hatte im Konzept der imperialen Reformen einige Vorteile. Die Nobilität bezahlte ihre Kosten selbst und kam zum Teil auch für den Unterhalt ihrer Einheiten auf. Die von Alejandro O'Reilly entworfenen Uniformen waren farbkräftig und auffällig. Ebenso wie die unterschiedlichen Losungen zeigten sie klar das Ständisch-Kastenmäßige der Milizstruktur, obwohl sie zugleich den farbigen und schwarzen Mittelschichten die Möglichkeit eröffneten, ihren sozialen Status zu erhöhen und in dieser Gesellschaft etwas zu gelten. Damit wurde zunächst die Loyalität zum Imperium gestärkt. Das Militär insgesamt, auch wenn Heer und Milizen strikt voneinander getrennt waren, wurde zum Rückgrat der «imperialen Nation» beiderseits des Atlantiks.

O'Reilly wurde, sicherlich auch weil er einer der Begründer dieser Tradition war, im Jahre 1771 mit dem Hochadelstitel eines Grafen de O'Reilly belohnt. Er heiratete Rosa de las Casas, die Schwester des späteren Generalkapitäns und Gouverneurs Luis de las Casas. Sein Sohn, Pablo O'Reilly y de las Casas, vermählte sich mit María Luisa Calvo de la Puerta y Manzano, der III. Gräfin von Buena Vista, zugleich III. Gräfin von Jústiz de Santa Ana. Sein Enkel, der III. Graf O'Reilly, heiratete ebenfalls in den Calvo-Clan des Conde de Buena Vista ein. Dies ist ein gutes Beispiel für die Verbindung zwischen Zuckeradel und oberster imperialer Militärkaste; weitere Exempel finden sich zuhauf in der Heiratspolitik der Oligarchien von Havanna und Santiago, aber auch in den mittleren und niederen Rängen des Militärs einerseits und unter den Kreolen andererseits.

Als eine der wichtigen Maßnahmen der bourbonischen Reformer muß noch die Vertreibung der Jesuiten (1767) genannt werden, die für Kuba und Havanna insofern größere Bedeutung hatte, als hier die Jesuiten aus ganz Spanisch-Amerika zunächst konzentriert wurden, ehe sie über Spanien nach Italien abgeschoben wurden.

Krisenzeiten

Reformen kosten Geld. Die bourbonischen Reformen hatten dem Imperium, etwas verkürzt gesagt, eine handfeste Finanzkrise beschert. 1788 starb Karl III. Mit Karl IV. (1788–1808) gelangten Gruppen politischer Akteure an die Macht, die Spanien und seinem Imperium eine antizentralistische Reform der Reform brachten, die noch planloser als die Reform verlief.

Deren wichtigste Maßnahmen lassen alle eine Tendenz des Nachgebens gegenüber den mächtigen lokalen amerikanischen Oligarchien erkennen; so wurde der Handel weiter geöffnet, aber die konservative Grundstruktur der *Carrera de Indias* blieb erhalten. Es kam zur völligen Freigabe des Sklavenhandels. Die Krone sah sich außerstande, langfristige Stabilitätsinteressen in den wirtschaftlich erfolgreichen Plantagengesellschaften durchzusetzen. Sklavenschutzgesetze wurden von den lokalen Oligarchien der Plantagenzone Spanisch-Amerikas unter Protest zurückgewiesen.

Zusammen mit den Folgen der karolinischen Reformen und der Krise der internationalen Beziehungen infolge der französischen und haitianischen Revolutionen seit 1792 rutschte das spanische Reich in die tiefste Existenzkrise seiner dreihundertjährigen Geschichte. Die Karibik und die Antilleninseln waren immer ein Konfliktgebiet gewesen, wie die Kriege seit 1739 gezeigt hatten. Das galt auch für die neue Welle militärischer Konfrontationen, die im Gefolge der Pariser Ereignisse von 1789 ausbrachen. 1791 begann im Kuba benachbarten Saint-Domingue die Revolution der freien Farbigen und Sklaven. Von Saint-Domingue, vor 1790 beneidetes Kolonialmodell, verbreitete sich ein Vakuum in bezug auf die Exportlandwirtschaft aus. Der Nachfragesog stärkte den Zucker-Take-off Kubas enorm.

Die Oligarchie Havannas, die sich in das große Abenteuer der Plantagen stürzte, verdankte dieser Spätzeit der Bourbonen vor allem die Freigabe der Sklaveneinfuhr und die Regelungen in bezug auf restriktivere Freilassungspraktiken für Sklaven. Von 1789 bis

1804 ergingen nicht weniger als 13 königliche Anordnungen, die die wichtige Frage der Arbeitskräftezufuhr für den Plantagensektor regulieren, ausweiten oder beschleunigen sollten. Jene von 1804 empfahl – das heißt, sie legte nicht fest – den Besitzern, mehr Frauen einzuführen und alle Sklaven, die es wollten, heiraten zu lassen. Im sogenannten *Código Negro Español* von 1789 versuchte die Krone zunächst, die Sklaverei nach zentralen Gesetzen zu regeln. Der Kodex kam allerdings nie zur Anwendung. Hier zeigt sich im Falle Kubas vielleicht am deutlichsten das Zurückweichen der imperialen Eliten vor den lokalen Oligarchien. Die neuen Sklavengesetze stellten Anpassungen älterer Gesetze an die amerikanische Situation dar und enthielten als solche vor allem repressive Elemente, aber auch explizite Anweisungen zum Schutz, für gute Behandlung und gegen Grausamkeiten. Es war der Versuch, die Sklaven zu schützen und die Sklaverei auszuweiten.

Die Entwicklung der Insel befand sich in einer Alternativsituation. Hätte die Krone die Sklavengesetze von 1789 durchsetzen können und die Kontrolle über den Sklavenhandel behalten, hätte Kuba für seinen Zuckerboom viel mehr freie Arbeitskräfte benötigt. Das wiederum hätte entweder zu einer massiveren weißen Immigration oder zu einem noch stärkeren Herabdrücken des Status der *Libertos* geführt, wie es für das spanische Santo Domingo mit seiner verschärften Arbeitspflicht im Grunde schon vorgesehen war. Aufstände wie im französischen Saint-Domingue wären nicht ausgeblieben. Eine deutlichere Immigrationsförderung seitens der Krone und damit eine stärkere Einwanderung weißer Bauern hätten zu einem sozial ausgeglicheneren Kuba, zu einem «kleinen Kuba» der *Guajiros*, Kanarier, nichtkastilischen Spanier und französischen Siedler geführt. Ob dieses kleinbäuerliche Ideal eines spanischen Kuba auch wirtschaftlich erfolgreich gewesen wäre, wissen wir nicht, aber es wäre eine ethnisch weniger konfliktreiche Gesellschaft entstanden. Die Konzentration auf das Binom Sklaven/Zucker hat vieles vom Reichtum auch der anderen Wirtschafts- und Kulturgeschichte Kubas überdeckt, ja verdeckt. Es gab, um in den zugespitzten Begriffen von Pérez de la Riva zu sprechen, nicht nur ein «Kuba A» (ein «großes Kuba» der Massensklaverei und Zuckerplantagen), sondern auch ein «Kuba B» (ein «kleines Kuba» der freien Einwanderer und der diversifizierten Produktion ohne dominierenden Großgrundbesitz), davon sicherlich sogar mehrere.

Im Gegensatz zu den in äußeren Formen und im Stil ähnlichen Prozessen der modernen Geschichte in der «Sattelzeit» um 1800 kratzten die bourbonischen Reformen auf Kuba nur die Oberfläche der Sozial- und Wirtschaftssysteme an bzw. regelten nur das nachträglich, was die amerikanischen Oligarchien längst praktizierten. Arango hat dies in seinem *Discurso* von 1792 in Form eines Wunsches ausgedrückt: «Die natürliche Ordnung verlangt danach, daß die Besitzer der fruchtbarsten Böden die Gesetzgeber seien.»

Mit diesen Grundsätzen wurde Francisco de Arango y Parreño zum Adam Smith der Zuckerplantagenwirtschaft mit Massensklaverei und zum Stammvater des Rassismus. Die Epoche der «zweiten Sklaverei» (Dale Tonich) auf Kuba begann.

Zucker und Sklaverei

Dimensionen der Sklaverei

Die Herausbildung eines ökonomischen Systems auf der Basis von Massensklaverei auf Kuba war durch allgemein-internationale Bedingungen geprägt, die ihm einen besonderen Charakter verliehen. Erstens entstand dieses System im historischen Sinne relativ spät, unter den Bedingungen der sich entfaltenden Doppelrevolution: der von Großbritannien ausgehenden industriellen Revolution und der Französischen Revolution von 1789, die die Menschenrechte proklamierte. Beide Bewegungen verstanden unter freiem Individuum im wirtschaftlichen Sinne freie Arbeitskräfte bzw. befreite ländliche Arbeitskräfte aus letzten feudalen Bindungen, wie es auch – in einem längeren Prozeß – die preußischen Reformen anstrebten. Aus karibisch-amerikanischer Perspektive waren zwei andere Revolutionen zunächst allerdings weit wichtiger: die antikoloniale Revolution der USA (1776–1783) und die Revolution der Sklaven und freien Farbigen auf der Nachbarinsel Saint-Domingue (1790–1804) gegen Kolonismus und Sklaverei. Zweitens besaß das spanische Imperium keine eigenen Sklavenversorgungsgebiete und erst seit 1776 mit den Inseln Fernando Po und Annobon Sklavenhäfen in Afrika, die allerdings nicht zu den wichtigen Sklavenhandelsplätzen gehörten. Drittens entfaltete sich die Massensklaverei, da seit Ende des 18. Jahrhunderts die englische Abolitionspropaganda offizielle Politik wurde und der Kampf gegen die Sklaverei und den Sklavenhandel die internationale Idiosynkrasie prägte, unter für die Herren ungünstigen ideologischen Bedingungen. Trotzdem war zwischen 1763 und 1846 die Sklaveneinfuhr die wichtigste Quelle des explosiven Wachstums der kubanischen Bevölkerung. Es wuchsen zwar alle ethnischen Grundbestandteile der Inselbevölkerung, der Sklavenanteil jedoch am schnellsten (3,8% Sklaven, 2,74% Weiße und 2,24% freie Farbige). Der Zeitraum zwischen 1763 und 1873 kann bezüglich des Sklavenhandels in fünf Hauptperioden unterteilt werden:

1. 1763–1788: Ende des *Asientos*
2. 1789–1820: Periode der Entmonopolisierung und des freien Handels
3. 1821–1845: Periode des offiziösen Schmuggels
4. 1846–1867: Periode des unregelmäßigen Schmuggels und der Ablösungsstrategien
5. 1867–1873: Endphase des atlantischen Sklavenhandels

In den ersten beiden Perioden kam es zum Aufstieg andalusisch-katalanisch-kubanischer Sklavenhändler und zur Akkumulation von Kapital in einzelnen Familienclans, was die massive Neuanlage moderner Plantagen in der Region Matanzas und die Expansion des Zuckers nach Las Villas und Cienfuegos ermöglichte. Es entstand eine ungewöhnlich erfolgreiche und rentable Agrarwirtschaft, gegen die sich der Angriff der Hauptkonkurrenten richtete. Die Abolition des Sklavenhandels durch Großbritannien 1807 war Teil dieser Offensive. Die Gruppe um Arango y Parreño sah sich zu energischen Gegenmaßnahmen veranlaßt. Dabei hatte sie ein relativ leichtes Spiel, da Kuba neben Puerto Rico, dem Gibraltar der Karibik, die letzte sichere Basis im Kampf gegen die 1810 ausbrechenden Unabhängigkeitsbestrebungen der Kreolen des amerikanischen Festlandes darstellte. Die Briten versuchten zunächst, ihren Einfluß in Spanien sowohl in den *Cortes* von Cádiz wie auch später bei der Krone geltend zu machen. Das Vereinigte Königreich nutzte auf dem Wiener Kongreß (1815) seine international dominante Position zu Initiativen gegen den Sklavenhandel und zu direktem Druck auf die spanische Krone. 1817 wurde ein britisch-spanischer Vertrag unterzeichnet, der den Sklavenhandel nördlich des Äquators ab dem 30. Mai 1820 verbot und die Einrichtung von gemischten Kommissionen (eine in Havanna und eine in Sierra Leone) sowie das Recht zur gegenseitigen Kontrolle festschrieb. Die illegal eingeführten Sklaven sollten, soweit dies durch Aufbringung von Schmuggelschiffen oder Denunziation von Sklaventransporten auf Kuba festgestellt worden war, zu sogenannten *Emancipados* werden. Der Vertrag legte fest, daß diese «Emanzipierten» legal frei sein sollten; die spanische Regierung ging die Verpflichtung ein, ihnen die Rückkehr nach Afrika zu erleichtern oder – falls eine Rückkehr unmöglich oder nicht gewünscht war – die Integration. Im letzten Fall sollten sie für fünf Jahre der Aufsicht einer «ehrenwerten

Familie» übergeben werden und dann frei sein. Die Realität sah allerdings anders aus: Die Masse der *Emancipados* wurde wie Sklaven auf Zuckerplantagen oder bei öffentlichen Arbeiten eingesetzt, ohne daß sich jemand für sie verantwortlich fühlte.

In der dritten Hauptperiode begann die Zeit des «erlaubten illegalen Handels» mittels einer spanischen Politik der offiziellen Verurteilung einerseits und der passiven Unterstützung des Sklavenschmuggels andererseits. Die große Zeit der spanisch-kubanisch-katalanischen *Negreros* brach an. Wegen Unstimmigkeiten mit Großbritannien mußte 1822 ein neuer Vertrag zur Definition der Bestimmungen von 1817 geschlossen werden. Da nach diesen allerdings die Sklavenschiffe nur auf offenem Meer aufgebracht werden durften und überdies die spanische Marine hinsichtlich der Verfolgung der Schmuggler passiv blieb, waren die Verträge praktisch nutzloses Papier. Die Zusammenarbeit zwischen den kubanischen Kolonialbehörden und den *Negreros* sowie deren Kenntnis der Gewässer und Küsten taten ein übriges.

126 600 Sklaven sollen, so besagen Kalkulationen, in dieser Etappe nach Kuba geschmuggelt worden sein. Die Witwe des 1833 verstorbenen Ferdinand VII., María Cristina, bedurfte in der dynastischen Krise Spaniens der Unterstützung Englands. Mit dem britisch-französischen Vertrag von 1833 sowie der Aufhebung der Sklaverei in den britischen Kolonien hatte sich die internationale Lage entscheidend geändert. Spanien schloß mit Großbritannien den Vertrag von 1835 zur endgültigen Aufhebung des Sklavenhandels. Obwohl die Engländer auf dieser Basis eine aggressivere Politik betrieben und 1836 den entschiedenen Abolitionisten Richard Madden als Superindendanten für emanzipierte Sklaven nach Havanna schickten, genossen die *Negreros* und Sklavenhalter weiterhin die volle Unterstützung des Generalkapitäns Miguel Tacón und erfreuten sich der geheimen Billigung seitens der Regentin. Gerüchte besagen, daß María Cristina finanziell am Sklavengeschäft beteiligt gewesen sei.

Allerdings stand für die spanische Krone durchaus auch Prestige auf dem Spiel. Die Zentralgewalt hatte, wie wir wissen, schon Ende des 18. Jahrhunderts auf eine Sklavenschutzpolitik verzichtet. Dann war auch die Kontrolle der Sklavenzufuhr seit 1789 Zug um Zug aufgegeben worden. Somit waren auf Kuba immer größere Mengen von Menschen dem direkten Zugriff der Krone, das heißt des Gesetzgebers, entzogen. Wegen des Schmuggels war nicht einmal klar, um wie viele Menschen es sich überhaupt handelte. Nach den Regeln des Regierens konnte sich kein Staat seit den Zeiten der Aufklärung diese fehlende Kenntnis in der Demographie leisten. 1840 leitete denn auch der liberale probritische General Baldomero Espartero, der zum starken Mann der spanischen Politik geworden war, einen Zensus aller zwischen 1820 und 1840 nach Kuba importierten Sklaven in die Wege. Es ging auch das Gerücht um, daß allen Eingeschmuggelten die Freiheit gegeben werden sollte. Der Zensus von 1841, so ungenau er auch im einzelnen sein mag, zeigte jedenfalls, daß es auf der Insel mehr Schwarze als Weiße gab; nämlich bei etwa einer Million Einwohner ca. 43 % Sklaven, 15 % freie Farbige und rund 42 % Weiße. Rund gerechnet, gehörten etwa 70 % der männlichen erwachsenen Bevölkerung zwischen 16 und 60 Jahren der «schwarzen Rasse» an.

Seitens der Sklavenhandelsgegner kam es zu hektischer Agitation über die drohende «Afrikanisierung» Kubas; die Sklavenbesitzer und *Negreros* reagierten ebenso panisch in der Furcht um ihre Pfründe. Die Ängste wurden verschärft durch das Agieren des britischen Konsuls David Turnbull, eines weiteren radikalen Abolitionisten, und die Ankunft des neuen, ebenfalls abolitionsfreundlichen Generalkapitäns Gerónimo Valdés. Dieser erließ 1842 ein *Reglamento de Esclavos,* der im Grunde – nach einem halben Jahrhundert! – eine Konkretisierung, Systematisierung und striktere Fassung der Grundregeln, die schon im *Código Negro Español* von 1789 festgeschrieben worden waren, darstellte. Die kubanische Sklaverei wurde de jure erstmalig internen Regeln unterworfen.

Durchsetzen konnten die spanischen Beamten diese Politik kaum besser als ihre Vorgänger. Allerdings verstand die kreolische Oligarchie das Signal. Den ökonomischen Kollaps Jamaikas vor Augen, warfen die Sklavenbesitzer einerseits die Frage der Entschädigung – in einer Gesamthöhe von 700 Millionen Francs – in die Debatte, eine Summe, die der spanische Staat nicht bezahlen konnte. Andererseits begann, da die Sklavenpreise anzogen und der Zuckerpreis fiel, eine Strategie der langsamen Ablösung der versklavten durch die freie Arbeit. Die *Junta de Fomento* setzte Preise für diejenigen *Hacendados* aus, denen es gelänge, kanarische Kolonisten anzusiedeln bzw. die Ernte vollständig mit Tagelöhnern einzubringen. Seit 1848/49 gelangten auch Kantonchinesen und kriegsgefangene Maya von Yukatan sowie Apachen auf die Insel. Die Zahl der chinesischen Kulis erreichte bis 1873 eine Höhe von rund 125 000 Menschen. All dies konnte aber das Grundproblem der Arbeitskräfte nicht lösen, und die *Hacendados* verwiesen immer wieder auf das Chaos in Jamaika. Aus ihrer Sicht schien Ende der vierziger Jahre des 19. Jahrhunderts ein Angriff auf das Herz des ökonomischen Systems der Zuckerelite bevorzustehen. Zudem kam es zu verstärkten politischen Aktionen und Rebellionen unter den Sklaven vor allem im Westen von Havanna und in den Plantagenregionen von Matanzas, was wiederum von den erschreckten Sklavenhaltern aufgebauscht und zum Druck auf die Kolonialverwaltung benutzt wurde. In Wirklichkeit verantwortlich hierfür waren jedoch die ungezügelte Einfuhr von versklavten Menschen und die Ideologie des Sklavereiliberalismus. Die Krone hatte die Kontrolle verloren, und die Kreolen lehnten Sklavengesetze als Eingriff in den Rechtsraum der Plantagen ab. In dieser Situation konnten die *Hacendados* die Sicherheit in den Zuckerzonen aber selbst nicht mehr gewährleisten. Valdés mußte Turnbull 1842 ausweisen.

Nach dem Sturz Esparteros in Spanien (1843) kam General Leopoldo O'Donnell y Jorris als neuer Generalkapitän nach Kuba. Entgegen seinem lockeren Wort, Kuba könne mit einer «Fiedel und einem Hahn» regiert werden, benutzte er zunächst den eisernen Besen. Unter seiner politischen Führung wurde eine gezielte Verfolgungs- und Terrorwelle zur Zerstörung der Verschwörungsnetze zwischen Plantagensklaven und freien Farbigen ausgelöst. Sie ist unter dem Sammelnamen *La Escalera* in die kubanische Geschichte eingegangen. O'Donnell bewies den Kreolen damit die Notwendigkeit einer starken Zentralmacht, die die Institution Sklaverei schützte. Der Oberschicht, der internationalen Öffentlichkeit und Großbritannien sollte der Schlag auch zeigen, daß Spanien noch Herr im Hause Kuba war. Der Terror traf vor allem die zwischen Ende des 18. Jahrhunderts und 1840 entstandene schwarze und mulattische Klein- und Mittelbourgeoisie, da man hier potentielle Führer der Sklaven vermutete.

Auf fortgesetzten britischen Druck mußte allerdings 1845 ein Gesetz zur Unterdrückung des Sklavenhandels erlassen werden, das harte Strafen für ertappte Schmuggler vorsah. Zugleich hielt es fest, «daß in keinem Fall und Zeitraum gegen die Sklaveneigentümer vorgegangen werden wird noch [es erlaubt ist], die Eigentümer unter dem Vorwand der Herkunft [der Sklaven] zu beunruhigen». Das Gesetz war zwar ein rechter Mißerfolg, konnte aber zumindest für die nächsten zwanzig Jahre als ein Feigenblatt herhalten. Zunächst nahm der Sklavenschmuggel ab, um dann Ende der vierziger Jahre des 19. Jahrhunderts und in Wellen 1853–1854 sowie 1858–1861 nochmals anzusteigen, zuletzt gar auf Rekordhöhen.

Wegen der zunehmenden Unsicherheit kombinierten allerdings viele Besitzer das Kaufen erwachsener Sklaven mit dem «Züchten» von Sklavennachwuchs; eine natalistische Linie der Sklavenhaltung setzte ein. Zugleich begannen sie, da nach dem Vertrag zwischen Union und Großbritannien (1862) sowie der Niederlage der Südstaaten ein Ende der Sklaverei immer wahrscheinlicher wurde, die Bedingungen der Transformation zur freien Arbeit festzulegen. Von 1862 bis 1867 wurden nur relativ wenige Sklaven nach Kuba geschmuggelt. 1866/67 erfolgte vor dem Hintergrund erbitterter Meinungsgefechte zwischen Abolitionisten und Antiabolitionisten unter der Regierung O'Donnell die Annahme eines neuen Strafgesetzes. Die letzten Schmuggelschiffe mögen 1873 angekommen sein.

Die *Hacendados* hatten aber schon dreißig Jahre lang zusätzliche Strategien bei der Sicherung des Arbeitskräftepotentials genutzt, wie die erwähnte Einführung chinesischer Kontraktarbeiter und Maya aus Yukatan, Kanariern oder Filipinos zeigt; auch der Anteil freier Arbeiter wurde erhöht. O'Donnell hatte mit seiner spektakulären Aktion gegen den vermuteten Sklavenaufstand 1843/44 wenigstens für einen gewissen Zeitraum seine Hauptaufgaben erfüllt: die Garantie der Sklaverei unter dem Zeichen der Allianz zwischen Krone, konservativen Pflanzern und spanischen Großkaufleuten. Aus spanischer Sicht aber hatte der Generalkapitän noch mehr erreicht. Kuba war für weitere 50 Jahre gesichert.

Im allgemeinen kann in bezug auf die Zahlen bis zum Ende des Sklavenhandels davon ausgegangen werden, daß von den ca. 10 Millionen Afrikanern, die nach Curtin Amerika lebend erreicht hatten, etwas weniger als eine Million nach Kuba kam, die meisten zwischen 1790 und 1867. Selbst wenn für die Minimalzahl (631 965) ein runder Preis von 300 Pesos pro Person angenommen wird, repräsentierten diese Sklaven das gigantische Kapital von 189 589 500 Pesos. In den sechziger und siebziger Jahren des 19. Jahrhunderts aber stieg der Wert für eine *Pieza*, einen männlichen Sklaven im Alter von 14 bis 40 Jahren, auf bis zu 1000 Pesos und mehr an.

Zuckerproduktion

Der ökonomische Wandel im Sinne der Herausbildung einer regionalen Zuckerproduktion unter der Kontrolle der Oligarchie von Havanna fand im wesentlichen zwischen 1740 und 1790 statt. Diese in sich geschlossenen Zonen waren noch relativ klein und befanden sich im wesentlichen im Umland Havannas und Matanzas.

Von 1792 bis 1795 kam es, ausgelöst vor allem durch die vermehrte Einfuhr von Sklaven und den Zusammenbruch Saint-Domingues, zum ersten klar erkennbaren Zuckerboom der kubanischen Geschichte, auf der Insel auch als die Zeit der «fetten Kühe» bekannt. Zwischen 1795 und 1810 folgte dann, nimmt man die offiziellen Zahlen der kubanischen Handelsstatistik und die Klagen in den Quellen und in vielen offiziösen Geschichtsdarstellungen als Grundlage, eine Krise der Zuckerausfuhr. Hervorgerufen wurde diese durch die zum Teil extremen Schwankungen der internationalen Zuckerpreise. Die wirtschaftlichen Schwierigkeiten führten zu einer schwierigen Umorientierung und zu einer ersten Konzentrationsphase der Zuckerproduktion.

Den Klagen über den Export stehen die Zahlen der Konzentration der Produktion entgegen. Diese befand sich nämlich in den Händen der wichtigsten *Hacendados* aus den 500 Familien der Oligarchie Havannas. Deren Wortführer klagten zwar am meisten – deshalb hat sie Allan Kuethe auch *los llorones cubanos*, die kubanischen Heulsusen, genannt –, machten aber auch den größten Druck etwa bei Hofe oder bei den entscheidenden Institutionen der Insel, um die Bedingungen für die Zuckerproduktion zu verbessern. Zwischen 1814 und 1825 kam es zu einer Reihe tiefgreifender Reformmaßnahmen, mit denen die Krone – vor allem, um Kuba als spanische Kolonie zu erhalten – viele der verbliebenen Hindernisse für eine kapitalistische Zuckergroßproduktion und für die Massensklaverei beseitigte. Kuba war, sieht man von Puerto Rico ab, das einzige Land, welches diese Spätphase der bourbonischen Reformen durchmachte; die anderen Territorien des kontinentalen Spanisch-Amerika befanden sich nämlich schon in offener Rebellion gegen Spanien.

1825 lieferte Kuba nach den Angaben von Humboldt bereits 1/5 allen Zuckers der Antillen und 1/8 allen nach Europa und in die USA gebrachten Zuckers. Bis 1840 katapultierte sich die kleine Insel auf den ersten Platz der Weltproduktion raffinierten Zuckers. 1841 bis zur Krise von 1857 kam es noch zu Produktivitätssteigerungen, vor allem auch durch die zunehmende Mechanisierung der Plantagen. 1857 bis in die siebziger Jahre desselben Jahrhunderts trat dann eine Phase der Stagnation auf hohem Niveau ein. Danach geriet die Zuckerproduktion in eine Krise, die vor allem hervorgerufen wurde durch die Konkurrenz zwischen Rübe und Rohr. 1886 erfolgte die Aufhebung der Sklaverei auf Kuba, aber die Modernisierungskraft blieb ungebrochen. Nahezu schlagartig entstanden modernste Zuckerfabriken (*Centrales*) für Halbfertigprodukte. Zuckerrohr wurde nun im Pachtsystem angebaut.

Langwirkende äußere Ursachen für die nahezu explosive Ausbreitung der Zuckerproduktion und der Massensklaverei waren vor allem die von der Krone bezüglich Kubas geförderte Erosion des Handelsmonopols im 18. Jahrhundert und der steile Anstieg der Zuckernachfrage bei gleichzeitigem tendenziellen Preisabfall. Weitere Ursachenkomplexe lagen in der ökologischen Erschöpfung der Böden und in politischen sowie sozialen Problemen in den britischen Karibikkolonien, die zu einer Krise der Zuckerproduktion auf Barbados und vor allem auf Jamaika führten. Diese Lücke in der Weltzuckerherstellung konnte in der scharfen Konkurrenz der Antilleninseln untereinander zunächst durch die dynamischste Zucker- und Kaffeekolonie des 18. Jahrhunderts, Saint-Domingue, ausgefüllt werden; Kuba bewegte sich bis 1791 im Schatten dieser Konkurrenz. Mit dem Zusammenbruch Saint-Domingues trat Kuba aus diesem Schatten heraus und konnte ihre Position trotz großer Schwierigkeiten bis 1825 konsolidieren.

Die langfristigen inneren Ursachen für die schnelle Ausbreitung der Zuckerproduktion auf Kuba selbst sind in der Existenz einer geschlossenen und kapitalkräftigen Kaste von städtischen Oligarchien zu suchen, die beste Verbindungen zum Hofe hatte, dort eine geschickte Pressionspolitik betrieb und zudem Nettoempfänger von Geldern (*Situados*) aus Neu-Spanien war.

Ab 1814/15, mit der Rückkehr Ferdinands VII. auf den Thron in Madrid, kam es zu einer kubaspezifischen Vollendung der bourbonischen Reformen. Spanien tat alles, um wenigstens diese Insel zu halten. Aus dem Weltreich wurde ein insulares Restreich mit Kuba als Kronkolonie.

Wie wirkten sich diese Umfeldbedingungen auf Kuba und der Wandel der Ökonomie auf die kubanische Gesellschaft aus? Möglicherweise besser als in den direkten quantitativen Indikatoren manifestiert sich der Wandel in einer Reihe von Komplexen, die als Meßpunkte angesehen werden können. Die Krone hatte 1729 die Kontrolle der Bodenvergabe wieder an sich gezogen. Es war immer wieder zu Streitigkeiten um den Boden in der Nähe der Städte, vor allem Havannas und Matanzas, gekommen. Vom Beginn des 19. Jahrhunderts an stiegen der Bodenwert und die Bodenpreise steil an. Die großen Viehzucht-*Hatos* waren in der frühen Kolonialgeschichte vor allem als kreisrunde Flächen vergeben worden. Da die Landvermessung unexakt war, kam zwischen Tabakpflanzern und *Hato*-Besitzern Streit auf um die Flächen, an denen sich Kreise überschnitten. Auch zwischen *Hateros* und Städten, die ihren Gemeindebesitz verteidigten, entstanden Konflikte, ebenso wie unter den Erben um die Aufteilung des Bodens gemeinschaftlich genutzter Viehzucht-*Hatos*. Der landwirtschaftliche Ergänzungsraum war rein quantitativ riesig auf Kuba. Er betrug zu dieser Zeit, bezogen auf das Gesamtareal der Insel, noch über 90%. Diese Gebiete aber waren von Wäldern bedeckt, die theoretisch unter dem Schutz der Krone und praktisch unter der Kontrolle der Marine standen. Der gestiegene Wert des Bodens drückte sich auch darin aus, daß sich innerhalb der letzten dreißig Jahre des 18. Jahrhunderts neue Bodenmaße durchsetzten. Es wurde nicht mehr in *Leguas* (4240 m), das heißt in Wegstunden, sondern in *Caballerías* (13,43 ha) gemessen. Zwischen den beiden Maßen besteht ein Verhältnis von 108 zu 1!

Die Zuckerproduktion mit Sklaven beanspruchte zunächst den Boden im engeren Umland Havannas und breitete sich von dort mit vorherrschender Süd- und Ostrichtung rapide aus, was die Gründung einer Reihe neuer Landstädte zur Folge hatte. Bereits 1778 gab es vierzehn neue Siedlungen im Umland Havannas; zwischen 1780 und 1810 kamen dreißig hinzu. Durch die Ansiedlung von Flüchtlingen aus Santo Domingo und Saint-Domingue entstanden im Westen auch Kaffeezonen, wie das Gebiet von Alquizar. Die demographischen Veränderungen, die durch den ökonomischen Wandel hervorgerufen wurden und ihn auch selbst trugen und voranbrachten, zeigten sich in verschiedenen Bevölkerungsschätzungen. Von 1774 bis 1817 stieg die Zahl der Einwohner von 171 620 auf 553 033 und erhöhte sich bis 1860 nochmals auf mehr als das Doppelte (1 396 530).

Auch in Politik, Administration und Kultur, aber auch und vor allem in der Institutionalisierung der kreolischen Macht wurden die Folgen des ökonomischen Aufschwungs schnell deutlich; so etwa in der weiter steigenden Bedeutung Havannas, im Selbstbewußtsein der kreolischen Zuckeraristokraten und ihrer Fähigkeit zur Pressionspolitik bei Hofe. Ihre Forderungen setzten sie fast alle durch, wobei sie allerdings zwischen 1790 und 1820 auch auf eine schwache und nachgiebige Zentrale trafen. 1790 war Don Luis de las Casas, ein Schützling des Conde de Aranda, der schon 1763 mit O'Reilly auf der Insel gewirkt hatte, als Generalkapitän und Gouverneur an die Spitze der Kolonialregierung der Insel getreten; ein fähiger, aufgeklärter, auch ökonomisch gebildeter Militär. Ihm zur Seite stand als Intendant und Finanzfachmann der einflußreiche Pablo Valiente. Beide arbeiteten intensiv mit den Spitzen der Zuckeroligarchie und vor allem auch mit dem wichtigsten kubanischen Plantagenökonomen und -ideologen, Francisco de Arango y Parreño, zusammen.

Insgesamt kann man für die Zeit zwischen 1790 und 1820 von der Erarbeitung eines kreolisch geprägten politisch-wirtschaftlichen Projekts der *Cuba Grande* (großes Kuba) sprechen, dessen Hauptvertreter, Propagandist und Inspirator Arango mit Unterstützung der lokalen Elite Havannas und der Spitzen der Kolonialadministration war. Die wirtschaftliche Basis dieses Projekts stellte das in einer wahren wirtschaftlichen Revolution entstandene «große» Kuba des «Zuckers, der Sklaven und Plantagen» dar. Diese Zuckerrevolution war, wie Gert Oostindie schreibt, «eine zeitgemäße Antwort auf äußere Impulse wie die stetig wachsenden Märkte für karibische Plantagenprodukte». Sie war von der kreolischen Nobilität in Gang gesetzt worden und wurde von ihr im gewissen Sinne auch politisch und ideologisch von Anfang bis Ende geführt und inspiriert. Die ganze Dimension dessen, was dort entstand, wird leicht übersehen. Havanna war auf dem besten Wege, zum Zentrum eines antillianisch-amerikanischen Plantagenreiches zu werden, das aus Louisiana mit dem Zentrum Nueva Orleans (1763–1803 bei Spanien), dem späteren Texas und den beiden Floridas, der karibischen Fassade Neu-Spaniens (Veracruz) und Puerto Rico bestand. Auch zwischen Santiago de Cuba und Santo Domingo, Cartagena de Indias, Maracaibo, Caracas/La Guaira und Cumaná existierten gute Verbindungen.

Institutionelle Träger des Projekts der *Cuba Grande* waren die *Sociedad Económica de los Amigos del País* (Ökonomische Gesellschaft der Freunde des Landes, SEAP), 1793 gegründet, und das Konsulat von Havanna unter Führung Arangos. Fernando Ortíz hat die SEAP von Havanna das Gehirn Kubas genannt. In Santiago de Cuba war eine dieser Gesellschaften schon 1787 gegründet worden. Generalkapitän Luis de las Casas war erster Präsident der SEAP. Die SEAP war Herausgeberin des *Papel Periódico*, einer frühen Zeitschrift, die von Arango, Romay und anderen gegründet worden war. Auf ihren Seiten wurden technische Verbesserungen der Zuckerwirtschaft vorgestellt, medizinische Neuerungen oder die Maßnahmen für Infrastruktur beraten. Die *Sociedad* finanzierte auch Lehrstühle für Chemie und Botanik und legte eine große Bibliothek an. Auf Initiative von Arango wurde 1795 das Konsulat, der *Real Consulado de Agricultura y Comercio de la Habana*, ins Leben gerufen. Arango war zugleich erster Syndikus dieser Standesorganisation der Oligarchie. Es war vor allem eine Institution, die Wirtschaftsmaßnahmen diskutieren und in Angriff nehmen sollte, zugleich fungierte sie als Gericht in den Konflikten zwischen spanischen Großhändlern und kreolischen Zuckerproduzenten. In ihren Verantwortungsbereich fielen auch die Anlage und Instandhaltung von Molen sowie der Straßenbau, die Stipendienvergabe für Botanik und Chemie und die Erprobung bestimmter Produkte in Kuba, wie des Indigo, oder die Propagierung der Bienenzucht.

Ende des 18./Anfang des 19. Jahrhunderts formierte sich aus den Oberschichten Havannas die Zuckeraristokratie oder Sacarokratie, wie Moreno Fraginals sie in Anlehnung an José Antonio Saco genannt hat. Ausdruck dieser Formierung waren nicht zuletzt die genannten Institutionen. Am deutlichsten wurde das gestiegene Selbstbewußtsein dieser Gruppe im sogenannten Krieg um den Kirchenzehnten. Die Dynamik der äußeren Nachfrage wurde durch Abgabenbefreiung für die sogenannten neuen Plantagen und eine heftige, aber für die Zuckeroligarchie erfolgreiche Auseinandersetzung mit der Kirche zwischen 1790 und 1804 beschleunigt. Kernpunkte dieser Auseinandersetzung waren die Kirchenstruktur sowie die Friedhöfe auf den Plantagen; auch forderten die *Hacendados* die Loslösung von den normalen Pfarreien, um Proteste gegen die Menschenzucht – auch das ist Sklaverei – zu verhindern. Offene Konflikte gab es deshalb vor allem um den *Diezmo*, wovon zum großen Teil die Kirche finanziert wurde. Er betrug 5 % der jährlichen Produktion. Eine Bestimmung vom 4. April 1804 legte aber fest, daß neuangelegte Plantagen keinen Kirchenzehnten mehr zu zahlen brauchten und für die alten als Basis der 5 %-*Diezmo* nach dem Stand der Produktion von 1804 gelten sollte. Der Zehnt wurde auf dem Stand von 1804 eingefroren. Ein weiterer Streitpunkt waren die Arbeit der Sklaven an Sonn- und Feiertagen und das Problem der Fastenzeit, vor allem wegen der Fastenspeise. Die *Hacendados* verlangten die Dauererlaubnis, den zu dieser Zeit billigeren *Tasajo* (Fleisch) statt teuren *Bacalao* (Fisch) an die Sklaven auszugeben. Dazu bedurfte es aber einer Sonderregelung für die Fastenzeiten. Zu guter Letzt stritten sich Kirche und *Hacendados* auch um die Namen für die Güter. Den *Hacendados* gefielen die Heiligennamen nicht mehr. Sie wollten sie durch profane Namen ersetzen. So wurden, hatte die Produktion mit einem Heiligen keinen Erfolg, die Namen gewechselt.

Plantagenwirtschaft

Auf Kuba wurden die modernen Zuckerplantagen des 19. Jahrhunderts *Ingenios* genannt, der «Ingenieur» hat den gleichen Wortstamm. Auf ihnen wurde die landwirtschaftliche Produktion des Rohrs mit der maschinellen Verarbeitung des Saftes zu Zucker kombiniert. Bis zur industriellen Revolution waren die Mühlen die wichtigsten Industrieanlagen in der Landwirtschaft. Für die Anlage von *Ingenios* waren vier geographisch-ökonomische Standortfaktoren von Bedeutung: Wald (Holz, Boden), Vieh (Energie, Transport, Ernährung), Flächen (Ebene, Land, Boden) und Häfen (Infrastruktur, Handel). Diese fanden sich zunächst im Umland Havannas bzw. Matanzas sowie bei Trinidad. Mit der Einführung der Eisenbahnen 1837–1839 wurde die Verbindung zwischen Havanna/Matanzas und der Zone fruchtbarer roter Erde in der heutigen Provinz Matanzas hergestellt, wodurch der Entwicklungsvorsprung des Westens besiegelt war. Mit Artemisa im Westen (1810), Güines (1735) in der Mitte und Colón (1836) im Osten bildeten sich urbane Subzentren heraus.

Die ersten modernen *Ingenios* waren auf dem Boden der alten Viehzucht-*Hatos* und *Haciendas Comuneras* als Besitz mehrerer Erben im Umland Havannas entstanden bzw. hatten dort die *Vegas*, *Sitios* und *Fincas* der kleinen Besitzer verdrängt. Ab 1815 begannen sich die *Ingenios* in die Wälder des Inselinnern hineinzufressen. Durch eine Bestimmung von 1815, die Ferdinand VII. kurz nach seiner Rückkehr auf den Thron in Madrid der kreolischen Oligarchie Havannas konzedierte, wurde der Wald den *Ingenios* geopfert. Speziell in den Plantagenregionen verbreitete sich das Toponym *Quemado*, verbrannter Ort. War der Boden erschöpft, wurde er wieder Viehweide, Ödland oder als *Finca* bzw. *Sitio* verpachtet. Die betreffende Gegend wird in den Reiseberichten dann oft als «wüst» beschrieben. In der Mitte des 19. Jahrhunderts waren die Großregion Havanna und Teile vom Einzugsgebiet des wichtigsten Zuckerhafens Matanzas bereits fast baumlose Zonen, wenn nicht die afrokubanischen Kulte, oder besser zu dieser Zeit noch die Angst der Besitzer vor der Zauberei der Schwarzen, wenigstens einige große Ceibas als heilige Bäume geschützt hätten. Schnell wachsende Königspalmen prägten nunmehr das Charakterbild der kubanischen Landschaft.

Die Zahl der *Ingenios* stieg in diesen Regionen bis 1795 rapide an, dann jedoch setzte ein Konzentrationsprozeß ein, denn die Preisschwankungen und die hohen Kosten für die Modernisierung ruinierten viele kleinere Besitzer. Eine Rolle spielte dabei auch die komplizierte Ökologie der Plantagen. Die großen Pflanzer konnten auf ihren weiten Besitztümern die Zuckeranpflanzungen von den ausgelaugten Böden auf frische Landstriche oder in bisherige Waldgebiete verlegen, die kleinen Besitzer hatten dazu keine Möglichkeit. Es bildete sich eine bewegliche Plantagengrenze, die vom Mantelkreis der Stadt Havanna und anderen sogenannten *Puertos habilitados*, das heißt Häfen, von denen aus der Export erlaubt war und die eine Zollstation hatten, ausging und die kleinen Besitzer, die Kaffee oder Tabak anbauten, Vieh hielten oder Bienen züchteten, nach und nach ausschloß und vor sich her schob oder sie in die Peripherien bzw. an die Flußtäler der Zuckerregionen abdrängte.

1620 hatten auf Kuba 50, 1690 80, 1730 150, 1760 330 und 1774 478 Zuckergüter existiert; nach den Maßstäben des 19. Jahrhunderts waren sie alle *Trapiches*, Klitschen. Die größten hatten eine Fläche von 3–5 *Caballerías*, das heißt 40–70 ha, und oft nur drei oder vier Sklaven; einige wenige verfügten über 20–30 Sklaven. Ihr Produktionsausstoß war um 1730, im Kontrast zu den Zahlen hundert Jahre später, sehr bescheiden. Die Produkte wurden als Hartzucker und zur Rumherstellung verwendet. Rund dreißig Jahre später aber war die Zuckerproduktion schon von ökonomischem Gewicht. In der engeren Region Havanna gab es 89 *Ingenios*; 1760 war die Zahl auf 93 und 1761 auf 98 gestiegen. 1792 gab es bereits 227 *Ingenios*, und für das Jahr 1800 rechnet man für den weiteren País de la Habana mit rund 400 *Ingenios*. Um 1822 schätzte Humboldt ca. 750 Plantagen mit 155 000 Sklaven, daneben 900 Kaffeepflanzungen mit 54 000 Sklaven, 13 700 *Fincas* oder *Estancias* mit 36 000 Sklaven und 80 000 Haus- und Dienstsklaven in den Städten. Zu dieser Zeit hatten sich die eigentlichen Plantagenregionen schon relativ weit von Havanna entfernt; die besten Gebiete lagen im Westen, in der Region um Guanajay im Hinterland der Häfen von Mariel und Bahia Honda sowie im Tal von Güines, im Südosten Havannas, wo auch noch relativ viel Reis angebaut wurde.

Das Zentrum der Plantagen bildete der *Batey* (nach dem Taíno-Wort für Kultplatz), dessen Kern wiederum die Zuckermanufaktur mit den eigentlichen technischen Einrichtungen. Das Herz dieser Manufaktur war die Mühle oder *Trapiche*. Der primitive *Trapiche* wurde per Hand oder von Tieren angetrieben; wassergetriebene Mühlen kamen mit den modernen *Ingenios* auf, ab 1819 konnten die kapitalkräftigsten *Hacendados* dampfgetriebene Mühlen sowie importierte Technologie zur Produktion von raffiniertem weißen Zucker zum Einsatz bringen. Zum *Batey* gehörten auch das Siedehaus, das Trenn- und Raffinierhaus, oft auch ein Trockenhaus sowie ein Lagerhaus für *Bagasse* und Brennstoffe, Handwerkseinrichtungen, das Herrenhaus und die Sklavenhütten, im 19. Jahrhundert in der Region Havanna/Matanzas/Cienfuegos auch die berüchtigten *Barracones* (gefängnisartige Sklavenbaracken) und ein Hospital sowie Ställe. Seit ca. 1835 gab es auf den modernsten Plantagen auch ein Hospital für kranke oder verletzte Sklaven und einen *Criollero* für die Sklavenkinder, in gewissem Sinne also Sozialeinrichtungen.

Das wichtigste Produktionsmittel war das kultivierte Land, im 19. Jahrhundert maximal 40–60% der Gesamtfläche der jeweiligen Plantage, meist aber viel weniger; darunter der sogenannte *Cañaveral*, die vor allem dem Wald durch Brandrodung abgewonnene Fläche für die Pflanzung des Zuckerrohrs. Auf dem Territorium der Plantage lagen auch die Kleinfelder, die *Conucos*, der Sklaven und die gemeinschaftlichen Weiden des Viehs sowie Anbauflächen für Nahrungspflanzen, Gemüse und Obst. Der Stolz der Plantagenbesitzer auf die – nach ihren Vorstellungen – perfekt organisierten *Ingenios* hat Spuren in den Diskursen der Zeit hinterlassen. Besonders schöne und ästhetische Darstellungen dieser Herrenkultur der Plantagen finden sich bei den Bildern von Edouard Laplante im Buch *Los ingenios de Cuba. Colección de vistas de los principales ingenios de azúcar de la Isla de Cuba* (1857).

Bei weniger großen Plantagen rechnete man mit einer Lebensdauer von 40 bis 60 Jahren. Dann erschöpfte sich der Boden. Im Laufe dieser Zeit brachten die Plantagen ländliche Ansiedlungen hervor. Die Masse der Anwohner solcher Ansiedlungen waren ehemalige Sklaven, Freigelassene oder, seit der Mitte des 19. Jahrhunderts, auch chinesische Kontraktarbeiter. Aber auch weiße Kleinhändler sowie freies Dienstpersonal der Plantagen, oftmals kanarischer Herkunft, siedelten sich an. 1860 stellte die Einwohnerschaft solcher Landflecken 30% der Gesamtbevölkerung Kubas. Da die Bevölkerung in den Zuckerzonen zunächst vorwiegend aus neueingeführten Sklaven bestand, hatten hier ein wichtiger Teil der Sklavenkultur und -wirtschaft, die Alltagserfahrung der Feldsklaven, ihre Familienformen, ihre religiösen Überzeugungen und Gruppenbildungen, ihr Widerstand und ihr gemeinschaftliches Verhalten ihre stärkste Verwurzelung. Allerdings kennen wir diese Kultur der ruralen Sklaven noch kaum, da die meisten Studien sich eher mit der Sklaverei als Gesamtsystem, quantitativen Problemen bzw. den urbanen *Cabildos de Nación* beschäftigen. Auf den Plantagen – zumindest nachts und an Feiertagen – konnten die Sklaven ihr eigentliches, halbautonomes und selbstorganisiertes Leben führen. Die Stärke der heutigen afrokubanischen, aber auch der kubanischen Kultur überhaupt speist sich aus diesen Wurzeln.

Die «zweite Sklaverei» auf Kuba

Subsistenzwirtschaft

In den meisten Arbeiten über Kuba erscheinen Sklaverei und Zucker an erster Stelle, wenn über wirtschaftliche Grundstrukturen berichtet wird. Diese Perspektive hat aber nur Berechtigung in bezug auf den Exportsektor. In einer Gesamtbilanz der Wirtschaft hatten die interne Marktproduktion und vor allem der Subsistenzsektor noch einen sehr wichtigen Stellenwert. Subsistenz stellte eine Voraussetzung der Plantagenwirtschaft dar. Die Tendenz zur Monoproduktion wird erst im Zensus von 1862 deutlich. In den dreißiger Jahren des 19. Jahrhunderts beschreibt Cirilo Villaverde in seiner *Excursión a Vueltabajo* eindringlich die Subsistenzlebensweise der freien Landbevölkerung. Die *Montunos* und *Guajiros* nutzten den Boden nur zum Anbau von Nahrungsmitteln und Früchten (vor allem Bananen), da sie mit den großen Gütern auf keinem Gebiet konkurrieren konnten. Holz und Materialien zum Hausbau nahmen sie von der Königspalme, der majestätischen *Palma Real*, die Früchte der Güira stellten Geschirr, wie Tassen und Becher. Schlecht gegerbtes Schweine- und Rindsleder diente als Material für fast alle Bedürfnisse des täglichen Lebens. Von Havanna ausgehend, bildeten sich interne und externe Marktbeziehungen heraus, die nach und nach – entsprechend der Nachfrage – die Regionen der Subsistenzproduktion einbezogen. Weitere wichtige Zentren entstanden in Santiago, Santa Clara, Sancti Spíritus und Puerto Príncipe; mit jeweils regionalen Marktnetzen und Verbindungen nach Havanna, verknüpft durch ein primitives Wegesystem, Maultierkarawanen, Rindertrails und Küstentransport; seit den vierziger Jahren des 19. Jahrhunderts auch zunehmend durch die Eisenbahn.

Doña Azúcar

Der Aufstieg von Plantagen *(Ingenios)* und Sklavenzahlen für die Zuckerproduktion setzte sich trotz einiger Schwierigkeiten im ersten runden Drittel des 19. Jahrhunderts relativ kontinuierlich fort.

Jahr	Zahl der *Ingenios*	Zahl der Sklaven	Zuckerproduktion in Tonnen
1792	320	64 590	27 436
1827	ca. 1000	286 942	67 563
1841	1238	436 465	169 886

Der Prozeß der Aufteilung der *Hatos* und *Corrales* war in den Umländern der wichtigsten Zentren um 1780 beendet, der Boden verkauft und zu *Fincas* umgewandelt, die 450 ha kaum überschritten. Die bestgelegenen neuen *Fincas* wurden zu Zucker-*Ingenios*. In der näheren Umgebung Havannas taten dies meist Angehörige der kreolischen Oligarchie der Stadt, die großen Familien der Nobilität. Um 1820 gab es in Havanna 29 Familien mit Adelstiteln, die als *Hacendados* im Zuckersektor operierten. Die Produktion des Zuckerrohrs und des Zuckers blieb bis etwa 1860 in der Hand der *Hacendados*. Die wichtigsten Arbeitskräfte waren die Sklaven. Hauptargument für die Ausweitung der Sklaverei war der Mangel an arbeitsfähiger Bevölkerung; tatsächlich war niemand bereit, die schwere Arbeit zu verrichten, und auch die Sklaven mußten dazu gezwungen werden.

Ende des 18. Jahrhunderts erfolgte in Kuba die Einführung einer produktiveren Art des Zuckerrohrs: des kurzen und dicken, helleren Tahiti-Rohrs, das mehr Saft und mehr Biomasse ergab, letzteres sehr wichtig für den *Bagasse*-Anfall. Das dünnere, zähere und höhere kreolische Rohr wurde allerdings weiterhin angebaut, weil das Tahiti-Rohr anfälliger für Krankheiten war. Weitere wichtige technologische Neuerungen waren der *Tren jamaiquino*, mit dem im Siedehaus alle Kessel von einer Feuerstelle aus mit dem ausgepreßten und getrockneten Rohr beheizt werden konnten. Das bedeutete Brennstoffersparnis. Breitere und flachere Kessel wurden eingeführt, und zum Ausfällen von Verunreinigungen im Zuckersirup benutzte man Kalk. Dampfmaschinen zum Antrieb der Mühlen verwendete man seit 1817/18, und bereits seit Beginn des Jahrhunderts waren stählerne Horizontalmühlen eingeführt worden. Nach der Krise von 1825 setzte eine intensive technologische Modernisierung der *Ingenios* ein, die erst durch die Krise des Jahres 1857 und die Konkurrenz des Rübenzuckers ein vorläufiges Ende fand.

Die stählernen Mühlen und Dampfmaschinen als Antrieb unterscheiden den *Ingenio* vom *Trapiche*, der im östlichen Kuba bis zum Ende des Jahrhunderts überlebte. Wichtig ist, daß die logisch-technische und zeitliche Kontinuität in der Entwicklung *Trapiche – Ingenio* keine räumliche und auch keine soziale Kontinuität sein mußte. Die neuen *Ingenios* wurden nicht durch Verbesserungen der *Trapiches* in den alten Zuckerzonen, sondern an neuen Orten aufgebaut, meist durch neue Unternehmer oder Unternehmergruppen. So entstanden die *Ingenios de nueva planta*, die modernen Zuckermanufakturen der ersten Jahrhunderthälfte, vor allem in den neuen Zuckerregionen Matanzas-Güines. Allein die Steigerungen der Sklavenzahlen von 100 % (1817) auf 484 % (1827) in der Region Matanzas und der Bau der ersten Eisenbahnen Amerikas, finanziert von der Zuckeroligarchie und aus Steuermitteln, sind ein beredtes Zeugnis für die räumliche Entfaltung der Zuckerproduktion. Die Eisenbahn verringerte die Transportkosten um etwa 70 %. Damit obsiegte der Zucker über den Kaffee, und die späteren Provinzen Matanzas und Las Villas wurden Einzugsgebiet des süßen Rohres. Ende des 19. Jahrhunderts produzierten beide Provinzen 90 % des kubanischen Zuckers.

Kaffee versus Zucker

Der Kaffeeanbau war in Kuba seit 1791/92 durch französische Emigranten aus Saint-Domingue, wo die Pflanze schon seit 1748 angebaut worden war, vor allem im Ostteil der Insel verbreitet worden. Da die Pflanzungen aber drei bis fünf Jahre brauchten, ehe sie verkaufsfähigen Kaffee abwarfen, fiel der Aufschwung in das neue Jahrhundert. Die Produktion überstieg zunächst wertmäßig sogar die des Zuckers. In den ersten zwanzig Jahren des 19. Jahrhunderts wurden jährlich etwa 50 000 *Arrobas* Kaffee produziert, ab 1820 stieg diese Zahl steil an. Bald erfolgte der Export von 1 Million *Arrobas* (rund 115 000 Tonnen). Etwa die gleiche Menge Kaffee wurde im Land verbraucht. Die wichtigsten Zentren des Kaffeeanbaus befanden sich in Oriente um Santiago de Cuba – allerdings in höheren Lagen als die Zuckerbetriebe –, um Trinidad und zunächst auch in der Zone Havanna-Matanzas.

Um 1827 produzierten auf der ganzen Insel über 2000 *Cafetales*, wie die Kaffeegüter genannt wurden, unter ihnen das Mustergut des Deutsch-Franzosen Carlos Souchay mit dem schönen Namen «Angerona», wo zeitweilig 400 Sklaven schufteten. 1832 aber kam es zur ersten Überproduktionskrise des Kaffees, weil auch andere Länder wie Venezuela, Guatemala und Brasilien steigende Mengen dieses Genußmittels anboten. Dazu kamen natürliche Einflüsse, die für die kubanische Landwirtschaft fast immer unterschätzt werden: 1844 und 1846 wurde die Region Havanna-Matanzas von zwei Hurrikans *(ciclones)* heimgesucht, die vor allem die Kaffeepflanzungen verwüsteten. Beim Zucker fielen die Transportkosten durch die Eisenbahn steil nach unten. 1848 brach – bis auf Überreste in Oriente und bei Trinidad – die Kaffeeproduktion in Kuba zusammen, weil viele andere Anbieter auf den lukrativen Markt drängten und die USA im Gegenzug gegen spanische Schutzzölle auf Mehl Schutzzölle auf kubanischen Kaffee verhängten. Damit blieb der Osten von der rasanten Modernisierung durch die Exportlandwirtschaft zunächst verschont.

Don Tabaco

Der *Estanco del Tabaco* fiel nach hundert Jahren (1817). Die Aufhebung des Monopols führte zu einer schnellen Ausweitung der Produktion. Obwohl die Tabakwirtschaft eine Variante der erfolgreichen tropischen Exportproduktion darstellte, gewann sie niemals die gleiche Kraft wie die Zuckerproduktion in der Okkupation von Boden oder bei der Zerstörung des alten Großgrundbesitzes. Die Tabakproduzenten traten zum Teil sogar als Verteidiger dieser Besitzstrukturen auf, denn nur dort konnten sie ihre Subsistenz auf billige Art und Weise absichern. Mit der Aufteilung und dem Verkauf der alten Gemeindeländereien mußten viele *Vegueros* Boden für ihren Lebensunterhalt von den neuen Landbesitzern pachten und mit ihnen um das notwendige Wasser konkurrieren. Trotzdem gewann die Tabakproduktion durch die starke Nachfrage nach dem qualitativ hochwertigen Havanna-Tabak schnell an Kraft und Breite. Kubanischer Tabak hatte aber nur als Markenprodukt gegen die Konkurrenz wie z. B. Brasilien, die USA und Java sowie Santo Domingo und Venezuela eine reale Chance. Zehn Jahre nach Aufhebung des *Estanco* existierten 5534 Tabakfarmen, *Vegas*. Die besten Gebiete lagen an den Flußufern in den Provinzen Pinar del Río (Vuelta Abajo; Semi-Vuelta), Havanna (Partido), Villa Clara (Remedios) und Oriente. Die meisten *Vegas* hatten eine Betriebsfläche von unter 25 ha. Tabakanbau war eine Intensiv- und Familienlandwirtschaft, die den Boden zu nahezu 100 % ausnutzte, im Gegensatz zum *Ingenio*, bei dem maximal zwei Drittel der Fläche für Zuckerrohrpflanzungen verwendet wurden.

Zugleich entstanden Tabakmanufakturen, in denen die berühmten Zigarren mit dem unnachahmlichen Geschmack, die *Puros*, durch Spezialisten angefertigt wurden. Das Verfahren der Herstellung und die Sitte des Zigarrenrauchens waren seit 1720 von Kuba nach Spanien gebracht worden. Die kubanischen Zigarren genossen seit dem 19. Jahrhundert wegen der Tabakqualität, der exzellenten Handarbeit sowie der Vermarktungsfähigkeiten der Besitzer oder ihrer Administratoren Weltruf. Bald galten sie als Norm für den Luxus in den USA und in Europa. All die berühmten Zigarrenmarken, wie Silva, Ugues, Upman, Cabañas, Dos Amigos, Hernanos, sind eigentlich Namen von Manufakturen.

Unter dem Einfluß von Investitionen, vor allem von Kaufleuten, unterlagen die Tabak-Familienbetriebe einem schnellen Konzentrationsprozeß. Um 1830 entstand eine neue soziale Schicht: die *Tabaqueros*; zunächst (1835) ca. 2000 Menschen in mechanisierten Kleinunternehmen, wobei die Produktion selbst Handarbeit blieb; um 1850 waren es schon 15 000 Personen. Allerdings wurden bald große Teile der Produktion nach Florida (Key West und Tampa) ausgelagert, da die USA den Zigarrenimport erschwerten, Tabakblätter zur Weiterverarbeitung aber günstig eingeführt werden konnten. Wie beim Zucker kam es auch in der Zigarrenmanufaktur zu einer Deindustrialisierung. 1855 nahmen Zucker und Zuckerprodukte 83,78 % des kubanischen Gesamtexports ein, gefolgt von Tabak (7,35 %), Kupfer (3,45 %) und Kaffee (1,85 %); dazu kamen Bananen im Übergang vom Subsistenz- zum Exportprodukt.

Reformen und Impulse

Großes Kuba – Kleines Kuba

Nach dem Einmarsch Napoleons in Spanien konnte zwar die strategische Allianz zwischen spanischer Krone, deren legitimer Repräsentant in Person Königs Ferdinand VII. von 1808 bis 1814 in französischer Gefangenschaft gehalten wurde, und der Oligarchie von Havanna erhalten werden. Nichtsdestotrotz kam es zu einer Reihe von Konflikten zwischen Mutterland und kubanischen Interessengruppen.

Die spanische Restregierung etablierte sich unter dem Schutz britischer Schiffskanonen auf der befestigten Halbinsel Cádiz. Das Imperium aber rutschte in sich zusammen. 1810 begannen die Kriege und Revolutionen um die Unabhängigkeit im spanischen Teil des amerikanischen Kontinents. Die Stellung Kubas im spanischen Reich änderte sich entscheidend. Havanna entwickelte sich vom Schlüssel der Neuen Welt, der die amerikanischen Kernbereiche des Imperiums nach außen schützte, zum spanischen Vorposten gegen die Unabhängigkeitsbewegungen in den kontinentalen Kolonien. Allerdings standen Kuba und andere Inseln vor der Gefahr, von den kreolischen Rebellen des Kontinents erobert zu werden.

Von der *Cuba Grande* – dem antillianisch-amerikanischen Plantagenreich mit Zentrum Havanna – brachen durch die internationalen Konflikte riesige Teile weg und gerieten unter die Kontrolle der USA. Die wirtschaftlichen und sozialen Teile des Projektes aber wurden Wirklichkeit. Havanna war die viertgrößte Stadt Amerikas. Seit der Unabhängigkeit Mexikos 1821 avancierte es gar zur größten Stadt im spanischen Restimperium, und der Hafen wurde das tropisch-amerikanische Handelszentrum der ersten Hälfte des 19. Jahrhunderts. Trotz dieser Blüte kam es zu einem erheblichen Problemstau und zu Krisenerscheinungen. Die wirtschaftlichen Hindernisse, die sich aus der Bindung an das geschwächte Imperium ergaben, brachten eine ganze Reihe von

politischen Konflikten hervor, die zwischen 1804 und 1808 kulminierten.

Durch die revolutionären/Napoleonischen Kriege 1793–1814,
vor allem infolge der Kontinentalsperren, wurde Kuba der Zugang
zu spanischen Häfen und europäischen Märkten erschwert, wo die
Preise für Zucker sehr hoch waren. Diese Krise und der Zusammenbruch der imperialen Strukturen stellten den Kolonialpakt
zwischen Krone und Oligarchie zunächst einmal auf die härteste
Probe vor 1868. Die antikubanischen Interessen der Monopol-
handelskaufleute von Cádiz, Veracruz und México, der katalanischen Textilhändler und der Kaufleutegremien von Madrid traten
jetzt nämlich besonders deutlich hervor. Das konnte unter bestimmten – vor allem äußeren – Bedingungen in Agitation für
Autonomie oder sogar Unabhängigkeit umschlagen.

Mit der Rückkehr Ferdinands auf den Thron in Madrid (1814)
machte sich die Krone im Grunde die sozioökonomischen Kern-
teile der *Cuba-Grande*-Konzeption zu eigen. Arango wurde zum
Berater des Königs im Ministerrang berufen. Ein Regen von Titeln,
Auszeichnungen, Ernennungen und Gnaden ging auf die Oligarchien Kubas nieder. Das Ergebnis dieser Maßnahmen zusammen
mit der wirtschaftlichen Entwicklung war der extreme Anstieg der
gesamteuropäischen Nachfrage nach Zucker, Kaffee und anderen
Kolonialwaren zwischen 1814 und 1820. So kam es in dieser Zeit zu
einer Restaurationsreform, die in gewissem Sinne die logische Fort-
setzung und die Krönung der bourbonischen Reformen des späten
18. Jahrhunderts darstellte; allerdings eine Krönung unter völlig
veränderten strategischen Bedingungen. Kuba wurde zum «Phönix
der bourbonischen Reformen» (J. R. Fisher). Die neue Etappe begann mit einer ressourcenpolitischen Morgengabe des Königs
für die treue Oligarchie Kubas. Ferdinand VII. dekretierte 1815 die
Freiheit des Holzeinschlags. Es folgten Gesetze zur Förderung
der weißen Immigration, und langfristig wurden auch die administrativen Strukturen verändert.

Im Jahre 1800 war die *Audiencia* von Santo Domingo, das an
Frankreich abgetreten worden war, nach Puerto Príncipe (heute:
Camagüey) verlegt worden. Dieser bisher von der Krone eher ver-
gessene Teil Kubas bekam einen starken Entwicklungsimpuls. 1804
wurde Santiago de Cuba Sitz des Erzbistums. Bischof von Havanna
war zwischen 1800 und 1832 der energische und reformfreudige

Juan José Díaz de Espada y Fernández de Landa, seit 1803 auch Direktor der *Sociedad Económica*. Bischof Espada war ein Feind der Sklaverei und des großen Plantagenbesitzes. Er und Intendant Alejandro Ramírez strebten mit der «weißen Immigration» ein «kleines Kuba» (*Cuba pequeña*) an. Diese Reformer – man könnte sie demokratische Monarchisten nennen – wollten im Gegensatz zu den Kreolen ein Kuba, das nicht auf großem Plantagenbesitz mit afrikanischen Sklaven gegründet sein sollte, sondern auf einem eher bescheidenen agrarischen Wohlstand sowie auf einer freien und weißen Besiedlung. Auch die Krone wollte den Anteil der weißen Bevölkerung als demographisches Gegengewicht zu den Schwarzen fördern. Die spanische Immigration sollte zugleich die Kreolen im Zaum halten. Teil dieses Projekts war die Besiedlung der fast menschenleeren Südküste und der Isla de Pinos sowie die Gründung der Städte Cienfuegos und Guantánamo. An der Nordküste entstanden die Städte Sagua la Grande, Moa, Nuevitas, Cárdenas und Caibarién. Mit dem Tod von Ramírez 1821 starb allerdings die Idee des «kleinen Kuba» in ihrer monarchischen Form. Die Immigration geriet unter Kontrolle der kreolischen Oligarchie, und Bischof Espada wurde immer stärker isoliert.

Im Rahmen der Reformen kam es 1817 zur Aufhebung des *Estanco del Tabaco* und 1818 zum Dekret über den Freihandel mit allen Nationen, die nicht mit Spanien verfeindet waren. In der Folge wurden vor allem die USA Hauptnutznießer dieser Verordnung. Bereits Ende der zwanziger Jahre des 19. Jahrhunderts kamen 37 % aller Importe Kubas aus den USA (vor allem Mehl, Vieh sowie Holz), während Spanien nur an zweiter Stelle lag. Die Frage des absoluten Freihandels, der über die Zölle von Spanien beeinflußt und im Sinne seiner Handelsinteressen auch gesteuert wurde, war aber nur eines der Probleme Kubas.

Das Interesse der Krone und der Kolonialbürokratie an der Eingrenzung juristischer Streitfälle sowie auf der anderen Seite das Interesse der Oligarchie an gesichertem Eigentum kamen beim Kernstück der Reformen zusammen: der *Real Decreto* über das volle Eigentum, das Recht des Kaufs und Verkaufs sowie der Teilung des Bodens (1819). Im Grunde wurde auch hier aus politischen Gründen de jure anerkannt, was de facto schon längst ökonomische Realität war. Symbolischer Schlußpunkt der Reformen war die Ernennung Arangos zum Superintendanten und Administrator der

Finanzen (1824). Damit war ein kreolischer Reformer faktisch zweiter Mann in der Verwaltungshierarchie.

Kuba wurde zum Fluchtpunkt vieler spanientreuer Kreolen aus Santo Domingo und vom Festland (vor allem aus den heutigen Staaten Mexiko, Kolumbien und Venezuela). Die Insel war auch Ziel der Emigration aus den ehemaligen französisch-hispanischen Kolonialgebieten Amerikas, speziell aus Louisiana und Saint-Domingue sowie aus Florida, das 1817 in den Besitz der USA kam. Die Inselökonomie erhielt so einen erheblichen Zufluß an Kapital, Menschen, loyalistischem Geist und Know-how.

Spanien bedurfte seiner wichtigsten Festungs- und Hafenstadt in Amerika, die zugleich Marinestützpunkt war, auch als Basis für die geplante Rückeroberung der aufständischen Kolonien. Die kreolischen Oligarchien wiederum wollten das «Chaos der Revolution» für ihre Insel um jeden Preis verhindern und gaben erhebliche Geldmengen für diese Rückeroberung. Zugleich nutzten sie aber die unausgesprochene Drohung «wir können auch so», um Druck auf Spanien zu machen. Auf diese Weise konnten sie bis Mitte der zwanziger Jahre des 19. Jahrhunderts faktisch stillschweigend die Lokalpolitik diktieren.

Der Kolonie wurde der Titel *La Siempre Fiel Isla de Cuba* («die immer treue Insel Kuba») verliehen. Trotz der Treueschwüre handelte es sich in gewissem Sinne aber von 1808 bis etwa 1830 um eine fortwährende, interessenbewußte Option der mächtigsten Gruppen der kreolischen Oligarchien Kubas für den schwächsten Herrn, nämlich Spanien. Die Kolonie war allemal entwickelter als die Metropole. Arango hatte diese modernere und dynamischere Entwicklung Amerikas schon 1792 formuliert: «Jene, die nichts über die Landwirtschaft Amerikas wissen, noch etwas von ihrer Ordnung und ihrem Fortschritt..., gewöhnt an den langsamen Schritt Europas». Die nunmehr in allen offiziellen Dokumenten und in vielen Diskursen anzutreffende Bezeichnung *Isla de Cuba* hat sehr viel zur Verbreitung einer übergreifenden «kubanischen» Mentalität und zu einem Bewußtsein der Insularität beigetragen.

Reformismus und Annexionismus

Im Schatten des ökonomischen Erfolges hatte sich unter der Förderung des Bischofs Espada eine Gruppe Intellektueller und Literaten formiert, deren zentrale Anliegen die Begründung und kulturelle Entfaltung der Nationalität und des kreolischen Patriotismus waren. Institutionelle Ausgangspunkte dieser Bewegung waren die Real y Pontifica Universidad de La Habana, das königliche Seminario de San Carlos y San Ambrosio, die *Real Sociedad Económica de los Amigos del País* sowie verschiedene Zeitungen und eine Reihe privater Gesellschaften. Die erste Generation kubanischer Intellektueller hatte ihre überragenden Figuren in José Agustín Caballero, Buenaventura Pascual Ferrer, Manuel María Pérez und Antonio del Valle Hernández, die zweite Generation (1820–1850) in Felix Varela, José Antonio Saco, José de la Luz y Caballero und Domingo del Monte. Mit den oligarchischen Wirtschaftsreformern und den Pflanzer-Offizieren einte diese Gruppe persönliche und familiäre Bande, zum Teil auch das politische Konzept der Autonomie. In ihrer Suche nach einer kreolischen Identität allerdings gingen sie weit über ihre Klasse hinaus. Sie entwickelten oppositionelle Positionen gegenüber der Kolonialmacht und auch gegenüber dem Konservativismus der Pflanzer-Offiziere, vor allem im sozialen Bereich, hier in erster Linie gegenüber dem Pragmatismus der Wirtschaftsreformer.

Die erste Kritik an der Sklaverei und besonders am Sklavenhandel erwuchs aus der Sorge um die kulturelle Identität der kubanischen Kreolität im Rahmen der zu erschaffenden Nation. Wichtigste Vertreter dieser Strömung waren Felix Varela und José Antonio Saco. Freilich war ihr Ausgangspunkt noch nicht die Idee von einer kubanischen Nation. Vielmehr bezog sich ihr Konzept des «Vaterlands» einerseits auf den gesamten Kontinent, *América*, andererseits auf kleinere lokale Einheiten, *Patria chica*: die gemeinsame Region all jener, die in ihr geboren wurden. Varela sah eindeutig auch die Farbigen als Teil dieses Volkes an: «… ebenjene aus Afrika stammenden Handwerker … sind nichts anderes als Habaneros.»

Als Repräsentant Kubas wurde Varela später in die spanischen *Cortes* von 1822/23 gewählt; in Absprache mit Bischof Espada sollte er in Madrid Projekte zur Reform der Bildung auf Kuba, zur Autonomie der Insel und zur Abschaffung der Sklaverei vorlegen. Varela wollte auch über die Anerkennung der Unabhängigkeit der ehemaligen spanischen Kolonien in Amerika debattieren. Wegen der gewaltsamen Auflösung der spanischen *Cortes* 1823 nach der französischen Invasion kam es jedoch nicht mehr dazu. Varela mußte emigrieren und lebte bis zu seinem Tode in den USA.

Im gesamten spanischen Restimperium wurden Verfassungsrechte und Pressefreiheit abgeschafft, alle politischen Organisationen verboten. Die Generalkapitäne sowie die Militärchefs erhielten 1825 unbeschränkte militärische und zivile Vollmachten. Saco wurde vom Lehrstuhl für Philosophie suspendiert, Bischof Espada sollte abgelöst und nach Spanien verbannt werden. Auf Kuba mußte der Generalkapitän Francisco Vives wegen der Gefahr des Übergreifens der kontinentalen Unabhängigkeitsbewegung vorsichtig agieren, konnte aber zugleich mit der Unterstützung der Oligarchie, der Pflanzer-Offiziere und der Reformergruppe um Arango rechnen, obwohl sich auch deren Verhältnis zur obersten Kolonialautorität nicht immer konfliktfrei gestaltete. Zum wirklichen Führer des harten loyalistischen Kerns der Oligarchie wurde Claudio Martínez de Pinillos, der Arango in der Superintendantur ablöste.

Im Innern Kubas hatte sich seit 1823 die politische Agitation und Verschwörertätigkeit eminent verstärkt. In den liberalen Freimaurerlogen existierten Pläne, die Verfassung von Cádiz zu verteidigen. Die wichtigste kreolische Verschwörung war die der *Soles y Rayos de Bolívar*, in die auch venezolanische Militärs verwickelt waren. Eine geplante Invasion auf Kuba scheiterte an innerer Schwäche, an der Abhängigkeit von außen und der Furcht der Venezolaner vor den «vielen Schwarzen». Die Verschwörung wurde aufgedeckt, viele der Beteiligten wurden verhaftet und hingerichtet. Einige flohen nach Venezuela, in andere lateinamerikanische Staaten oder in die USA, wo sie zum Teil im Umfeld Bolívars weitere Pläne für die Unabhängigkeit Kubas vorbereiteten.

Zwischen 1825 und 1837 wurde Kuba zur festen Bastion und zur Kronkolonie des spanischen Restimperiums. Die wichtigsten politischen Repräsentanten des Paktes zwischen kreolischer Oligarchie und Krone waren Generalkapitän Vives und Intendant Pinillos. Beim Sklavenschmuggel hatten die *Negreros* faktisch freie Hand. Die kreolischen *Hacendados* liebten Sklavenschmuggler gewiß nicht, hielten die meisten sogar für unkultivierte Parvenus. Aber sie brauchten ihre Ware.

Nach der Krise von 1825 dominierte Kuba, wie kaum zuvor und danach, den internationalen Zuckermarkt. In dieser Zeit erreichte auch die Fama von der «Zuckerinsel» Europa und legte den Grundstein für die bis heute anhaltende fast mythische Bedeutung der Insel, die weder aufgrund der natürlichen Größe noch der Zahl der Einwohner oder der realen Bedeutung der Zuckerproduktion gerechtfertigt ist. Arango, bereits höheren Alters und eher strategisch-kritischen Geistes, trat hinter Pinillos als dem Wortführer der sich neu formierenden hispano-kubanischen Wirtschaftselite des Landes zurück. Pinillos war ein pragmatischer Politiker, Administrator und Ökonom. Die liberale Opposition sammelte sich, unter Beteiligung junger Kreolen aus den großen Familien, hinter José Antonio Saco. Zumeist fand die politische Auseinandersetzung jedoch, weil die politische Opposition offen verfolgt wurde oder aus dem Exil agieren mußte, auf künstlerischem, wissenschaftlichem und ideologischem Gebiet statt.

1833, nach dem Tode Ferdinands VII., kam es zu einer Reihe bürgerlich-liberaler Maßnahmen in Spanien. Aber die Liberalen behielten im Interesse des spanischen Handelskapitals und am Kolonialstatus Kubas interessierter Kreise die unbeschränkten militärischen Vollmachten für die Generalkapitäne der Insel bei. Zum ersten Mal in der Geschichte Spaniens kam der Kolonialismus derart deutlich zum Ausdruck; vorher waren zumindest in der Theorie alle Teile des Imperiums gleich behandelt worden. Mit der Ernennung von Generalkapitän Tacón kam es zu einer stärkeren Hispanisierung der Insel, zur stärkeren Förderung des spanischen Handelskapitals und zu Versuchen, die alten kreolischen Oligarchien von den Schalthebeln der institutionellen und informellen Macht zu verdrängen. Diese versuchten indes, in modifizierter Form den Zustand der De-facto-Unabhängigkeit beizubehalten. Die spanischen Liberalen hingegen, Feinde der alten absolutistischen Herrschaftsformen Ferdinands, bemühten sich, die kubanische Wirtschaft stärker auf die Metropole auszurichten. Gestützt auf die wichtigsten spanischen Exporteure, die mächtigen Sklavenhändler und Zuckermagnaten Kubas sowie auf arme Spanier, die hofften, auf der Insel ihr Glück zu machen, etablierten sie ein neues Modell des spanischen Kolonialismus. Dieses «liberale Modell», niemals als

Text formuliert, sah Spanien, im Gegensatz zu den ersten Jahrzehnten des 19. Jahrhunderts, als wichtigsten Produzenten, Versorger und Distributeur des kubanischen Marktes; der Kolonialdienst sowie Militär, Justiz, Kirche und Bildungssystem sollten Tausende von Spaniern und ihre Familien ernähren. Die Zölle und Abgaben, die auf der Insel erhoben wurden, füllten als «Überschüsse Kubas» die Staatskasse in Madrid.

1836 kamen die spanischen Abgeordneten der *Cortes* von Madrid überein, nur die europäischen Provinzen und Mallorca, Menorca sowie die Chafarina-Inseln und die Kanarischen Inseln als «Spanien» zu verstehen. Den überseeischen Provinzen Kuba, Puerto Rico und den Philippinen wurde keine Repräsentation im spanischen Parlament zugestanden. Sie blieben außerhalb des Geltungsbereiches der spanischen Verfassung von 1837 – ein einmaliger Vorgang in der Geschichte des spanischen Imperiums, ein kapitaler Bruch alter Rechte. Damit war Kuba zu einer Kolonie im modernen Sinne geworden. Die Niederlage der kubanischen Liberalen in ihrem Versuch, der sich konstituierenden kubanischen Nation eine Repräsentation und Partizipation im Rahmen eines von spanischen Liberalen dominierten imperialen politischen Systems zu verschaffen, konnte nicht schlimmer sein. Saco kommentierte den Vorgang sarkastisch: «Kuba ist von einer überseeischen Provinz zu einer versklavten Kolonie geworden.» Da der kubanische Liberalismus von der politischen Partizipation ausgeschlossen wurde, verlagerten sich die politischen und kulturellen Prozesse zur Bildung eines kubanischen Nationalbewußtseins immer mehr in die Sphäre der Literatur, der *Tertulias* und der Freimaurerei. Von dort aus verbreitete sich das Konzept der *Cubanidad* in den Ober- und städtischen Mittelschichten sowie in den freiberuflichen Gruppen.

Aus Sicht der konservativen hispano-kreolischen Oligarchie trat der Kampf gegen den frühen kubanischen Liberalismus zurück hinter die aktive Verteidigung des Sklavereisystems. Die spanischen Liberalen hatten den Sklavenhandel geächtet und die Sklaverei stärkerer Kontrolle unterwerfen wollen. Unter den instabilen Verhältnissen im Mutterland und den obwaltenden internationalen Bedingungen entwickelte sich eine neue politische Strömung im Spektrum der politischen Kultur der Oberschichten – der Annexionismus (Bestrebung, eine Angliederung Kubas an die USA herbeizuführen).

Sozusagen im Hintergrund, geistes- und politikgeschichtlich von höchster Bedeutung, vollzog sich seit 1836 der Prozeß der Säkularisation des Kircheneigentums auf Kuba. In Spanien von den isabellinischen Liberalen in Gang gesetzt, um den Krieg gegen die Karlisten zu finanzieren, bedeutete diese in Kuba nicht in erster Linie einen Verlust des Bodenbesitzes der Kirche, sondern, durch die Schließung von Konventen, vor allem den Wegfall wichtiger sozialer Dienste. Mit der Umwandlung des prominenten *Seminario de San Carlos* von der gemischten Laien- und Priesterausbildung zur spanisch dominierten Priesterausbildung kam es auch zu einer Entkreolisierung der Kirche und des Bildungswesens. Vorläufiger Endpunkt dieser Entwicklung war die Säkularisierung der Universität von Havanna 1842, deren Führungspositionen und wichtigste Lehrstühle von Spaniern besetzt wurden.

Für die Mehrheit der ökonomischen Klasse der Oligarchien hatte sich seit den vierziger Jahren des 19. Jahrhunderts eine andere Frage in den Vordergrund geschoben: Der Kolonialpakt war zerbrochen, und Spanien selbst schien wenig Interesse mehr daran zu haben, die Existenz und Entwicklung der Sklaverei auf Kuba zu garantieren. Andererseits kam die Angst auf, daß sozusagen im Rücken einer nationalen Bewegung ein großer Sklavenaufstand wie auf Haiti ausbrechen könnte. Deshalb warnte Saco: «Es gibt keinen Platz auf Erden, wo eine revolutionäre Bewegung gefährlicher ist als in Kuba!» Einige Gruppen großer Sklaveneigner und Plantagenbesitzer näherten sich angesichts dieser Sachlage an die Südstaaten der USA an. Dort entstanden Ideen eines neuen Golf-Imperialismus auf Sklavereibasis unter Führung der Südstaatenelite. Andere Teile der kubanischen Eliten hielten sich zurück, besonders in der Frage, wie eine autonomere Stellung Kubas im Imperium oder der Anschluß an die USA zu erreichen sei.

Mit der Unsicherheit der vierziger Jahre des 19. Jahrhunderts verband sich eine internationale atlantische Dimension. Was sollte aus Kuba werden? «Integrismus» (Kuba ist Spanien), «Autonomismus» (Modell Kanada im britischen Kolonialreich), «Afrikanisierung» oder «Haitianisierung» (auf Kuba kommt es zu einem Sklavenaufstand) und «Annexionismus» (Kuba wird Teil der USA) sowie «Separation von Spanien» (als unabhängige Republik) waren Stichworte für Debatten und literarische Kontroversen, beeinflußten aber auch die reale Politik. Auch weitere Fragen wurden diskutiert:

Kann Großbritannien Kuba kaufen? Werden die USA die Insel erwerben? Mit welchen Mitteln, und wie gestaltet sich dann das Verhältnis der Großmächte, vor allem das zwischen den USA und Großbritannien? Oder fällt Kuba nach der Jefferson-Adams-Theorie als reife Frucht in den Schoß der USA? In diesem Sinne wurde Kuba auch zu einem nordamerikanischen Thema, je mehr sich dort die Auseinandersetzungen um die Ausdehnung der USA nach Westen und Süden sowie um die Sklaverei zuspitzten.

Auf der Agenda eines prosperierenden amerikanischen Handelsimperiums, das auf Sklaverei und Plantagenwirtschaft basierte, standen aber noch weitere Ziele. Das *Manifest Destiny* O'Sullivans (1845) sah den amerikanischen Doppelkontinent unter einer schicksalhaften Dominanz der USA. Innerhalb einer solchen Denkfigur mußte Kuba eine zentrale Position einnehmen. Die annexionistische Zuckerelite unterstützte zwischen 1849 und 1856 eine Reihe von Verschwörungen und bewaffneten Invasionen. Zum Vorkämpfer der Annexion wurde ein kubanischer General venezolanischer Abstammung, Narciso López. Auch die reformistischen Ideen verbanden sich mit separatistischen Vorstellungen in bezug auf Spanien und Fortschrittskonzepten, deren Vorlagen sich in den USA fanden. Wortführer dieser Richtung war seit 1848 Gaspar Cisneros Betancourt. Er nahm vom Konzept einer kubanischen Nation Abstand, indem er an Saco schrieb: «... wir stinken wie Guachinangos, Zambos, Neger, Paredes, Santa Anna, Flores und Kompanie. Ein Jammer, mein lieber Saco. Was für eine Zucht! Guter Gott, Mann, sage mir nicht, daß Du für Dein Land diese Nationalität willst.» José Antonio Saco aber lehnte ab. Er schrieb: «... im letzten Resultat wird es keine Vereinigung oder Annexion geben, sondern eine Absorption Kubas durch die Vereinigten Staaten. Die Wahrheit ist, daß die Insel immer existieren wird, aber ich will, daß Kuba für die Kubaner sei ...» Die heutige Staatsflagge Kubas ist die Fahne der Annexionisten.

Massensklaverei und Sklavenkulturen

Clase negra und *Raza de color*

Auf der Arbeit der Sklaven beruhten im wesentlichen der über-
quellende Reichtum und die Ausnahmestellung Kubas im 19. Jahrhundert. Die maximalisierte Zwangsarbeit brachte die Profite der
herrschenden Klassen hervor. Die Verteidiger der Sklaverei verwiesen immer wieder darauf, daß die Modernisierung auf Basis der
Massensklaverei, eine von Herren und «guten» Sklaven geschaffene
Wirtschaft, ihre Dynamik trotz der politischen Schwierigkeiten
hatte halten können und die Kassen nicht nur der Plantagenbesitzer
selbst, sondern auch die des Staates füllte. Zugleich aber wurde
deutlich, daß die Entwicklung hin zur Massensklaverei im Laufe
von zwei Generationen (1763–1846) nicht zu größerer Glückselig-
keit für alle Weißen und zur Zufriedenheit der der «afrikanischen
Barbarei» entrissenen Sklaven geführt hatte, wie es die Sklaverei-
ideologen noch am Ende des 18. Jahrhunderts in ihren Zukunftsprog-
nosen vorausgesagt hatten. Ganz im Gegenteil: Gegen 1840 setzte
sich unter weißen Kreolen zunehmend die Erkenntnis durch, daß
ihre Fortune auf einer gefahrvollen Basis beruhte. Ihre Kultur
hispanischer Provenienz schien durch die große Menge von Schwarzen bedroht. Furcht griff um sich, die auch die Stellung der weißen
und mulattischen Unter- und Zwischenschichten sowie der freien
Schwarzen beeinflußte. Die Lage der Masse der freien Bevölkerung,
besonders im Westen Kubas, veränderte sich unter dem Druck der
Sklaverei negativ. Da die Arbeit im Zuckeranbau an den Sklaven-
status gebunden war und als unehrenhaft galt, wurde sie von Freien
nicht ausgeübt. Zwangsläufig mußten immer mehr Sklaven eingeführt oder die freien Farbigen zu Sklavenarbeiten gepreßt werden,
während die weiße Landbevölkerung unter Arbeitslosigkeit und
Landmangel litt.

Das Zurückweichen der Krone vor den Oligarchien seit 1790
und die partielle Übernahme der *Cuba-Grande*-Konzeption durch
Ferdinand VII. seit 1814 hatte die fatalen Folgen eines Teufelskrei-

ses, dessen politische und mentale Folgen in den dreißiger und vierziger Jahren des 19. Jahrhunderts fühlbar wurden. Bis Mitte des 18. Jahrhunderts hatte sich in Kuba ein relativ großer kreolisierter und farbiger Sektor der Bevölkerung herausgebildet. In den ersten Jahrzehnten des 19. Jahrhunderts war vor allem in Havanna und Matanzas ein farbiges Bürgertum entstanden. Mit dem Aufschwung der Zuckerwirtschaft jedoch wurde diesem Sektor freier Farbiger mehr und mehr die gleiche abfällige Behandlung wie den Sklaven zuteil. Er wurde de facto von den vielen Schwarzen überdeckt, zunehmend marginalisiert und sozial mit ihnen in einen Topf geworfen. Er nahm – auch durch aktive politische Repression – zwar absolut nicht ab, da die biologische Mestizierung in Plantagengesellschaften nicht zu stoppen ist, verschwindet aber in den Quellen dieser Zeit, gemeinsam mit den anderen Schwarzen, im Konstrukt der *Raza de color*, «farbige Rasse», oder *Clase negra*, «schwarze Klasse». Vor 1843 versuchten die freien Farbigen, sich gegen die neuen Schwarzen abzusetzen; nach der Repressionswelle von 1843/44 begann innerhalb der nunmehr so benannten *Raza de color* eine Solidarisierung. So entstand aus verschiedenen Kernen, beeinflußt von politischen Ängsten und wirtschaftlichen Wünschen, im frühen 19. Jahrhundert in Kuba das Rassenschema zweier Kulturen. Die *Raza de color* – im Volksmund *«los negros»*, auch wenn es Farbige waren – stand gegen *«los blancos»*, die Weißen.

Um es unter politischem und kulturellem Aspekt zu verdeutlichen: Die sich in fast allen Schriften «weiß» artikulierende und fühlende Kolonialgesellschaft dieser Zeit mußte mit dem Ausbau der Massensklaverei um 1840 zur Kenntnis nehmen, daß fast die Hälfte der auf Kuba lebenden Menschen andersfarbige Nichtkubaner waren, die zur Immigration und zur Arbeit gezwungen wurden, völlig andere Kulturen hatten und von der Kolonialmacht kaum kontrolliert werden konnten.

Der Sprung von der *Cubanidad*, einem Gefühl unter kubanischen Kolonialspaniern der zweiten und dritten Generation, zur «Nation», wie es die zeitgenössische Konzeption des Fortschritts gebot, konnte nicht vor sich gehen, wenn mehr als die Hälfte der Bevölkerung überhaupt nicht integriert war. Zunächst und besonders seit der Sklavenrevolution auf der östlichen Nachbarinsel Saint-Domingue stellte die Masse fremder Menschen aus dieser Perspektive ein ständiges Gefahrenpotential dar. In den Plantagenzonen breitete sich die große Furcht (*Grande Peur*) vor Mulatten und Schwarzen aus. Die Furchtikone «Haiti» war Ausdruck dieser Furcht und hielt sie am Leben. Kein Wunder, daß unter diesen Bedingungen die freien Schwarzen, die städtischen Sklaven oder auch die Mulatten ebenfalls als Bedrohung gesehen wurden. Man fürchtete – nicht ganz zu Unrecht –, die Gruppe der städtischen Schwarzen mit ihren gutorganisierten Institutionen, den *Cabildos de nación* und den Milizregimentern, könnte zu Verbündeten bzw. Führern der ländlichen Sklaven werden.

Mit der Massensklaverei wuchsen auch die Konkurrenz um Arbeit in den Städten und damit die Spannungen zwischen freien Schwarzen und den Unter- und Mittelschichten der weißen sowie der mulattischen Bevölkerung. Die schmutzigsten, unehrenhaftesten und schwersten Arbeiten wurden von Schwarzen verrichtet. Zugleich aber drangen freie Schwarze und Mulatten in den Handwerkssektor sowie in den Binnenhandel ein und begannen, den weißen städtischen Schichten auch hier Konkurrenz zu machen. Die Konflikte um Arbeitsplätze konnten so benutzt werden, der «großen Furcht» eine ökonomische Grundlage zu geben.

In den Zeiten der Massensklaverei wurden die Freilassungspraktiken rigider gehandhabt. Die hohen Preise machten es seit den dreißiger und vierziger Jahren des 19. Jahrhunderts auch städtischen Sklaven immer schwieriger, sich selbst oder Familienangehörige freizukaufen bzw. freikaufen zu lassen.

Am produktivsten für die Arbeit im Zuckeranbau erschienen den *Hacendados* junge männliche Sklaven, die zwischen 1820 und 1840 in unkontrollierten Zahlen nach Kuba geschmuggelt und auf die Plantagen ins Hinterland von Matanzas gebracht wurden. Als diese Masse noch unangepaßter Sklaven durch Organisation und Verschwörungen die gesamte Gesellschaft zu sprengen drohte und sich diese Furcht auch auf alle anderen – mehr oder weniger «weißen» – Bevölkerungsteile ausgedehnt hatte, konnte nur noch eine extreme Terrorwelle der Kolonialverwaltung die Situation retten. Die Figur des aufständischen Sklaven wurde zu einem Alptraum fast aller Klassen; die Sklavenhalter hatten panische Angst vor schwarzer Zauberei, vor Brandlegung und vor schwarzer Sexualität, sofern sie nicht ihre eigenen Liebschaften betraf. Die Furcht und der religiös sowie zunehmend «wissenschaftlich» begründete Überlegenheitswahn erhielten immer neue Nahrung durch das Anwachsen der Feld- oder Plantagensklavenzahlen und des Anteils von Schwarzen im Stadtbild. Jede Art von Handarbeit verwies auf eine niedere, schlechtgeachtete Stellung. Die schwer objektivierbare mentale Grenze der Farblinien, wer unabhängig von der wirklichen Farbe seiner Haut als Neger angesehen wurde, wurde bis in die achtziger Jahre des Jahrhunderts durch Handarbeit, vor allem im Zucker, markiert.

Vom *Bozal* zum *Criollo*

Die explosive Vermehrung der Sklavenbevölkerung beruhte zunächst nur zum geringsten Teil auf natürlicher Reproduktion. Die Mehrzahl der Schwarzen auf Kuba war noch in den sechziger Jahren des 19. Jahrhunderts in Afrika geboren worden. Sie wurden einerseits pejorativ als *Bozales* bezeichnet, andererseits schon als *Negros de nación* (in Afrika geborene Neger) zum Mythos verklärt. Die Benennung *Bozal* ist ein zeitgenössisches Kriterium, das vor allem den Grad der kulturellen Integration beschrieb. In diesem Sinne bezeichnete der Terminus einen in Afrika geborenen Menschen, der nicht oder kaum Spanisch sprach und seine kulturellen Wurzeln der jeweiligen afrikanischen Region zu bewahren suchte. Das wurde zum Nährboden imaginierter Traditionen, denn die Kenntnis afrikanischer Sprachen und Kulturelemente – zu religiösen *Secretos*, Geheimnissen, verklärt – war die Basis für die Stellung der Afrikaner in den Sklavenkulten. Die zweite Generation der Sklaven, bereits auf Kuba oder in einer anderen Sklavengesellschaft geboren, wurde als *Criollos* bezeichnet. Die *Criollos* waren Schwarze mit kubanischen Wurzeln. Sie hegten nur noch lose Beziehungen zur afrikanischen Kultur. Bei einigen der kreolisierten Schwarzen, wie bei den Königssklaven von El Cobre, entwickelte sich auch eine kulturelle Überlegenheitsmentalität gegenüber den «Barbaren» aus Afrika.

Besonders in der zweiten Hälfte des 19. Jahrhunderts kam es aus den verschiedensten Gründen zu von den Sklavenhändlern und Besitzern nolens volens geförderten schwarzen Organisation. Die wichtigste ökonomische Variable war der durch Gefahren des Sklavenschmuggels und Verknappung des Angebots hochgetriebene Preis für Afrikaner. Weil die Versklavung zunächst nicht nur die

Durchtrennung aller gewohnten sozialen Beziehungen, sondern auch den Verlust jeglicher politischer und institutioneller Bindungen darstellte, war die Wiedervergesellschaftung von großer Bedeutung. Die erste der Assoziationsformen, in die die Afrikaner zwangsläufig gerieten, war die durch die Taufe bewerkstelligte Aufnahme in die Gemeinschaft der katholischen Christen, sozusagen Warenzeichen und Einfuhrerlaubnis für den iberoamerikanischen Kolonialbereich. Die erste aktiv gebildete und von den Versklavten gewollt eingegangene minimale Organisationsform stellten die Beziehungen zwischen gemeinsam verschifften Afrikanern und Afrikanerinnen, die sogenannte *Carabela*, dar. Berichte über solche Beziehungen ehemaliger Schiffsgenossen liegen für alle amerikanischen Sklavereigesellschaften vor; es wurden fiktive Verwandtschaftsbeziehungen geknüpft, die Schiffsgenossen gingen wechselseitige Verpflichtungen zwecks Hilfe, ritueller Verwandtschaft und sexueller Tabus ein; oftmals erfolgte die Kommunikation in einer westafrikanischen Lingua franca oder einer Pidgin-Sprache.

Von besonderer Bedeutung waren die Freiräume, die den versklavten Afrikanern vor allem im städtischen Raum von der Kirche bei Feiertagen, Festen und Prozessionen sowie durch die politische Struktur der iberischen Gesellschaften (*Cabildos*) geboten wurden. Die vom Staat gewollten *Cabildos de Nación*, ständische Ratsversammlungen, gaben den unterschiedlichen Formen afrokubanischer Kultur das fundamentale institutionelle Gerüst. Diese und *Cofradías*, Bruderschaften, wurden den Schwarzen in Kuba sicherlich auch mit dem Nebengedanken der Kontrolle und des «divide et impera» zugestanden. Als Bezeichnungen für die *Naciones* (wie Congos, Lucumies, Mandingas) nutzten die Schwarzen ebenso wie die weiße Gesellschaft Ethnonyme zur Bezeichnung der wirklichen oder vermeintlichen Ursprünge; diese wurden unter den Sklaven oder unter den Freigelassenen zu subjektiv empfundenen kollektiven Identitäten, wie es Stefan Palmié bezeichnet hat. Die *Cabildos*, ein vor allem städtisches Phänomen, wurden also nicht nur im soziologischen Sinne zu Trägerinstitutionen imaginierter afrikanischer Identitäten, sondern bildeten auch den Rahmen für die Konservierung und Artikulation unterschiedlicher afrikanischer Kulturelemente. Schon im 17. Jahrhundert besaßen *Cabildos* feste, gekaufte oder ihnen von den Städten zur Verfügung gestellte Versammlungshäuser. Weiße hatten nur Zutritt auf Einladung und in

Begleitung eines schwarzen Bürgen. In den inneren Räumen dieser Gebäude befanden sich auch die Kultstätten verschiedener Ausprägungen. Die Führer der *Cabildos* wurden damit einerseits in die iberische politische Kultur eingebunden, andererseits bewahrten sie die kulturelle Herrschaft im Innern der Institution. Auf diese Weise tradierten die *Cabildos* schwarze Religiosität, Musik, Tanz und Geselligkeitsformen, Sprache, Gestik sowie Kunst. Schließlich existierten Geheimgesellschaften, in gewissem Sinne Ableger bestimmter *Cabildos de Nación* und *Cofradías*, wie z. B. die Gesellschaften der *Abakuá (Ñáñigos)*. Die wichtigsten wirtschaftlichen und sozialen Organisationsformen auf den Plantagen wurden die Arbeitsgang (*Cuadrilla*), die Wohngemeinschaften der Quartiere und Baracken sowie spezielle Formen der Familienorganisation.

Parallel dazu begann seit den dreißiger und vierziger Jahren des 19. Jahrhunderts der eigentlich entgegenlaufende Prozeß der Kreolisierung, der von bestimmten Gruppen der Sklavenbesitzer, der Sklavereireformer und auch von Gegnern des Sklavenhandels gefördert wurde. Die grundsätzliche Bestimmung der spanischen Gesetzestradition, daß sich Sklaven frei verheiraten durften – auch mit Freien –, wirkte dabei unterstützend. Aus der Perspektive der Sklaven handelte es sich nicht nur um einen von außen gelenkten Prozeß, sondern um einen aktiven Vorgang der kulturellen Integration. Sie nahmen nicht nur Kulturelemente auf, sondern leisteten ihrerseits einen Beitrag zur entstehenden kubanisch-kreolischen Kultur. Fernando Ortíz hat versucht, dieses Phänomen mit dem Konzept der *Transculturación* zu analysieren. Am deutlichsten war diese Transkulturation zunächst in den freien, meist auf irgendeine von den gängigen Kastennormen nicht erfaßbare Weise «farbigen» Unterschichten. Die Kreolisierung innerhalb europäisch-kubanischer Kulturformen wurde am stärksten bei den freien farbigen und schwarzen Mittelschichten der Städte realisiert und formuliert, so etwa bei Plácido, der diese als einer der ersten Literaten mit dem Heimatbegriff verband: «Ich kann mein Vaterland nicht lassen: Ich bin Kubaner.» Sicherlich wurde Plácido auch hingerichtet, weil man in diesem Überschreiten der Farblinien eine Gefahr für die kulturelle Hegemonie der Weißen zu erkennen glaubte.

Die Geschichte der Sklaverei und der aus der Sklaverei hervorgegangenen Menschen ist so gesehen die Geschichte einer aktiven Transkulturation sowie kontrollierten Integration in die *Cuba-*

nidad. Diese Prozesse sind natürlich von schweren, aber kaum bekannten Konflikten begleitet gewesen. Unter dem Stichwort *Cimarronaje o Convivencia* (Rebellion oder bewußte und aktive alltägliche Integration) hat Alain Yacou vor wenigen Jahren eine Untersuchung vorgelegt, die in sozialgeschichtlicher Langzeitperspektive zeigt, daß die Schwarzen die Anpassung dem Aufbegehren vorzogen – sofern sie gelassen wurden.

Mythos Afrika

Das Problem der Sklavenkultur auf Kuba im 19. Jahrhundert ist mit der Frage nach ihren Herkunftsgebieten in Afrika verbunden. Dabei müssen die Besonderheiten des Sklavenhandels nach Spanisch-Amerika beachtet werden. Vor den Zeiten der Massensklaverei bildeten vor allem Sklaven aus den portugiesischen Kongogebieten (Sammelname *Congos)* und aus Oberguinea oder Senegambia (*Mandingas* oder *Mandingos*) die wichtigste Quelle für Kuba. Mit der Freigabe des Sklavenhandels durch die Krone, insbesondere seit Beginn des Schmuggels (1820), kamen die meisten Afrikaner aus Benin, Calabar, Dahomey sowie später auch aus Mosambik.

Die Sklaven wurden nach afrikanischen Herkunftsgebieten bezeichnet. Dabei spielten Ethnonyme, Clanbezeichnungen, Städte und regionale oder politische Unterscheidungen eine Rolle. Diese wurden vor allem unter den *Bozales* getroffen, sie finden sich aber auch in den nachfolgenden Generationen von Schwarzen, die sich einer *Nación* anschlossen. Unter Einbeziehung von Kulturen und Sprachen kann man nach Murdock heute mehrere Gruppen unterscheiden, deren wichtigste Lucumí, Mandinga, Arará, Mina, Gangá, Carabalí und Congo sind. Mit den Ethnonymen verbanden sich für die Sklavenhändler recht klare, wenn auch dem historischen Wandel unterworfene Vorstellungen über den Wert der menschlichen Ware und deren Qualität. Es handelte sich um einen naiven, aber durch empirische Erfahrungen auf den Plantagen verfestigten «Volkscharakter»-Begriff. Diese Pseudoethnographie der Sklavenpopulationen sollte eine gewisse Vorhersehbarkeit der Reaktion der Afrikaner auf die Sklaverei sichern. Auch die Angst vor «dummen, faulen, aggressiven, zu Selbstmord oder Rebellion neigenden Negern» spielte eine Rolle. Die Ethnonyme müssen nicht unbedingt etwas über die wirkliche Herkunft der Sklaven aussagen; spanische Käufer übernahmen zum Beispiel Sklaven von Händlern anderer Nationen und deren Bezeichnungen. Generell aber haben sich Entsprechungen in der historischen Realität Afrikas erwiesen. Schwierig ist die Zuordnung kleinerer Gruppen oder von Individuen. Ein wichtiges Hilfsmittel zur Feststellung der Herkunft bilden, sofern Darstellungen oder Beschreibungen vorliegen, neben der Sprache die Skarifizierungen (Ziernarben) und manchmal die auf bestimmte Art zurechtgefeilten Zähne.

Die Masse der Schwarzen kam im 19. Jahrhundert vor allem in Havanna-Matanas aus der Yoruba-Kulturregion nach Kuba, als in Westafrika 1835 der Oyo-Staat zusammenbrach. Die Bezeichnung *Lucumí* wurde zu einem – auch von den Schwarzen benutzten – Überbegriff für alle Angehörigen dieser Gruppe. Neben Congos wurden sie vor allem deshalb die stabilste Gruppe unter den kubanischen Sklaven, weil sie zu einem Zeitpunkt auf die Insel gerieten, zu dem aus Gründen der besseren Wirtschaftlichkeit der Anteil der Frauen rasch gesteigert wurde, bis 1868 auf 45%. Durch Impfungen, Hygienemaßnahmen und bessere soziale Bedingungen auf den Plantagen fiel die Gesamtmortalität der Sklavenpopulation, und auch die Kindersterblichkeit sank. Die hohen Preise, die Konkurrenz, der Druck der englischen Abolitionskampagnen, die Angst vor dem Überhandnehmen des fremden Bevölkerungsanteils sowie die Einsicht von Leuten wie Arango und Saco zeitigten Folgen. Die Yoruba-Sklaven hatten also einfach bessere Chancen, Ehen oder eheartige Beziehungen zu schließen, Nachkommen zu zeugen sowie sogar generationsüberschreitende Familienstrukturen zu bilden. Ihre Sprache stellte schon in Afrika für viele Stämme eine Lingua franca dar und bildete deshalb auch in Kuba die Grundlage des Zusammenschlusses von Gruppen. Die afrikanischen ethnischen Gegensätze verwischten sich, und mit dem Aussterben der ersten Generation der noch in Afrika Geborenen beschleunigte sich die Kreolisierung. Um es weniger theoretisch darzustellen: Esteban Montejo, der *Cimarrón*, berichtet, daß sein Vater ein «Lucumí aus Oyo» gewesen sei und seine Mutter eine mit französischen Immigranten nach Kuba gekommene Sklavin. Das stimmt zwar nicht, aber hier wird die Integration eines kreolischen Schwarzen in eine erfundene Tradition deutlich.

Götter, Santos und Orishas

Die Afrikaner brachten, wie vor ihnen die Spanier, ihre eigenen Götter und Dämonen mit und versuchten das, was mit ihnen geschah, sowie ihre neue Umwelt in ihr kulturelles Universum zu integrieren. Sie überzogen Kuba mit Elementen ihrer Kultur. Als Sklaven konnten sie dies aber nicht offen tun, sondern nur verborgen, unter dem Deckmantel der christlichen Kultur oder im Innern ihrer *Cabildo*-Gebäude. Bereits seit sehr früher Zeit geschah dies offensichtlich mit Duldung der beiden Machtsäulen der weißen Kolonialgesellschaft – Gouverneur und Bischof. Die Schwarzen erkannten sehr schnell die Freiräume, die ihnen z. B. mit den *Cabildos* in eklatantem kulturellen Mißverständnis angeboten wurden.

Aufgrund ihres Unwillens, auf dem gleichen Gottesacker wie die Schwarzen begraben zu werden, ließen etwa die *Vecinos* von Havanna schon früh die erste Kirche für Schwarze bauen, die Kirche von Espíritu Santo. Am Tage der Drei Heiligen Könige wählten diese Könige (*Reyes*) oder *Capataces* ihrer *Cabildos*. In solche Führungspositionen wurden manchmal Würdenträger gewählt, die ihre Legitimität noch auf Machtstellungen in Afrika zurückführen konnten. Die *Reyes* schmückten sich ganz offiziell mit Attributen «weißer» Macht, wie z. B. Uniformen, Kronen, Degen und Befehlsstäben. Sie präsentierten sich als politische Autoritäten bei Prozessionen, die heutige Betrachter an karnevalsähnliche Umzüge erinnern würden. Organisiert wurden die karnavalesken Szenen durch Führer von Geheimgesellschaften oder Priester, die verkleidet daran teilnahmen. Sie wurden nicht ganz zu Unrecht Teufelchen genannt. Trotz oder gerade wegen eines extremen physischen Machtmonopols der Weißen haben wir es hier mit unterschiedlichen Formen kultureller Gegenhegemonie zu tun. Sie ermöglichte es den Sklaven nicht nur, dieses Monopol vor den Augen der Öffentlichkeit zu unterlaufen, sondern die weißen Kubaner im Laufe des 19. und 20. Jahrhunderts über Gebräuche, Moden und Musik zunehmend kulturell einzubinden. Allerdings verlief dieser Prozeß zunächst entlang bestimmter Linien, die von der herrschenden Kultur eben als Mode oder Brauch (*Costumbre*) akzeptiert werden mußten.

Eine dieser Religionen, die *Santería* oder *Regla de Ocha* unserer Zeit, bildet den vorläufigen Endpunkt einer Entwicklung, die wir im einzelnen noch kaum kennen. Ursprünglich handelte es sich bei dem, was heute zusammenfassend als *Santería* bezeichnet wird, um unterschiedliche Geheimriten, die die Afrikaner mit in die Sklaverei gebracht hatten. Aus den unterschiedlichen Ansätzen entstanden um bestimmte Kerne dann die verschiedenen Kulte, die *Reglas*, wie sie seit Ende des 19. Jahrhunderts bezeichnet werden. Die Gottheiten bzw. Heiligen der *Santería* heißen *Orishas*. Durch Olfert Dapper (*Description de l'Afrique*) wissen wir von einem Königreich Ulcami oder Ulcuma, welches in Westafrika zwischen Benin und Arder lag. Es war ein Zentrum des Sklavenhandels. Davon leiten die meisten Forscher heute den Namen *Lucumí* ab. Dafür spricht auch, daß die Benin-Leute den Gott des Ulcami-Reiches *Orisa* nannten. Das religiöse Leben der Afrikaner auf Kuba hatte, trotz aller Unterschiede in den Bezeichnungen der Kulte, der einzelnen Pantheone, der Mythologien und lithurgischen Systeme, eine Reihe gemeinsamer Grundzüge. Der erste und wichtigste bestand in der Verehrung der Ahnen (*Muertos*) und der Überzeugung, daß die Toten Macht hätten, in den Bereich der Lebenden einzudringen und ihr Schicksal zu beeinflussen. Der zweite war der Glaube an einen höchsten und einzigen Gott, obwohl gerade in dieser theologisch komplizierten Frage auch vermutet worden ist, es habe sich ursprünglich um ein System mit zwei Hochgottheiten, einer männlichen und einer weiblichen, gehandelt. Der dritte Grundzug ist der Glaube an ein Pantheon von Zwischengottheiten (*Santos* oder *Orishas*). Diversität auf der Basis fundamentaler Einheit, so könnte die Formel dieser Glaubenssysteme lauten. Vor allem das einende Prinzip des Gottvaters machte synkretistische Annäherungen an die christliche Religion möglich, in die maskiert auch islamische monotheistische Elemente einflossen. Die Struktur Hochgott – niedere Gottheiten konnte leicht mit dem iberischen Volkskatholizismus in Einklang gebracht werden. Da die *Hacendados* den Einfluß der Kirche zurückgedrängt hatten und die Sklaven nur oberflächlich evangelisiert wurden, überlebten ihre Kulte vor allem auf den Plantagen.

In der Kosmologie der *Santería* steht Gottvater, Olofí (auch Olorun oder als oberster Richter Oloddumare), ein westafrikanischer Schöpfergott, über einem Pantheon von Gottheiten bzw. Heiligen. Der Kult selbst richtet sich kaum an den Hochgott, sondern in utilitärer Weise an Gottheiten, Heilige und Ahnen. Wie bei vielen

Ahnenkulten werden die Vorfahren nicht einfach der Betreuung durch Himmel oder Hölle überlassen und auf Friedhöfen vom Bereich der Lebenden entfernt, sondern sind vertikaler Bestandteil einer kultischen «Familie», der *Casa*. Im horizontalen Sinne schufen diese «Familien» religiöse Verwandtschaft. Durch sie wurden die zerrissenen Hierarchien, Familien- und Gemeinschaftsbande in der Sklaverei neu geknüpft. Während die Familie über Patenschaften und religiös begründete Verwandtschaft die Realität in der kubanischen Sklaverei darstellte, wurden die Ahnen in Afrika, das heißt die vertikale Verwandtschaft, mythisch verklärt.

In der *Santería* wendet sich der Gläubige an die *Orishas*, um Probleme zu lösen, und er zahlt dafür. Die *Reglas* sind nämlich sehr diesseitsbezogen und utilitär. Das Pantheon der höheren Wesen in der *Santería* ist hierarchisch geordnet. Es spiegelt im allgemeinen die Integration unterschiedlichster afrikanischer Kulte und *Naciones* wider. Die *Orishas* sind die Mittler zum Hochgott und haben von ihm bestimmte Kräfte erhalten, um ihre Funktionen zu erfüllen. Obbatalá oder Obbad-Allah ist der oberste Santo. Gott greift kaum in die irdischen Angelegenheiten ein. Aber die Seelen der Menschen und der Aché (geistige Energie, «Gnade») kommen von ihm. Die *Orishas* sind vermenschlicht und haben ihre Schwächen, die von den Menschen mit Hilfe magischer Riten beeinflußt werden können. Magie und Religion sind in der *Santería* kaum voneinander zu trennen. Die wichtigsten sieben *Orishas* werden heute manchmal auch zu den *Siete Potencias Africanas*, den sieben afrikanischen Mächten, zusammengefaßt (Changó, Ochún, Oggún, Babaluayé, Yemayá, Orula, Elleguá). Eine andere *Orisha*-Gruppe bilden die *Guerreros*, die Krieger (Elegguá, Oggún, Ochosi und Osun). Darüber hinaus existiert eine Vielzahl weiterer *Orishas*.

Jede dieser Gottheiten hat ihre Kultfarben, ihren Tag der Verehrung, besondere Opferspeisen, Embleme und Ketten, die ihnen geweiht werden. In Afrika verehrte man sie in ihrem jeweiligen Tempel, im Grunde ihrem «Privathaus»; in Kuba aber leben sie sozusagen in einer Wohngemeinschaft; die figürlichen Abbildungen und Altäre (*Otanes*) befinden sich in den Kulträumen der *Cabildos*. Bei den großen Zeremonien werden die *Orishas* nach und nach herbeigerufen – mit jeweils bestimmten Gesängen und Trommelrhythmen. Nach dem Glauben der Anhänger der *Santería* können die *Orishas* sich durch eine Trance ihrer Adepten in diesen manifestieren – sie sind für die Gläubigen dann wirklich anwesend und tanzen mit ihnen. Die Kultzentren stehen unter der Obhut eines erfahrenen *Santero*, der sich seine Klientel und das Zentrum meist selbst aufbaut, als Heilkundiger, Exorzist und in gewissem Sinne Psychiater und Sozialarbeiter. *Santeros* dürfen allerdings keine Orakelpraktiken anwenden. In der Hierarchie stehen über ihnen die *Babalaos*, die die eigentlichen religiösen Funktionen ausführen, wie z.B. die Initiation neuer Mitglieder und das Blutopfer vierfüßiger Tiere. Als Orakelpriester kennen sie die Geheimnisse des *Ifá*-Orakels, das aus einer Manipulation von Kauri-Muscheln oder Kokosscheiben zusammen mit Yoruba-Sprüchen und Ahnenkenntnis besteht. Historisch handelt es sich um den Formierungsprozeß eines Pantheons aus verschiedenen lokalen, regionalen oder städtischen Gottheiten, die im Falle der *Santería* meist aus dem heutigen Nigeria und Benin stammen. Sie sind erst unter dem Druck der Sklaverei zu einem afrokubanischen Götterpanorama zusammengefügt worden. Dabei hat es durchaus einen Schwund bzw. Bedeutungswandel gegeben. Während für Nigeria um die 400 *Orishas* angenommen werden, sind es heute in Kuba etwa dreißig. Viele Gottheiten, die im 19. Jahrhundert noch angebetet wurden, sind heute fast unbekannt.

Neben der *Santería* oder *Regla de ocha* existiert in Kuba eine Reihe anderer synkretistischer Kulte, deren Grenzen fließend sind, wie z.B. die *Regla de palo monte*, die *Regla de Arará*, der *Vudu* (oder *Oggunismo*), bestimmte Spielarten des Spiritismus und religiöse Bruderschaften wie die bereits erwähnten *Abakuá*. Die wichtigste soziale Basis für die Entwicklung der *Santería* stellten die Lucumí dar. Die Congo oder Bantu werden als Träger des *Palo Monte* gesehen und die Carabalí als ethnische Basis der *Abakuá*-Geheimgesellschaften. Allerdings sind diese exakten Zuordnungen problematisch, weil etwa die Arará aus Dahomey oftmals als Lucumí angesehen wurden und die Congo sich in Überlagerungsregionen kulturell mit den Yoruba mischten. Die *Abakuá* öffneten sich 1863 anderen Gruppen von Schwarzen und wurden sogar für weiße Männer zugänglich.

Durch die Nähe zu Haiti fand im Osten Kubas der *Vudu* (Voudou) Eingang. Er wurde durch massive Einwanderung von haitianischen Zuckerarbeitern seit dem Beginn des 20. Jahrhunderts nochmals gestärkt. In letzter Zeit sind Forschungen publiziert worden, die vom Überleben der Taíno-Religion in synkretistischer Form sprechen. Sofern es sich nicht um eine imaginierte Tradition des 20. Jahrhunderts handelt, hätte diese in der Kolonialzeit in bestimmten Gebieten vor allem Ostkubas stark vertreten sein müssen.

Arbeitsbedingungen

Eine sozioökonomische Differenzierung ergab sich durch Arbeitsorte und den Platz der Schwarzen in der Gesellschaft. In diesem Sinne existierten scharfe Unterschiede zwischen den Feldsklaven, deren unterste Gruppe durch die Zuckersklaven gebildet wurde, und den städtischen Haussklaven, den Handwerkern und denen, die von Weißen mißachtete Arbeiten verrichteten, sowie den schwarzen Aufsehern oder Kutschern. Bereits in den ersten Jahrzehnten des 19. Jahrhunderts arbeiteten sehr viele Sklaven in der Zuckerwirtschaft. Der Männeranteil lag um 1820 bei 80%. Auf dieser Basis begannen sich Klassenstrukturen herauszubilden. Im Bergwerk, auf den großen Zucker-*Ingenios* und im Eisenbahnbau war mit ungleich härteren Bedingungen und brutalerer Behandlung zu rechnen als in der Viehhaltung, in der Hauswirtschaft oder im Handwerk bzw. bei öffentlichen Arbeiten (Straßen-, Mauer- und Festungsbau, Hafenarbeiten), die gewissermaßen vor den Augen der städtischen Bevölkerung stattfanden. Die Arbeitsbedingungen und auch die Stimmung auf den Plantagen waren aber keinesfalls uniform. Zugleich war das Verhältnis Sklaven–Herren von der Größe der Besitzung abhängig. Prägend wirkten zudem die Anforderungen, die sich aus den Anbau- und Verarbeitungsformen der Tropenkulturen ergaben, sowie die ethnische Herkunft, das Alter und die Ausbildung der Sklaven. Aber auch Konflikte und Hierarchien unter den Sklaven selbst spielten eine wichtige Rolle.

Feldsklaverei bedeutete auf Kuba im 19. Jahrhundert vor allem Arbeit beim Anbau und bei der Verarbeitung von Zucker, der am weitesten verbreiteten Plantagenkultur. Diese Plackerei nötigte den Sklaven weit größere Anstrengungen ab als die Arbeiten beim Tabak-, Indigo- und Kakaoanbau, auf den Reis- und Maisfeldern oder auf Kaffeeplantagen. Auf den Zucker-*Ingenios* war die Lage der Männer und Frauen am schlimmsten, die direkt im Feld, in der Mühle oder in den Siedereien arbeiten mußten. Obwohl die Menschen des 19. Jahrhunderts ein anderes Zeitgefühl hatten, beschreiben die meisten Zeugnisse die Schufterei in den verschiedenen Abteilungen der Zuckermühlen als Hölle auf Erden. Durch die mittels Technik erreichte Effektivierung im Mühlenbereich und die daraus resultierende Zeitrationalisierung verschärfte sich die Situation noch erheblich. Arango hatte schon Ende des 18. Jahrhunderts die Einfuhr schwarzer Frauen für den Zuckersektor gefordert. Er setzte auf seinem Gut Frauen als Schnitterinnen ein. Das Verhältnis Plantagensklaverei zur urbanen Sklaverei war kulturell dadurch geprägt, daß sich die Masse der Kreolsklaven und die Mehrzahl der schwarzen Frauen in den Städten sammelten. Sie bildeten jene Gruppe von Schwarzen, die in den *Cabildos de Nación* die Transkulturation vorantrieben, aber auch immer wieder als potentielle Träger und Anhänger des «Haitianismus» verdächtigt wurden.

Die kubanische Sklavereigesellschaft unterschied sich in ihrer inneren Struktur ziemlich stark von anderen Plantagengesellschaften und bietet deshalb auch einen wichtigen Schlüssel für die Deutung der kubanischen Politikgeschichte. Die wichtigsten Parameter waren Rasse, Klasse und Geschlecht. Als von Bedeutung galt vor allem die Relation der «weißen» zur «schwarzen» Bevölkerung (*Pardos* und Schwarze) sowie der freien Bevölkerung (Weiße und Farbige) zur versklavten Bevölkerung. Auch der sogenannten Maskulinitätsrate (das Mengenverhältnis von Männern zu Frauen) wurde zunehmend Aufmerksamkeit zuteil. Ein anderer Parameter sind die Klassen, also in erster Linie die Stellung in der Produktion. Hier bildeten die Feldsklaven der Zuckerplantagen eine klar definierte Gruppe, die sich natürlich durch eine Reihe weiterer Merkmale auszeichnete, vor allem dadurch, daß sie zunächst fast nur aus jungen schwarzen Männern bestand. Insofern stellten die neuen *Ingenios* der zwanziger und dreißiger Jahre des 19. Jahrhunderts Männergefängnisse dar. Erst nach der Jahrhundertmitte fanden sich auch Frauen in größerer Zahl. 1870 wurde rückwirkend ab 1868 die Freilassung der Alten (über 60 Jahre) verfügt. Zwischen 1862 und 1877 verringerte sich die Sklavenpopulation um 45%. Die Sklaverei der Jungen wurde auf die Zuckerrohrfelder beschränkt, die immer größer wurden. Zugleich kam es zur Deindustrialisierung, da die Sklaven nicht mehr bei der Herstellung des raffinierten Weißzuckers, sondern auf den Feldern eingesetzt wurden. In den Export ging unbearbeiteter brauner Zucker. 1877 gab es noch 200 000 Sklaven. Sie konzentrierten sich in den Zonen modernster Zuckerproduktion der Provinzen Matanzas und Las Villas.

Trotz des starken Zuckersektors und der Massen von Feldsklaven auch in anderen Zweigen gab es auf Kuba immer einen größeren Anteil städtischer Sklaven als in anderen karibischen Kolonien. Die Bezeichnung «Haus»-Sklaverei ist allerdings irreführend. Die Kreolen ließen ihre Sklaven oft ein Handwerk erlernen und schickten sie auf die Straße zur Arbeit. Daraus zogen beide Parteien Gewinn. Handarbeit war relativ teuer. Ein wichtiges Mittel der Beschaffung von preiswerter Arbeit bildete ein Mietmarkt für Sklaven.

Torres-Cuevas hat darauf verwiesen, daß laut Zensus von 1841 noch 77,07% aller Sklaven nicht im Zuckerbereich arbeiteten. Insgesamt aber sind mehr Sklaven im ruralen als im urbanen Bereich ausgewiesen. Die Zuckersklaven bildeten schon den größten geschlossenen Block in der Landwirtschaft. Die große Gruppe der städtischen Sklaven war 1841 noch das stärkste Relikt des 18. Jahrhunderts. Allerdings fehlen statistische Untersuchungen über die Altersstruktur und darüber, wie viele davon in der relativ privilegierten Stellung von Domestiken und Kutschern waren, einfache Transportarbeiten verrichteten oder ein Handwerk ausübten. Reiseberichte dieser Zeit zeigen, daß bis zu 45% der Sklaven im, wie wir heute sagen würden, Dienstleistungssektor für Oberschichten beschäftigt waren, denen es vor allem um demonstrativen Konsum und Zurschaustellung ihres Reichtums ging. Die Klagen über große Mengen versklavter Dienerschaft und die Besorgnis über diesen sinnlosen Luxus rissen im 19. Jahrhundert nicht ab.

Die Abnahme der Haussklaven, wie ihn der Zensus von 1862 zum Ausdruck bringt, zeigt aber auch, daß sich kapitalistische Wirtschaftsstrukturen in den Hauptsektoren der kubanischen Wirtschaft durchgesetzt hatten. Auf beiden Seiten war die Klassenbildung fortgeschritten. Die immer noch ansehnliche Zahl städtischer Sklaven hatte aber auch eine politische Funktion. Aus dieser Gruppe kamen die Freigelassenen oder Freigekauften, die wiederum im Laufe des Jahrhunderts die Schar der altfreien Farbigen auffüllten und den Grundstein legten für die Integration der Afrokubaner in die kubanische Gesellschaft.

Widerstand

Der Widerstand, den es auf Kuba durchaus gab, hat niemals Dimensionen wie auf Jamaika oder Saint-Domingue erreicht. Allerdings hat die *Comisión Militar Ejecutiva y Permanente*, sozusagen der Geheimdienst der Generalkapitäne, im Zeitraum von 1825 bis 1850 89 Erhebungen von ruralen Sklaven registriert, darunter die Fast-Revolution *La Escalera*. Die Berichte über *Cimarrones* und ihre Fluchtorte, die *Palenques*, füllen Aktenbände. Allgemein stieg mit der Entfaltung der Massensklaverei auch die Konfliktbereitschaft von Sklaven, freien Schwarzen oder Farbigen an. Die freien Farbigen erkannten zumindest instinktiv und oftmals durch ihre religiös-kulturellen Führungsrollen in den *Cabildos*, daß die Sklaverei auf Dauer auch ihre sozialen Positionen verschlechtern mußte.

Gipfelpunkte im Zusammenhang mit dem «Haitianismus» waren die Verschwörungen des Nicolás Morales (1796) und des lucumístämmigen Zimmermannes und Heiligenbildschnitzers José Antonio Aponte y Ulabarra (1811/12). Dazwischen lagen Aufstände und Unruhen von Sklaven in Santa Cruz del Sur (1795/96), Puerto Príncipe (1798) sowie Trinidad (1799). Die Verschwörung des Nicolás Morales in Bayamo – ein Zentrum des Schmuggels und der karibischen Verbindungen auch nach Saint-Domingue – zeigt, daß es vor allem diese Gruppe der freien Farbigen war, die das politische Modell «Haiti» aufnahm. Morales wollte mit vierzig Männern, zum Großteil Mulatten, aber auch einigen armen Weißen, den Gouverneur von Bayamo gefangennehmen, der ihrer Meinung nach ein Dokument zurückhielt, welches ihnen die Gleichheit zugestehen sollte.

Bei der Verschwörung des José Antonio Aponte bildeten ein Lucumí-*Cabildo* und eine der schwarzen religiösen Geheimgesellschaften die Keimzelle einer mehrere schwarze *Naciones* übergreifenden Erhebung, die Verbindungen bis nach Matanzas, Trinidad, Puerto Príncipe, Bayamo und Santiago de Cuba unterhielt. Im Grunde handelte es sich um eine erste, fast das gesamte spätere Nationalterritorium Kubas erfassende sozialpolitische Bewegung gegen die Sklaverei und die Verschlechterung der Stellung der freien Farbigen. Seine Legitimität zog Aponte aus seinem Status als Priester. Die Verschwörer unterhielten auch Verbindungen nach Haiti. Nachdem sie verraten worden waren, wurde Aponte 1812 hingerichtet. In den folgenden Jahrzehnten inspirierte das haitianische Beispiel Sklavenaufstände in verschiedenen Kolonien. Andererseits wurden Dutzende von angeblichen Verschwörungen aus Angst vor einem zweiten Haiti brutal unterdrückt.

Mit dem Schmuggel seit 1820 entglitt die rurale Sklaverei zunehmend der Kontrolle. Damit wuchs die Gefahr, daß die anwachsenden Sklavenkontingente in den ländlichen Gebieten von Havanna und Matanzas sich organisieren und in einem großen Aufstand zusammenfinden könnten; zwischen 1825 und 1833 kam es zu mehreren Rebellionen mit schweren Kämpfen. Zu Beginn der vierziger Jahre des 19. Jahrhunderts nahm die Unruhe unter den Sklaven zu. Auch unter den städtischen Farbigen bildeten sich Verschwörergruppen. Einige von ihnen hatten als Milizangehörige Zugriff auf Waffen, Verbindungen zu weißen Revolutionären wie auch zu englischen Konsuln und über diese nach Großbritannien, den USA und Europa sowie eventuell nach Jamaika. 1843 verriet eine schwarze Sklavin eine der Gruppen. Die Kolonialregierung nutzte die Gelegenheit, um die Gefahr einer gigantischen Verschwörung an die Wand zu malen. 1844 wurden 4039 Verdächtige verhaftet: 972 Schwarze, 2166 freie Mulatten, 74 Weiße und 827 ohne Kastenzuordnung. Etwa 300 Personen wurden während der Prozeßvorbereitung an den berüchtigten Leitern – deshalb wurden die Verschwörungen später unter dem Namen *La Escalera* (die Leiter) zusammengefaßt – zu Tode geprügelt. 78 Angeklagte verurteilte die Kolonialmacht nach Prozessen zum Tode: 39 Sklaven, darunter eine Frau, 38 freie Farbige und einen Weißen; für 228 schlossen sich auf zehn Jahre die Festungstore von Melilla oder Fernando Po. Verbannt wurden vor allem freie Farbige (433). Weil die wichtigste institutionelle Basis der Verschwörung die Milizen gewesen waren, wurden die farbigen und schwarzen Regimenter aufgelöst, allerdings 1854 wieder eingeführt, um dem Annexionismus der weißen Kreolen Einhalt zu gebieten. Farbige, die in diesen Milizen trainierten, avancierten dann zu Offizieren des Zehnjährigen Krieges. Im Umfeld der Verfolgung von 1843/44 verbreitete sich auch das Konzept der *raza negra*, wodurch schwarze und freie Farbige gemeinsam zu einer gefährlichen Klasse abgestempelt werden sollten. Aber gerade wegen des Drucks führte das Konstrukt zur Solidarisierung unter denen, die Ortíz dann im 20. Jahrhundert als «Afrokubaner» bezeichnete.

Einwanderungspolitik

Die idealtypische soziale Grundlage des Konzepts der *Cuba grande* waren Sklaven, die durch Zwangsimmigration nach Kuba gekommen waren und auf den Plantagen arbeiteten.

Ebenso idealtypisch sollte die freie Immigration die soziale Basis für ein *Cuba pequeña* abgeben. Beide Konzepte traten konkurrierend auf, und die Immigrationen erfolgten nacheinander, auch wenn die Vertreter der Konzeption des «kleinen Kuba» ihre Vorstellungen gern schon zu Beginn des 19. Jahrhunderts durchgesetzt hätten. Die Zwangsimmigration, auch die der chinesischen Semisklaven, war chaotisch und von mächtigen Push- und Pull-Faktoren getrieben. Die freie Immigration folgte eher politischem Kalkül. Kolonialverwaltung und kreolische Oberschicht versuchten damit, nachdem die Folgen der Zwangsimmigration deutlich wurden, agrarische Komplementärwirtschaften zum Plantagensektor sowie Gegengewichte zum afrikanischen Bevölkerungsteil zu schaffen. Trotz oder gerade wegen dieser Steuerung von oben scheiterte der Versuch, weil viele Einwanderer sich nicht an die Vorgaben hielten, nicht erfaßt oder nicht im agrarischen Bereich tätig wurden.

Die größten Gruppen von «freien» Einwanderern waren Spanier und Kanarier. Letztere wurden oftmals in einer weißen Quasisklaverei zur Kolonisierung neuer Territorien eingesetzt, in Pinar del Río, im Eisenbahnbau und als Kontraktarbeiter auf Plantagen. Unter den Spaniern waren die meisten Andalusier, die sich häufig in den Hafenstädten niederließen. Aus Europa kamen auch Iren, Briten, Polen, Deutsche und Italiener nach Kuba, ohne daß sie massive Einwandererbewegungen dargestellt hätten. Hinzu kamen Flüchtlinge sowie Bürger der USA und anderer amerikanischer Länder.

1846 gab die *Comisión de Población Blanca* das Scheitern der Einwanderungsbemühungen bekannt. Laut Konzept hielt man 20 000– 30 000 freie Einwanderer im Jahr für nötig; 1844 waren es aber nur 2273, darunter schon 600 Chinesen. Obwohl es weitere Versuche der gesteuerten freien Immigration gab, unter anderem das Projekt der Ansiedlung katholischer Deutscher, spielte sie bis nach dem Zehnjährigen Krieg keine wichtige Rolle mehr. Dafür kamen seit 1848 Zehntausende chinesischer Kulis ins Land. Die Reformisten, vor allem Saco, aber auch der späte Arango, verbanden mit der freien weißen Immigration andere Vorstellungen. Sie glaubten, die entstehende kubanische Nation aus Kreolen vor der Kultur der Schwarzen schützen zu müssen; mancher hoffte auch, die Sklaverei durch das Verbot des Sklavenhandels austrocknen zu können, ohne sie direkt angreifen zu müssen.

In seinen um 1830 entstandenen Spätschriften wollte Arango die Abhängigkeit der kubanischen Pflanzerklasse von den andalusischen, portugiesischen und katalanischen *Negreros* beenden, die mit ihren Lieferungen und den immer höheren Preisen den kubanischen Arbeitsmarkt stark beeinflußten. Aber die Motive gingen tiefer. Arango als Demograph und «Sozialwissenschaftler» der Massensklaverei hatte die Gefahren eines unkontrollierten Sklavenschmuggels erkannt. Er schlug vor, diesen zu beenden und die Sklaven zu an die *Ingenios* gebundenen Landarbeitern mit Kleinbesitz zu machen. Das Mittel dazu sollten graduelle Freilassung (*Manumisión*) bzw. Selbstfreikauf (*Coartación*) sein. Nach einiger Zeit – so die Vorstellung – würde die Zwangsinstitution aus der kollektiven Erinnerung gelöscht sein. Damit stand er Humboldt sehr nahe, deshalb auch ihre Korrespondenz in bezug auf Humboldts *Essai Politique* über Kuba. Arango kämpfte nach dem «lost moment» der Reformzeiten verzweifelt um Stabilität und – vor allem – um die kreolische Kontrolle einer von ihm mitgeschaffenen Gesellschaft, die durch Sklavenhandel, Massensklaverei und Gewinnsucht ständig auf einem Vulkan zu tanzen schien.

Ähnliche Befürchtungen hegte José Antonio Saco, der den Sklavenhandel aus einem anderen Grund ablehnte. Saco fürchtete um die kulturellen Grundlagen der kubanischen Nationalität. Er griff Elemente der Konzeption des «kleinen Kuba» wieder auf. Europäische Landarbeiter sollten mit schwarzen Frauen und Mulattinnen verheiratet werden. Diese «Einweißung» der Schwarzen würde bald ein sozial-politisches Gegengewicht bilden, das die Afrikanisierung Kubas verhindern könnte. Saco zielte damit auf die ethnischen Grundlagen einer kubanischen Nationalität, in die die «eingeweißten» Nachkommen der *Bozales*, nachdem der Sklavenhandel einmal abgeschafft wäre, nach und nach integriert und akkulturiert werden sollten. Bis dahin aber galt für ihn: Angehörige der kubanischen Nationalität sind nur auf Kuba geborene Weiße.

Trotz unterschiedlicher Motive und Zielsetzungen gingen alle Projekte, das Sklavenproblem auf reformerischem Wege zu lösen, in den ersten siebzig Jahren des 19. Jahrhunderts davon aus, den Sklavenhandel zu stoppen, die Immigration Weißer anzukurbeln, ihnen die Möglichkeit zum Erwerb eines Kleinbesitzes zu bieten und auf eine langsame Vermischung zwischen freien Unterschichten sowie schwarzen Sklaven hinzuarbeiten. Die Angriffe dieser reformorientierten Gruppierungen konzentrierten sich noch nicht auf die Institution Sklaverei selbst, obwohl die meisten sie für inhuman hielten. Bis zum ersten Unabhängigkeitskrieg gab es auf Kuba nur wenige Stimmen, die für die Aufhebung der wirtschaftlich ungewöhnlich erfolgreichen Sklaverei zu argumentieren wagten.

Der Zehnjährige Krieg und Spaniens letzte Chance

Kuba – eine gute Kolonie?

Der Annexionismus der kreolischen Eliten war etwa 1855 abgelöst worden durch ein neues – und von Spanien gefördertes – Erstarken der reformistischen Bewegung, die sich ebenso auf die Oberschichten stützte. Leopoldo O'Donnell, 1843–1848 Generalkapitän Kubas, wurde von 1858 bis 1863 der starke Mann in Madrid. Gemeinsam mit hohen Militärs, die ebenfalls bedeutende Rollen in der Kolonialpolitik gespielt hatten bzw. noch spielen sollten und mit Kubanerinnen aus der kreolischen Oligarchie verheiratet waren, gründete er den *Partido Unión Liberal*. In dieser Partei wurde der Schulterschluß zwischen kreolischen Reformisten und hispano-kubanischen Integristen angestrebt. Die wichtigsten «Kubaner» in der spanischen Politik waren José Gutiérrez de la Concha, von 1850 bis 1852 Generalkapitän und danach noch zweimal oberster Kolonialbeamter, Francisco Serrano, Duque de la Torre, 1859 bis 1862 Generalkapitän der Insel, und Domingo Dulce y Garay, 1862 bis 1866 sowie 1869 Generalkapitän.

Als kubanischer Ableger der *Unión Liberal* bildete sich der sogenannte *Círculo Reformista*. Schließlich institutionalisierte sich dieser Kreis zu Beginn der sechziger Jahre des 19. Jahrhunderts zum *Partido Reformista*. 1865 wurde Francisco Serrano, der «hübsche General», Präsident des spanischen Senats. Er betonte in seinen Reden immer wieder die Notwendigkeit von Reformen. Kuba sollte das Beispiel einer guten Kolonie werden, da sowohl Frankreich wie auch Spanien sich unter dem Schlagwort der Latinität – deshalb auch der Neologismus «Lateinamerika» – verstärkt um Einfluß in den ehemaligen Kolonialgebieten bemühten. Die kubanische Reformpartei publizierte daraufhin ein Manifest und organisierte eine Unterschriftenaktion, die mehr als 24 000 Unterschriften erbrachte, unter ihnen fast die gesamte kreolische Oberschicht Kubas. Das Manifest unterbreitete Vorschläge für eine Reihe ökonomischer Reformen, forderte das Ende des Sklavenhandels und die Vertretung Kubas in den *Cortes* von Madrid. Daraufhin wurde Ende 1865 eine *Junta de Información* gebildet, die sich von 1866 bis April 1867 in Madrid unter Beteiligung einer kubanischen Delegation sowie einer Abordnung aus Puerto Rico beriet. Die Junta scheiterte, weil 1866 die konservativen *Moderados* in Spanien unter General Narváez zum Zuge kamen. Francisco Serrano wurde verbannt. Narváez schickte den stupiden Militär Francisco Lersundi als Generalkapitän (1866, 1867/68) nach Havanna. Von den Vorschlägen der Kubaner und *Portoriqueños* wurde nur der der neuen direkten Steuern aufgenommen, die zwar die ungeliebten indirekten Abgaben ablösten, aber als Kopfsteuer die weniger Wohlhabenden und Armen stärker als die Wohlhabenden treffen mußten. Dazu kam noch eine schlechte Zuckerernte im Jahr 1867.

Rebellen und Separatisten

1868 sanken die Hoffnungen auf einen neuen Reformschub, der, wie 1815–1825, die Situation hätte entspannen können, gegen Null. Die klassische Krisensituation war da, und die Nachrichten überschlugen sich. In Spanien begann die *Gloriosa*, die Revolution von 1868, mit dem Aufstand der Kriegsflotte in Cádiz und der Flucht Königin Isabellas. In Amerika waren spanische Angriffe gegen Chile und Peru sowie die Wiederbesetzung von Santo Domingo (1860–1865) gescheitert. Das mexikanische Abenteuer europäischer Monarchien hatte 1867 mit der Erschießung Kaiser Maximilians geendet, aber wer unter den Zeitgenossen konnte wissen, ob Frankreich und Spanien sich nicht nochmals zu ähnlichen Aktionen entschließen würden? Kuba hätte dann wieder eine Rolle als kolonialer Brückenkopf spielen müssen.

Auf Kuba griff Unwillen über die Beschneidung der Autonomie der *Cabildos* und neue Steuern, die fast vollständig nach Spanien abflossen, sowie über das Scheitern der Reformen überhaupt um sich. Der entschlossene Freimaurer, *Hacendado* und Rechtsanwalt Carlos Manuel de Céspedes y Castillo ergriff am 10. Oktober 1868 mit dem *Grito de Yara* die Initiative. Er übernahm damit die historische Verantwortung für die Erhebung im Ostteil der Insel. Die *Orientales* glaubten, das wirkliche, das kleine Kuba (auch wenn sie es so nicht formulierten) gegen die Spanier und gegen das Vordringen der Sklaverei des Occidente verteidigen zu müssen. Die Spanier wurden aus Bayamo vertrieben, und der Aufstand weitete sich schnell aus zu einem langwierigen Krieg gegen Madrid. Von Oktober 1868 bis zum Frühjahr 1869 begannen die Kämpfe in Oriente und in Las Villas. Am 4. November 1868 rebellierten in Camagüey Separatisten unter Ignacio Agramonte und seinem Bruder Eduardo, Salvador Cisneros Betancourt, Francisco Sánchez Betancourt sowie Antonio Zambrana. In Las Villas folgten am 7. Februar 1869 Miguel Jerónimo Gutiérrez, Eduardo Machado und Carlos Roloff. Wichtige Wurzeln des entstehenden kubanischen Heeres (*Ejército Mambí*) bildeten *Guajiros*, Sozialrebellen, geflohene Sklaven und Banditen. Mit *Cimarrones*, Sklaven und der Bergbevölkerung von Oriente allerdings kam es auch zu Schwierigkeiten, weil die führenden Aufständischen den weißen Oberschichten angehörten. Erst nach und nach gewannen die Separatisten mit der Oriente-Infanterie und der Kavallerie aus den Viehzüchterregionen von Camagüey und Las Villas die Fähigkeit zu konzentrierten militärischen Schlägen.

Im Januar 1869 mußten die Rebellen allerdings wegen der Niederlagen gegen den Grafen von Valmaseda Bayamo verlassen. Die Stadt wurde von Anwohnern in Brand gesetzt. Aus diesem Anlaß schrieb Perucho Figueredo die Hymne *Bayamesa* mit den heroischen Anfangszeilen: «Zu den Waffen eilt, Bayameses, das Vaterland sieht euch mit Stolz», die zur Nationalhymne Kubas wurde. Die kubanischen Truppen mußten sich an das Leben im Busch gewöhnen, als *Mambises*, eine Benennung, die auf eine ursprüngliche Bezeichnung für Banditen zurückgeht.

Mit der Ausweitung des Aufstandes kam es sehr schnell zu Auseinandersetzungen um die Führungsvorstellungen von Céspedes, der sich nach spanischer Tradition *Capitán General del Ejército Libertador de Cuba* titulierte. Céspedes forderte eine einheitliche politisch-militärische Führung, den *Mando único*. Andere Politiker, die zunächst fast alle keine Militärs waren, traten für die Trennung der Gewalten ein. Der Gegensatz, in dem auch regionale Unterschiede zum Ausdruck kamen, fand seine Personifizierung in Carlos Manuel de Céspedes aus Oriente und Ignacio Agramonte aus Puerto Príncipe. In Camagüey hatte man föderalistische Vorstellungen. Die großen Viehhalter dort waren Abolitionisten, weil sie kaum Sklaven benötigten und ihre Hausklaven als Burschen mit ins Feld nahmen. So proklamierte denn auch die dortige konstitutionelle Versammlung, die *Asamblea del Centro*, als erste die Aufhebung der Sklaverei. Céspedes zog am 27. Dezember mit einem widersprüchlichen Dekret über die Sklaverei nach.

In Guáimaro/Camagüey versammelten sich die verschiedenen Separatistengruppen und begründeten einen Gegenstaat. Im April 1869 wurde die Verfassung von Guáimaro verkündet und die Repräsentantenkammer, das Parlament, sowie die Regierung der *República en Armas*, der «Republik in Waffen», gebildet. Die Vertreter der Viehzüchter aus Camagüey setzten ihre Vorstellungen weitgehend durch. Die Verfassung ordnete die exekutive Gewalt des Präsidenten Céspedes der legislativen Gewalt des Parlaments unter. Zum Präsidenten der Kammer wurde der ehemalige Annexionist Salvador Cisneros Betancourt gewählt. Der Verfassunggebende Kongreß bestimmte nicht nur die nationalen Symbole (Nationalflagge und Wappen), sondern besetzte auch fast alle wichtigen Posten mit Opponenten von Céspedes. Die cespedistischen Vorstellungen vom *Mando único* kamen aber gewissermaßen durch die Hintertür wieder ins Spiel. Céspedes heiratete nämlich 1869 die Schwester des Kriegsministers Quesada, Ana de Quesada. Daraufhin fürchteten die Abgeordneten Allianz und Diktatur der Schwager. Die Kritik der Legislative, aber auch der mächtigen *Caudillos* der Regionen konzentrierte sich zunächst auf Quesada. Er wurde von der Kammer, die unter militärischem Schutz oder – je nach Perspektive – Kontrolle von Agramonte stand, im Dezember 1869 abgesetzt. Danach erfolgte die Besetzung des Kriegsministerpostens nur noch sporadisch, vor allem weil die regionalen und lokalen Militärchefs dies nicht duldeten. Große militärische Aktionen mußten so fast unmöglich werden. Céspedes sandte Quesada als seinen Spezialagenten nach New York, wo sich zu Propagandazwecken und wegen der Ausrüstung von Expeditionen schon Miguel Aldama, der reichste Mann Kubas, sowie der Altverschwörer Francisco Vicente Aguilera befanden. Die Emigranten in den USA spalteten sich bald in Aldamistas und Quesadistas auf und paralysierten die Arbeit. Seit Mitte 1873 kamen keine Expeditionen mehr, auch weil die USA die Gegenrepublik nicht anerkannte.

In ihren Auffassungen über die Sklaverei setzten sich die Kongreßteilnehmer um Agramonte weitgehend durch, zumindest was die entscheidenden Passagen der programmatischen Dokumente und die Rhetorik der Freiheit betraf. Die Verfassung von Guáimaro erklärte in ihrem Artikel 24: «Alle Einwohner der Republik sind völlig frei» und verfügte zugleich im Artikel 25: «Alle Bürger der Republik sind Soldaten des Befreiungsheeres.» Die Gleichberechtigung der Frauen wurde nicht proklamiert. Um die Interessen der Sklaveneigentümer nicht übermäßig zu verletzen, wurde 1869 ein *Reglamento de Libertos* erlassen. Dieses verfügte eine Art Militärsklaverei. Dabei verkam die Arbeits- und Dienstpflicht oftmals zu einer versteckten Ausbeutung ehemaliger Sklaven durch die kubanischen Militärchefs. Viele Sklaven zogen wegen der Herrenmentalität der Kubaner vor, auf spanischer Seite zu bleiben. Dort wurden sie und andere – eventuell gefangengenommene – Sklaven entweder diskret zu ihren Herren zurückgeschickt oder in die spanischen Guerillas eingegliedert. Der Militärdienst bedeutete nicht automatisch die Freilassung, so daß auch die spanische Seite über Sklavensoldaten verfügte. Obwohl Céspedes in dem Dekret vom Dezember 1868 geflohene Sklaven für frei erklärt hatte, wenn sie sich den kubanischen Autoritäten unterordneten, hielten viele von ihnen es für besser, sich aus dem Konflikt der Weißen ganz herauszuhalten. Weiße Aufständische wie weiße Verteidiger des Kolonialstatus und schwarze Sklaven oder *Cimarrones* hatten oft völlig unterschiedliche Vorstellungen von Freiheit und Disziplin.

Unabhängigkeitskrieg 1868–1880

Eines der Hauptprobleme des Krieges auf Seiten der *Mambises* stellte die Frage dar, wie der Westteil der Insel in den Unabhängigkeitskrieg einzubeziehen sei und wie man sich gegenüber den kubanischen Sklaven- und *Ingenio*-Besitzern verhalten solle. Die Erfahrungen der Anfangsphase vertieften schnell die Konflikte innerhalb der Führungsgruppe der Separatisten. Der romantisch-radikale Agramonte trat zurück. Aber auch die spanische Gegenseite mußte ihre Politik ändern. Lersundi hatte seinen Stellvertreter, Graf Valmaseda, mit den verfügbaren Truppen gegen die Aufständischen in Marsch gesetzt. Die unversöhnliche Linie spanischer Politik, vertreten durch die Anhänger der in Spanien gestürzten Königin, kam in Oriente zum Zuge. In Havanna übernahm dagegen im Januar 1869 nochmals der liberale General Dulce die Regierung. Er nahm

Verbindung zu den Reformisten auf, schlug moderate Töne an und versprach neue Reformen. Ende 1868 hatte sich in Havanna eine *Junta de Laborantes* gebildet. *Laborantes* wurden alle Zivilisten genannt, die die *Mambises* unterstützten. Die Junta wurde von Reformisten gebildet, die einerseits mit den Rebellen sympathisierten, andererseits aber versuchten, den Druck des Aufstandes für Umgestaltungen auszunutzen. Sie forderte die *Mambises* auf, vom Inselwesten fernzubleiben und die Sklaverei nicht aufzuheben. Doch die Zeit der Reformen war vorüber.

Noch unter Lersundi hatten sich *Casinos Españoles* gebildet, politische Klubs, die die Interessen der großen Gruppe von Kuba-Spaniern an einem spanischen Kuba vertraten. Die hispano-kubanische Elite, die diese spanische Gegenbewegung anführte, hatte ihre wirtschaftliche Macht beiderseits des Ozeans organisiert und verfügte über beste Verbindungen sowohl zu den Kolonialautoritäten auf Kuba als auch zu konservativen Kräften in Spanien. Durch sie konzentrierte sich die Kolonialmacht nicht mehr nur in Madrid, sondern auch in Havanna. Die Institution der Freiwilligen (*Cuerpo de Voluntarios de la Isla de Cuba*), die sich aus Kuba-Spaniern zusammensetzte, wurde wiederbelebt. Die Milizen der *Voluntarios* zählten bald 40000–70000 Mitglieder und rekrutierten sich vorwiegend aus Handelsangestellten und Tabakarbeitern; zunehmend wurden aber auch Lumpenproletarier aus den Städten eingeschrieben. Sie machten gegen die moderate Politik von Dulce und die Reformisten der kreolischen Oberschicht Front.

Da die fremden Herren 1868 nur über 7000 Soldaten verfügten und wegen der Revolution in Spanien nicht auf Unterstützung durch Madrid rechnen konnten, mußten sie den Freiwilligenmilizen weitgehend freie Hand lassen. Bald kam es zu offenen Auseinandersetzungen zwischen *Voluntarios* und *Laborantes*, die in offenem Terror gegen die Kubaner gipfelten. Die *Voluntarios*, denen unter anderem auch Ehrenkompanien der französischen und deutschen Kaufleute und Handlungsgehilfen angehörten, übernahmen durch einen Putsch faktisch die Macht in Havanna und zwangen den liberalen Generalkapitän Dulce, von seiner Reformpolitik abzugehen. Verurteilungen wegen *Infidencia* (Vaterlandsverrat), Deportation, Konfiskation und Erschießungen waren an der Tagesordnung. Die spanischen Liberalen erlitten ihre erste große Niederlage nicht in Madrid oder Cádiz, sondern im spanischen Kuba.

Die *Voluntarios* schützten die Städte, die Plantagenzonen sowie die Infrastruktur. Gestützt auf sie, konnte General Valmaseda seine Offensive fortsetzen, ab Dezember 1870 im Rang des Generalkapitäns. In Camagüey brachte er den Aufstand 1871 fast zum Erlöschen, und in Oriente gelang es ihm, die Rebellen in den Busch, die Manigua, zurückzudrängen. Zu dieser Zeit war die Zahl der spanischen Truppen schon auf 55 000 Mann angewachsen, und neben den *Voluntarios* standen nochmals etwa 30 000 irreguläre *Guerilleros*, kreolische Bauern und Sklaven, zur Verfügung. Als die militärische Kontrolle Kubas gesichert schien, wurden die *Voluntarios* allerdings bald nach Haus geschickt. In Spanien wurde ein Gesetz angenommen, in dem es in Artikel 3 heißt: «Alle Sklaven, die unter der spanischen Fahne dienten oder auf irgendeine Art den Truppen in der gegenwärtigen Insurrektion geholfen haben, sind für frei erklärt.» Um diesem Druck zu widerstehen, mußten die Aufständischen eine Programmatik entwickeln, die breite soziale Kräfte ansprach.

Einen ersten Schritt zum Abolitionismus verfügte die kubanische Regierung 1870 mit der Aufhebung des Reglements der Freigelassenen. Noch radikaler setzte sich dieser Charakter in der militärischen Strategie durch. Die Militärs begannen mit der Zerstörung der Plantagen und dem Abbrennen der Zuckerrohrfelder sowie der Freilassung der Sklaven. Diese Politik (die *tea revolucionaria*), die Céspedes nach einigem Zögern befürwortete, wurde vor allem von Antonio Maceo und Máximo Gómez betrieben. Sie führte im separatistischen Lager zur Entzweiung zwischen Befürwortern und Ablehnern und trieb die kreolischen *Ingenio*-Besitzer in die Arme der Spanier. Die Konflikte nahmen zu und führten zur Absetzung von Céspedes (27. Oktober 1873). Interimspräsident wurde der wesentlich konservativere Salvador Cisneros Betancourt. Carlos Manuel de Céspedes wurde am 27. Februar 1874 auf seinem Ruhesitz von Spaniern überrascht und getötet. Der einflußreiche General Calixto García Iñiguez geriet am 5. Oktober 1874 bei Bayamo in spanische Gefangenschaft.

Die größte Belastung stellten aber auf Dauer – weil die reale Macht eben die militärische war – die Konflikte unter den Militärchefs dar. Máximo Gómez und Vicente García oder auch Calixto García und Antonio Maceo waren namhafte Vertreter unterschiedlicher Strategien. Im Falle des Mulatten Maceo spielte auch immer das Rassenproblem eine wichtige Rolle. Máximo Gómez bevorzugte eine taktisch eher vorsichtige Vorgehensweise. Er suchte die Spanier in ihren Gebieten und beschäftigte sie monatelang durch Ermüdungsmärsche, vor allem in den heißesten Monaten des Jahres. Die Spezialität von Vicente García dagegen war eine aktive regionale Kampfesweise. Er erwartete den Gegner und überfiel dessen Nachschub oder legte Hinterhalte.

Höhepunkt und Niedergang

Die folgende Etappe zeichnete sich durch eine Ausweitung der Zonen, in denen Krieg geführt wurde, aus, so daß man von überregionalen Konzentrationen des Befreiungsheeres unter eigenen Generälen sprechen kann. Zum Meister dieser Kriegsführung wurde Gómez, die besten Verbündeten waren Klima, Terrain und Krankheiten. Ein berühmter Ausspruch von Gómez lautet: «Meine drei besten Generäle: Juni, Juli und August». Mit Máximo Gómez und Antonio Maceo setzten sich zeitweilig die radikalen Generäle mit einer Strategie durch, die *Invasion del Occidente* genannt worden ist. Hiermit waren die Eroberung des Westens durch den Osten und die Durchsetzung der sozialen Paradigmen des Oriente im ganzen Lande gemeint. Nach einigen Vorbereitungen begann Máximo Gómez Anfang 1874 die erste Invasion. Er überwand die *Trocha*, eine limesartige Militärlinie über die Insel, mit dem Ziel, den Krieg in den Westen zu tragen und die Sklaven zu befreien.

Militärisch war Gómez zunächst sehr erfolgreich. Spanier und kreolische Integristen in Havanna glaubten die Rebellen schon ante portas. Diese erreichten die Zentralprovinz Las Villas und konnten sich dort einige Zeit halten. Alsbald machten allerdings die wieder auftretenden Konflikte in der Führungsgruppe des Befreiungsheeres, die geringe Autorität der zentralen politischen Führung sowie die regionalen, sozialen und ethnischen Widersprüche die militärischen und politischen Erfolge zunichte und leiteten die Niedergangsphase des Unabhängigkeitskrieges ein. Offiziere und Truppen aus Las Villas weigerten sich, den Oberbefehl Maceos und anderer Offiziere aus Oriente anzuerkennen. Schließlich proklamierten die lokalen Kräfte in Las Villas den gebürtigen Polen Carlos Roloff Mialowski zum Befehlshaber. Gómez trat zurück und verließ im

November 1876 das Zentraldepartement. Zumindest hatte durch den entschlossenen Ausgriff nach Westen die territoriale Basis des «freien Kuba», die ländlichen Gebiete Orientes und Camagüeys, zeitweilig so gesichert werden können, daß sich die kubanische Regierung nicht fortwährend auf der Flucht befinden mußte. Aber die Führung der Separatisten verzehrte sich in Konflikten und begann sich aufzulösen. Die regionalen Militärchefs führten nach dem Mißerfolg der Invasion Krieg auf eigene Faust.

Mittlerweile hatte in Spanien das kurze Zwischenspiel Republik (1873–1874) sein Ende durch einen Militärputsch gefunden und Alfonso XII. von Bourbon den Thron bestiegen. Die Kämpfe fanden ein Ende. Ein neuer Militärbefehlshaber, Arsenio Martínez Campos, kam mit 40000 kriegserfahrenen Soldaten nach Kuba. Alles in allem verfügten die Spanier damit in Kuba über eine viertel Million Mann unter Waffen. Die *Mambises* zählten zu besten Zeiten kaum über 20000 Mann, zwei Drittel davon Farbige, und etwa noch einmal soviel Troß- und Versorgungsmannschaften sowie Frauen und Kinder, die für die Subsistenz sorgten.

Martínez Campos konnte zunächst die wichtigsten Erfolge für Spanien in ebender für die Kubaner schwierigsten Region verbuchen – in Las Villas. Mit zahlreichen Truppen kesselte er kubanische Einheiten ein. Zugleich bot er den Regional- und Lokalchefs Verhandlungen über «Frieden ohne Unabhängigkeit» an. Ein Erschöpfungsfrieden zeichnete sich ab. Das zentralisierte spanische Militärsystem stellte sich immer besser auf den Krieg ein, während auf kubanischer Seite die Strukturen zerfielen und der Glaube an den Widerstand oder gar Erfolg zunehmend erlahmte. Präsident Estrada Palma hatte Máximo Gómez Ende 1876 zum Kriegsminister bestallt. Gómez sah sich in immer stärkerem Maße Ungehorsamkeiten und Rebellionen patriotischer Militärchefs gegenüber, die oftmals auf Vicente García zurückgingen, hinter dem, allerdings weniger offen, weitere Militärchefs opponierten. Ihr Ziel war, Antonio Maceo durch García im Amt des Oberbefehlshabers von Oriente zu ersetzen. Im Mai 1877 verbreitete dieser eine Proklamation mit der Forderung nach Reform der Verfassung und ließ seine Soldaten per Akklamation die Rückkehr in ihre Heimatregion beschließen. Seine Aktionen fanden in der Repräsentantenkammer Anhänger, aber die Regierung war zu schwach, um eine bestimmte Richtung zu unterstützen. Präsident Estrada Palma wurde im

Oktober 1877 gefangengenommen, der Parlamentspräsident, Eduardo Machado, wurde getötet. Gómez trat vom Posten des Kriegssekretärs zurück. Der Dominikaner machte keinen Hehl mehr aus seiner Meinung, daß der Krieg beendet werden müsse.

Cuba Libre befand sich in Auflösung, als das Parlament schließlich Anfang 1878 Vicente García zum Präsidenten der Republik in Waffen wählte. Das sogenannte *Decreto Spotorno*, das die Todesstrafe auf eigenmächtige Verhandlungen mit den Spaniern festschrieb, wurde aufgehoben. Zu gleicher Zeit kam die Nachricht von der Kapitulation einer Reihe von Militärchefs und Deputierter in Camagüey. Am 10. Februar 1878 nahm Martínez Campos die Bedingungen der kubanischen Seite für einen «Frieden ohne Unabhängigkeit» an. Beim Bekanntwerden dieser Nachricht gaben schlagartig nahezu alle kubanischen Militärchefs dem *Pacto de Zanjón* ihre Zustimmung. Der Zusammenbruch war fast vollständig. Der Zehnjährige Krieg und die erste Unabhängigkeitsrevolution der Kubaner schienen zu Ende. Nur die Truppen in den gebirgigen Zonen von Santiago de Cuba, Guantánamo und Baracoa, die unter der Kontrolle von Antonio Maceo standen, und die in Las Tunas unter Vicente García sowie die von Ramón Leocadio Bonachea in Las Villas blieben unter Waffen. Der mulattische General Maceo lehnte im «Protest von Baraguá» den Kompromißfrieden ab.

Zur Niederlage geführt hatten die internen Konflikte, die Erschöpfung, der Hunger und überdies das chronische Fehlen von Ressourcen und Waffen sowie Menschen. Seit 1873 hatten die Kubaner keine Waffenlieferungen von außerhalb mehr erhalten.

Dazu kamen auf spanischer Seite die Humanisierung der Kriegsführung und die politische Klugheit von Martínez Campos, die kubanischen Militärchefs nicht in die Enge zu treiben und ihnen alle Wege für einen ehrenvollen Kompromiß zu öffnen. Der Zehnjährige Krieg scheiterte an der mangelnden Koordination im zentralen Machtbereich, an Regionalismus und Lokalismus wichtiger Militärchefs, an Konflikten um die soziale Tiefe der Transformation, an Differenzen um die Form der Regierung sowie an den Auseinandersetzungen zwischen Militärs und Zivilisten.

Die radikalsten Separatisten führten in der *Guerra Chiquita*, dem kleinen Krieg, bis 1880 Kämpfe gegen die spanischen Truppen in der Hoffnung, die Auslandskomitees könnten eine größere Expedition zur Unterstützung schicken. Operationen in Las Villas konnten den Osten zunächst ein wenig entlasten. Am 10. Juni 1880 aber legten die Aufständischen endgültig die Waffen nieder. Der Konflikt wurde von den Spaniern als Rassenkrieg propagandistisch ausgeschlachtet, weil sich unter den Kämpfern viele Schwarze fanden.

Der für die Zukunft wichtigere Vorgang war der Beginn eines umfassenden Parteibildungsprozesses aus Verschwörergruppen, Gesellschaften und Clubs in Kuba sowie aus Emigrantenorganisationen vor allem in den USA und in lateinamerikanischen Staaten, der die Militärs einzubeziehen suchte. Wie schwierig dieser Prozeß unter dem Eindruck der Niederlage war, zeigt sich daran, daß er erst 1892 in die Bildung des *Partido Revolucionario Cubano* (PRC) unter der Leitung von José Martí mündete.

Das unmittelbare Ergebnis des Zehnjährigen Krieges war der *Pacto de Zanjón*. Diesen Pakt muß man auch bei der Beurteilung der Ergebnisse des Krieges und der politischen Situation des Waffenstillstandes, der *Tregua*, zugrunde legen, wie die Periode 1878–1895 in der kubanischen Geschichtsschreibung genannt wird. In erster Linie ist festzuhalten, daß der *Pacto* oder *Convenio* de jure eine – wenn auch sehr verschämte – Anerkennung der Separatisten als politische Wortführer der kreolisch-kubanischen Gesellschaft durch die Spanier darstellte. Die Kubaner wurden damit in einem Vertrag als Gemeinschaft anerkannt, die sich durch ihre Interessen von der spanischen unterschied. Da die im Befreiungsheer dienenden Sklaven und chinesischen Kulis als frei anerkannt wurden, galten die Aufständischen auch als diejenigen, die diesen Gruppen die Freiheit verschafft hatten. Rund 16 000 ehemalige Sklaven, unter ihnen auch diejenigen, die auf spanischer Seite gedient hatten, wurden zu *Libertos*. Um das nach 1878 weiter flackernde Feuer des sozialen Krieges auszulöschen, war der im Karlistenkrieg erfahrene Martínez Campos sogar so weit gegangen, nicht nur entlassenen spanischen Soldaten, *Voluntarios* und Kubanern, die Spanien unterstützt hatten, sondern auch landlosen *Mambises* die Besetzung und Bearbeitung von Königsland, vor allem in Camagüey und Oriente, zu erlauben. Dazu proklamierte er Straffreiheit für alle politischen und militärischen Aktionen im Krieg und gestand Kuba den gleichen politischen Status wie Puerto Rico zu, mit begrenzter Pressefreiheit und politischen Parteien (nach der Verfassung von 1876), obwohl Puerto Rico zu diesem Zeitpunkt gerade unter Ausnahmegesetzen regiert wurde. Die Provinz- und Munizipalgesetze Spaniens wurden übernommen.

Durch königliches Dekret vom 15. Juli 1878 wurde Kuba zur überseeischen Provinz Spaniens erklärt mit Vertretung in den *Cortes*. Die Unterteilung der Insel erfolgte in sechs Provinzen: Pinar del Río, Habana, Matanzas, Santa Clara, Puerto Príncipe, Santiago de Cuba. Aber Kuba blieb trotzdem Kolonie. Die Macht lag beim Generalkapitän, der zugleich oberster Zivilgouverneur war. Bezüglich der Trennung von Spanien schieden sich in der kubanischen politischen Kultur dieser Nachkriegszeit diejenigen, die den Vertrag von Zanjón anerkannt hatten (*Zanjoneados*), von denen, die weiter für die absolute Unabhängigkeit eintraten. Letztere sahen die Zeit zwischen 1878/80 und 1895 wirklich nur als einen Waffenstillstand an. In den kubanischen Mittelklassen, sowohl in den weißen wie in den farbigen Schichten, bildeten sich Gruppen, die in Vereinen und Klubs das künftige Schicksal der Insel debattierten.

Der Zehnjährige Krieg wirkte sich katalysierend auf die ökonomische und soziale Umwandlung der kubanischen Gesellschaft aus. Die Zahl der großen Viehzüchter des Ostens war durch Tod, Verschuldung oder Emigration stark gesunken. Die Zerstörungen in den Kampfzonen – vor allem in Puerto Príncipe – und die Unrentabilität der Zuckerproduktion in anderen Gebieten angesichts der Rübenzuckerkonkurrenz – es fehlte das Kapital für die notwendige Modernisierung – führten zur Zentralisierung. Die stark gestiegenen Sklavenpreise und das Ende des Menschenhandels bildeten starke Motive für die schrittweise Aufhebung der Sklaverei (1870–1886). Spanien betrieb eine massive Hispanisierungs- und Immigrationspolitik, um ein Vakuum auf dem Arbeitskräftemarkt nicht erst entstehen zu lassen. Schiffsladung um Schiffsladung landeten Spanier auf der Insel. Nicht irgendwelche, sondern bitterarme, aber sehr arbeitswillige und bigotte Asturier und Galicier. Sie arbeiteten hart und lange für Dumpinglöhne, zudem waren es in der Mehrzahl unverheiratete junge Männer.

Von den bereits prosperierenden Zuckerregionen Zentralkubas, vor allem von Cienfuegos und der Region um Sagua la Grande ausgehend, expandierte die Zuckerproduktion in Richtung Osten. Dort war Platz entstanden für neue Investitionen. Die Sklaverei schien nur noch auf den größten und modernsten Gütern rentabel. Als Wirtschaftsform blieb sie effizient. Zugleich war sie moralisch verschlissen und hatte sich sozusagen aus der Öffentlichkeit zurückgezogen. 1880 wurde das Patronat, ein Abolitionsgesetz, erlassen, das die Interessen der Besitzer nicht allzusehr verletzen sollte, aber zugleich die des Staates und der Sklaven an der Aufhebung berücksichtigte. Das Patronat sah für die Sklaven nun eine Lehrzeit bei ihren Herren vor, in der sie für ihre Arbeit Minimallöhne erhielten. Als klar war, daß die Abolition diesmal ernst gemeint war, wurde die verschleierte Sklaverei allerdings schon 1886 endgültig aufgehoben, da sich viele Sklaven, besonders auch Sklavinnen, freikauften und die Herren selbst nicht mehr an eine Zukunft der Sklaverei glaubten. Nach der Abschaffung der Sklaverei migrierten viele Freigelassene nach Osten, in die Provinz der Freiheit, nach Oriente. Viele *Libertos*, vor allem aus der Provinz Las Villas, blieben indes auch in den Zonen modernster Zuckerproduktion, wo einige von ihnen als Stammarbeiter Haus und Garten erhielten. Eine multiethnische Zuckerarbeiterschaft entstand. Zugleich bildeten sich neue Grenzansiedlungen und -ökonomien auf Subsistenzbasis in den bisher unerschlossenen Zonen des Inselostens und an der Grenze zur Ciénaga de Zapata.

Die Plantagenwirtschaft der mechanisierten *Ingenios* bzw. der immer noch vorhandenen *Trapiches* mußte nach und nach einer neuen Organisation der Zuckerproduktion weichen. Hochmoderne *Centrales* entstanden, die preiswerten braunen Rohzucker als Ausgangsprodukt für die Raffinerien in den USA herstellten. Das notwendige Zuckerrohr wurde von *Colonos* gekauft. Diese, eine in sich differenzierte bäuerliche Gruppe, produzierten das Ausgangsprodukt für die Zuckerherstellung auf eigenes Risiko oder als Pächter der *Centrales*. Als Landarbeiter waren dort neben Spaniern und ehemaligen Sklaven bitterarme Immigranten aus Yukatan, Jamaika oder Haiti, ja selbst aus Westafrika beschäftigt. 1890 wurden schon 50% des Zuckers im System *Centrales-Colonos* produziert.

Die letzte Chance

Nach dem Krieg kam es zur Entstehung einer neuen politischen Kultur, getragen durch ein breites Panorama von Vereinen und Organisationen. Im Juli 1878 entstand der *Partido Liberal* als Organisation des neuen Reformismus, oft auch *Partido Autonomista* genannt. In dieser Partei sammelten sich die moderaten Kritiker der spanischen Herrschaft. Ihre soziale Basis bildeten *Hacendados*, Viehhalter und Freiberufler. Institutionell wurde sie durch den *Círculo de hacendados y agricultores* sowie den *Centro de propietarios* unterstützt. Einige prominente Separatisten wechselten in dieses Lager. Der Autonomismus forderte gleiche Rechte für Kubaner unter der spanischen Verfassung von 1876, die Autonomie der Insel, Trennung von oberster politischer und militärischer Gewalt und die Änderung des Wahlsystems bei Erhaltung des Imperiums. Ziel waren die Dominanz der Kubaner über lokale Institutionen und die Selbstregierung. Die von den Autonomisten angestrebte Reformvariante ist bis heute am wenigsten erforscht; die 15 Jahre zwischen 1880 und 1895 liegen im Schatten des Krieges 1895–1898 und werden in der heute vorherrschenden Tradition gewaltsamer Umstürze als Schwäche abgetan.

Die Anhänger der Kolonialherrschaft formierten sich in der *Unión Constitucional* und bezeichneten sich als *Integristas*, weil sie die spanische Herrschaft über Kuba vollständig und in der bisherigen Form erhalten wollten. Alle neuen Organisationen durften relativ frei agieren, solange sie nicht offen gegen Spanien kämpften oder die Unabhängigkeit propagierten. Es herrschte gemäßigte Pressefreiheit; neue Zeitungen und Zeitschriften erschienen; Lyzeen, Ateneos, Tertulias, Juntas, Vereine und Medien dienten Veteranen des Krieges oft als legaler Schutzschild. Es sammelten sich in ihnen aber auch die Verteidiger des Status quo, vor allem in den *Casinos Españoles*. Oftmals übernahmen diese Vereine die Bildung für die Kinder ihrer Mitglieder. 1887 gab es 783 Schulen. 64,89% der Weißen und 87,72% der farbigen Bevölkerung waren Analphabeten.

Eine Art Rechtsstaatlichkeit auf Basis einer Reihe von Gesetzbüchern (Straf-, Zivil- und Handelsgesetzbuch) entwickelte sich. Allerdings ist auch der Ausspruch des spanischen Überseeministers bekannt: «Autonomie, nie, nie und nie». Das Wahlsystem war seit 1878 mit einer Steuerzahlung von 25 Pesos für Parlamentswahlen sowie 5 Pesos für Munizipal- und Provinzialwahlen verbunden worden. Es war auf besitzende Schichten zugeschnitten. 25 Pesos Steuern waren viel Geld, und kaum ein Landarbeiter brachte die 5 Pesos auf. Die Kubaner zahlten jährlich 30 Millionen Pesos Steuern, doppelt soviel wie die Spanier. Zumeist waren es indirekte

Steuern, vor allem aufgrund der Umlage der hohen Zölle auf die Verbraucherpreise. 20 000 spanische Beamte erhielten Gehälter. Die Zölle der florierenden Exportwirtschaft dienten auch zur Deckung der Schulden, die für die Kriegsführung hatten aufgenommen werden müssen.

Eines der wichtigsten Elemente der neuen politischen Kultur bildeten Organisationen der Schwarzen und Farbigen. Eine starke Bevölkerungsgruppe von etwa 500 000 Menschen war im weitesten Sinne afrikanischer Abkunft. Auf der einen Seite gab es noch etwa 13 000 Frauen und Männer, die einst als *Bozales* aus Afrika gebracht worden waren. Sie lebten vorwiegend auf dem Land und waren hauptsächlich Vertreter der Lucumí- und Congotradition afrokubanischer Kultur. Auch viele ehemalige Kreolsklaven blieben in der Zuckerwirtschaft. Auf der anderen Seite stand die einflußreiche Schar der altfreien Farbigen. Diese städtische Gruppe von Mulatten und Schwarzen hatte um 1880 wieder die gleiche Bedeutung erlangt wie schon um 1843/44. Unter den Separatisten und Independentisten fanden sich farbige Persönlichkeiten wie Juan Gualberto Gómez, Martín Morúa Delgado – der zeitweilig Autonomist war –, Rafael Serra und viele andere. Sie vertraten entweder das eher mulattische Konzept der individuellen «Einweißung durch Bildung» oder betonten zwar auch die Erziehung und Bildung, wollten aber bestimmte Werte ihrer «Rasse» – worunter sie alle Abkömmlinge von Afrikanern faßten – beibehalten.

In ihren Organisationen und Vereinen spiegelten sich die vielfältigen Unterschiede der Afrokubaner wider. Die «Afrikaner» sammelten sich weiterhin in den *Cabildos de Nación*. Von der Kolonialverwaltung und den großen Parteien, aber auch von den farbigen Wortführern wurden diese oft als Horte barbarischer Bräuche angesehen, weil man von ihnen Gefahren für die Integration der Exsklaven befürchtete. Aus vielen *Cabildos* bildeten sich seit 1878 Vereine zur gegenseitigen Hilfe nach dem mutualistischen Modell spanischer Organisationen. Oft hatten diese eigene Zeitungen, unter denen *La Fraternidad* und *La Igualdad*, beide geleitet von Juan Gualberto Gómez, die bekanntesten waren. 1887 entstand in Havanna das *Directorio Central de Sociedades de la Raza de Color*. Es versuchte alle farbigen Gesellschaften – mit Ausnahme der *Ñáñigos* – zu vereinen, um auf die Gewährung von Rechten durch die Regierung hinzuarbeiten. So entstand eine farbige Bürger- und

Wahlrechtsbewegung. 1891 wurde Juan Gualberto Gómez zum Präsidenten des *Directorio* gewählt. 1893 gelang mit dem Verbot der Bezeichnungen *Pardo* («Farbiger») und *Moreno* («Brauner») vor den Namen der Afrokubaner in offiziellen Dokumenten ein großer Erfolg. Auch sie mußten jetzt mit *Don* oder *Doña* angesprochen werden.

Juan Gualberto Gómez strebte die Vereinigung von Schwarzen und Mulatten unter dem Oberbegriff der *Raza de color* an und wollte sie unter legalen Bedingungen in den Kampf um die Unabhängigkeit einbeziehen. Martín Morúa Delgado dagegen lehnte die Bildung «farbiger» Organisationen strikt ab. Er plädierte für individuelle Aktivitäten und die Integration in die vorhandenen Parteien und war strikt gegen eine gemeinsame Klassifizierung von Schwarzen und Mulatten als *Raza de color*. Seiner Meinung nach würde sich das Mulattenkind, das seinen weißen Vater nicht kenne, irrtümlich mit der Kultur seiner schwarzen Mutter identifizieren. Einige ehemalige Sklaven und freie Farbige aber lehnten die Integration völlig ab und kehrten nach Afrika zurück.

Auch die Arbeiter und Handwerker nutzten die neuen Möglichkeiten. Von 1878 bis 1884 wurden 29 Gremien gegründet, die 1885 die *Junta Central de Artesanos* bildeten. Die meisten Mitglieder waren spanische Immigranten. Bekannte Anarchisten, wie z.B. Enrique Roig de San Martín, Máximo Fernández, Enrique Messonier und Enrique Crecci, führten die Organisationen. 1892 rief die *Junta Central de Trabajadores* den ersten Arbeiterkongreß Kubas zusammen. Ein Jahr später wurde die *Sociedad General de Trabajadores* gebildet. Das politische und geistige Grundproblem dieser frühen Arbeiterbewegung war die ablehnende Haltung gegenüber dem kubanischen Separatismus, obwohl Crecci es für nötig hielt, gemeinsam den Kampf um die Unabhängigkeit und für den Sozialismus zu führen.

Parallel zu diesen Arbeiterorganisationen bildeten sich Unternehmerverbände heraus, wie z.B. der *Círculo de Hacendados*, die *Junta General de Comercio de la Habana* (später *Cámara de Comercio, Industria y Navegación*) und das *Centro Agrícola e Industrial*, von dem sich 1884 die Tabakproduzenten in der *Unión de Fabricantes de Tabacos* abspalteten.

Die radikalen Separatisten organisierten sich vor allem im Ausland. 1892 wurde aus den Klubs und Emigrantenvereinen der

Partido Revolucionario Cubano (PRC) gebildet; mit Unterstützung verschiedener Organisationen, wie z. B. des *Directorio*, der Tabak-arbeiter in Key West und Tampa und von Emigranten in New York. Die Zeitung der neuen Partei hieß *Patria*. Der PRC fand auch auf der Insel starken Rückhalt. José Martí, der Vorsitzende der Partei, nutzte diesen Rückhalt, um mit den Militärführern und den Chefs der Emigrantenorganisationen zu verhandeln. 1884 hatte er sich bei einem ersten Versuch, eine einheitliche Organisation zu schaffen, mit Gómez und Maceo überworfen. Den Widerspruch zwischen den älteren Unabhängigkeitskämpfern und der neuen Generation hatte Martí in die poetische Formel der *Pinos viejos* und *Pinos nuevos*, «alte» und «neue Pinien», gegossen. Das ermöglichte die Aussöhnung zwischen den beiden Gruppen, obwohl viele Independentisten, wie z. B. Maceo, auch noch als Freimaurer aktiv waren und andere Allianzen ins Auge gefaßt hatten.

In den achtziger Jahren des 19. Jahrhunderts führte Kuba bereits 80% des Zuckers in die USA aus. Es handelte sich allerdings nicht mehr um die weiße Raffinade, die in den *Ingenios* hergestellt worden war, sondern um braunen Rohzucker zur Weiterverarbeitung in den USA. 1890 setzte der McKinley-Zolltarif die Zuckerimporte auf die Freiliste. Die hierdurch entstandenen Konkurrenzvorteile verhalfen dem kubanisch-karibischen Zucker zu einer vierjährigen Hochkonjunktur. 1891 wurde durch den ersten Reziprozitätsvertrag zwischen den USA und Spanien die spanische merkantilistische Zollpolitik gezähmt. Der kubanische Rohzucker eroberte den US-amerikanischen Markt; die Ausfuhr stieg von 1890 bis 1893 von 54 auf 78 Millionen Dollar an. 1894 überstieg die Zuckerernte erstmals die 1-Million-Tonnen-Grenze. Insgesamt umfaßte der US-amerikanisch-kubanische Handel rund 100 Millionen Dollar. Diese Hochphase wurde durch den Wilson-Zolltarif von 1894 unterbrochen. Die 40%igen Ad-valorem-Zölle führten zu einer Krise des kubanischen Zuckerexports. Spanien verfügte im Gegenzug hohe Schutzzölle, die vor allem den Mehlimport aus den USA trafen.

In dieser Krise verlangte die hispano-kubanische Bourgeoisie Reformen. Die *Junta Magna* von 1884 und die sogenannte ökonomische Bewegung konnten indes die Grundprobleme nicht lösen. Die Eliten betrachteten die Kolonie weiterhin als ihren Monopolmarkt, und der spanische Staat brauchte die Zolleinnahmen der

Insel. Antonio Maura, der spanische Überseeminister, strebte 1893 mit dem Projekt der Errichtung einer Provinzialvertretung und eines Verwaltungsrates für ganz Kuba einschneidende politisch-administrative Reformen an. Diese – auf stärkere Einbindung der Autonomisten gezielt – scheiterten im letzten Moment, in dem es noch möglich schien, das Kolonialmodell Spanien-Kuba zu retten. Die Lebenshaltungskrise beschleunigte den Ausbruch des Krieges. Martí hatte den Beginn des neuen Unabhängigkeitskrieges auf den 24. Februar 1895 festgesetzt. Es war der Beginn der «toten Zeit» für die Zuckerwirtschaft. Wirklicher Auslöser des bewaffneten Kampfes wurde Guillermón Moncada mit dem *Grito de Baire* in der Provinz Oriente.

Von der spanischen Kolonie zum Hinterhof der USA

José Martí und der Kampf um die Unabhängigkeit

Im neuen Unabhängigkeitskrieg hatten die Aufständischen von Anfang an einen bedeutend stärkeren Halt in der Bevölkerung als 1868, allerdings ohne einheitliche Positionen. Die Militärs und Politiker der Linken um José Martí strebten größtenteils nicht nur die Trennung von Spanien, sondern die absolute Unabhängigkeit in republikanischer Form an. Die Masse der bäuerlichen Soldaten wurde durch regionale, oft sozialrevolutionäre *Caudillos* angeführt, die das Ziel einer sozialen Umwälzung auf dem Lande verfolgten, ohne dies allerdings zu verbalisieren, weil damit die separatistische Allianz gefährdet worden wäre. Andere Gruppen strebten die Vereinigung mit den USA an. Sie wurden vor allem durch emigrierte Politiker der weißen Eliten repräsentiert. Den kleinsten gemeinsamen Nenner aller Gruppierungen bildete der Separatismus, die Loslösung von Spanien. Zwischen diesen und dem Autonomismus waren die Grenzen fließend. Die soziale und organisatorische Basis des Separatismus, die sich im Gegensatz zu 1868–1878 völlig verändert hatte, setzte sich aus folgenden Gruppen zusammen: ländliche Mittelklassen, proletarisierte Unterschichten wie Tagelöhner und Landarbeiter sowie Bauern ohne Landeigentum – unter ihnen viele junge Söhne ehemaliger Sklavinnen –, Arbeitslose, dazu ländliches und städtisches Kleinbürgertum sowie einige *Hacendados* und Vertreter freier Berufe. Dazu kamen patriotische *Sociedades*, der *Directorio* und andere Organisationen. José Martí, der sich als der große Organisator und Kommunikator bei der Vorbereitung des Krieges in den USA zeigte, war in Kuba selbst weniger bekannt. Antonio Maceo und Máximo Gómez waren die großen charismatischen Führer.

Der Aufstand scheiterte zunächst in allen Provinzen des Westens und des Zentrums. In Oriente hatte er Erfolg, als die Ankunft des farbigen Generals Antonio Maceo bekannt wurde. Bald bildete sich in der Zentralprovinz Las Villas ein zweiter Schwerpunkt. Martí konnte sich mit seinem Ideal eines «kurzen und gerechten Krieges» unter Führung eines zivilen Rates, wie in seinem Programm – dem *Manifest von Montecristi* – dargelegt, nicht durchsetzen. Nach der Ankunft auf Kuba traf er sich am 4. Mai 1895 mit Maceo und Gómez. Maceo verteidigte eine unbedingte Zentralisierung der militärischen Gewalt unter einer Junta von Militärs oder einem Oberbefehlshaber. Nach einer heftigen Auseinandersetzung wurde Gómez militärischer Oberbefehlshaber (*General en Jefe*), Maceo sein Stellvertreter und Militärchef von Oriente. Martí war zwar von Gómez zum General ernannt worden, blieb aber ziviler Führer der Revolution, ihr strategischer Kopf und Außenpolitiker. Allerdings wurde er schon am 19. Mai 1895 bei einem Erkundungsritt erschossen. Damit war der wichtigste Zivilpolitiker zwar eine Legende, fehlte aber in der realen Politik. Martís Weitsicht und seine Fähigkeit, zwischen dem zivilen und dem militärischen Sektor der Separatisten auszugleichen, konnten durch keine andere Persönlichkeit ersetzt werden. Nach dem Tod des Dichterrevolutionärs kam es zur Entstehung eines *Panthéon mitologique* um ihn, dessen Erforschung zur Archäologie des Begriffs «Nation» gehört.

Im Unterschied zu 1868–1878 versuchten Gómez und Maceo seit 1895, die kubanische Unabhängigkeitsarmee (*Ejército Libertador Cubano*, E. L. C.) von oben zu organisieren. Das gelang vor allem bei der Aufstellung der Invasionstruppen. Die Konflikte mit den lokalen Kräften sowie der zivilen politischen Führung blieben allerdings auch diesmal nicht aus.

República en Armas

Die politische Führung der neuen «Republik in Waffen» bildete sich im September 1895 mit zwanzig Vertretern der drei Ostprovinzen in der Konstituierenden Versammlung von Jimaguayú (Camagüey). Die von der Versammlung erarbeitete Verfassung bekannte sich zur Tradition von 1868–1878 und 1878–1880, versuchte aber die Fehler des «großen» Krieges zu vermeiden. Für zwei Jahre sollte die Verfassung gelten, falls vorher nicht der Sieg errungen sei. Sie proklamierte die Doktrin der zivilen Suprematie, worum sich allerdings kaum einer der Militärs kümmerte. Theoretisch war allen klar, daß die Macht zwischen Regierung als oberster ziviler Gewalt und Militär geteilt werden mußte. Die Verfassung trennte deshalb das militärische Kommando vom zivilen und gab ersterem während der Kämpfe die volle Befehlsgewalt über die Truppen im Felde. Die zivile Führung behielt sich hingegen das Recht zur Truppenaushebung, zur strategischen Planung und zur Vergabe von Offiziersrängen vom *Coronel* (Oberst) aufwärts vor. Allerdings konnte die Regierung diese Rechte kaum durchsetzen. Ein Regierungsrat wurde gegründet, der zugleich legislative und exekutive Funktionen hatte. Das Gewicht der Tradition drückte sich darin aus, daß Salvador Cisneros Betancourt zum Präsidenten gewählt wurde. Bevollmächtigter Delegierter, faktisch Auslandsvertreter, und Chef des PRC wurde noch auf Vorschlag von Martí Tomás Estrada Palma.

Nach einer regionalen Phase des Krieges begann Maceo mit 1500 Mann die Invasion der Westgebiete. Máximo Gómez unterstützte ihn durch Aktionen in Camagüey und Las Villas. Aber selbst Maceo mußte erst von der Notwendigkeit überzeugt werden, seine Basis im Osten zu verlassen und in das spanische Kuba vorzudringen. Die Militärführer aus dem Oriente lehnten das kosmopolitische und in Havanna von den Reformisten entwickelte Konzept eines Vaterlandes in gesamtkubanischer Dimension ab, wenn sie es überhaupt kannten. Für sie – mit Ausnahme von Máximo Gómez, der jedoch Ausländer war – mußte die Invasion aus militärischen Gründen den Krieg bis Pinar del Río tragen. Im Oktober 1895 wurden die Truppen in Las Villas auf 4000 Mann verstärkt. Die Desertionen von *Orientales* waren jedoch so massiv, daß Maceo Erschießungen anordnen mußte. Die Männer aus dem Oriente lehnten es ab, auch den Occidente als ihr Vaterland anzusehen, für das es sich zu sterben lohnte. Nichtsdestotrotz bewies die Schlacht von Mal Tiempo (Dezember 1895) zwischen Cienfuegos und Santa Clara die Fähigkeit der Kubaner, siegreich offene Feldschlachten zu führen. Im allgemeinen aber wichen die kleinen Verbände, die zunächst meist als Kavallerie agierten, bald jedoch auch Erfahrungen in der Kombination mit der Infanterie gewannen, größeren Gefechten aus oder sammelten sich auf verschiedenen Wegen zu konzentrierten Aktionen.

Zunächst schien sich die «martianische» Strategie eines kurzen Krieges zu verwirklichen. Expeditionen, die Kuba aus den USA und anderen amerikanischen Territorien erreichten, brachten emigrierte Offiziere des Zehnjährigen Krieges in die wichtigsten Regionen des Konfliktes. Im Januar 1896 erreichte Maceo an der Spitze der Invasionstruppen Mantua, die westlichste Stadt der Insel. Aus dem regionalen Aufstand war ein nationaler Krieg geworden. Gómez und Maceo hatten mit mittlerweile erfahrenen Stammeinheiten die soziale Guerrilla-Kriegsführung bis zur Perfektion entwickelt. Gómez gab die Devise aus: «Zucker ist der Hauptfeind der Unabhängigkeit», was nicht zuletzt die Proteste Estrada Palmas aus New York wegen der Zerstörung kubanischen und US-amerikanischen Eigentums hervorrief. Die Separatistengeneräle strebten ein *Ayacucho cubano* – eine Hauptschlacht nach dem Vorbild Bolívars – im Westen der Insel an. Aber dieses Konzept scheiterte.

Madrid versuchte durch die Entsendung erfahrener Militärs die Situation zu retten. Zunächst wurde Arsenio Martínez Campos, Sieger im Zehnjährigen Krieg, geschickt, dann der deutschstämmige General Valeriano Weyler y Nicolau, Marqués von Tenerife. Weyler war von Juni 1896 bis Oktober 1897 Generalkapitän. Wie Martínez Campos Veteran des Zehnjährigen Krieges, verfolgte er zwei Strategien: zum einen die vom spanischen Premierminister, die dieser in das geflügelte Wort gegossen hatte, daß der Krieg in Kuba mit zwei Kugeln zu beenden sei – einer für Antonio Maceo, der anderen für Máximo Gómez. Zum anderen wollte er den Krieg mit dem Krieg bekämpfen. Weyler verfügte über etwa 50 000 aktive Soldaten und versuchte mit offenem Militärterror das Blatt zu wenden. Auf seinen Befehl wurde eine zweite große *Trocha* westlich von Havanna angelegt, um Maceo in Pinar del Río zu isolieren. Seine wichtigste Maßnahme war die *Reconcentración*. Diese bestand darin, die vertriebene bäuerliche Bevölkerung in der Nähe von Städten zusammenzusiedeln, um den Aufständischen den Rückhalt des flachen Landes zu nehmen. Weyler hatte zwar mit seiner harten Linie kurzfristig bessere Erfolge als Martínez Campos. Auf die Dauer aber waren die Kontraeffekte, vor allem die Zerstörung der Subsistenzlandwirtschaft und die Leiden der Landbevölkerung, so groß, daß diese sich gegen ihn wandte.

Auf separatistischer Seite kam es allerdings unter diesem Druck zu schweren Konflikten. Der zivile Regierungsrat verzögerte den Nachschub, weil man dem «Neger» Maceo einen endgültigen Sieg nicht gönnte, und diskutierte ein Gesetz über sein Recht zur Ernennung und Absetzung aller Militärs. Als Maceo von diesen Kontroversen erfuhr, kehrte er aus Pinar um. Er und der älteste Sohn von Máximo Gómez fielen am 7. Dezember 1896 in der Nähe von Havanna nach dem Übergang über die westliche *Trocha*. Der Tod des bedeutendsten kubanischen Militärs hatte hohen Symbolwert. Einer der großen Drei (Antonio Maceo, Máximo Gómez, Calixto García) war damit aus dem Spiel. Maceo hatte zu den für die «martianische» Ideologie zugänglichen Militärs gehört. Er verfügte über hohe Legitimität und über starkes Charisma. Viele glaubten, der Krieg sei zu Ende. Es begann das schreckliche Jahr 1897. Der Separatismus befand sich auf einem Tiefpunkt: ganze Einheiten des E. L. C. traten auf die spanische Seite über; die Rekrutierungen sanken auf ein extremes Minimum.

Ende 1897 geriet allerdings auch die spanische Politik des «bis zum letzten Mann und bis zum letzten Peso» in die Krise. Das lag zum großen Teil an der genialen Strategie von Máximo Gómez in der *Campaña de las Villas* in Zentralkuba. Mit seinen endlosen Märschen und Gegenmärschen durch Fiebersümpfe und Gebirgszonen sicherte Gómez die Verbindung zwischen den Kriegsschauplätzen im Westen (Pinar del Río), wo nur noch kleine Gruppen von Guerillas operierten, und der Basis der Separatisten im Oriente, wo Calixto García über mehrere tausend Mann verfügte.

Im September 1897 trat angesichts der Erosion der spanischen Macht in Yaya (Camagüey) die neue Konstituierende Versammlung zusammen. Das Ergebnis war einen Monat später die Verfassung von Yaya, welche die kubanische Seite auf die Übernahme der Regierung nach dem Zusammenbruch der spanischen Macht vorbereiten sollte. Sie enthielt das allgemeine Wahlrecht für Männer und betonte die stärkere Machtstellung des Regierungsrates sowie die schärfere Kontrolle der Militärs. Bartolomé Masó wurde Präsident. Gómez blieb Oberbefehlshaber.

Ende 1897 mußte der liberale spanische Ministerpräsident Sagasta der Insel ab 1. Januar 1898 den Status der Autonomie zugestehen. Viele emigrierte Autonomisten kehrten aus dem Exil zurück oder gingen aus dem Gefängnis direkt in den Regierungspalast. Spanien gewährte auch das sog. universelle Wahlrecht für alle Männer ab dem 25. Lebensjahr. Der spanische General Ramón Blanco behielt als vom König eingesetzter Gouverneur die oberste Regierungsgewalt und den Befehl über die Truppen. Er berief ein

Kabinett aus Autonomisten und Reformisten. Ein Parlament mit zwei Kammern, dem Verwaltungsrat und der gewählten Repräsentantenkammer, wurde gebildet.

Weder die Separatisten noch die Independentisten unter Gómez oder die Auslandskubaner unter Estrada Palma erkannten die autonome Regierung an. Allgemein verlor sich der Glaube daran, daß Spanien diesen Krieg überhaupt beenden könne und ein Interesse bestehe, Kuba zu halten. Der bis dahin stabile Konsens zwischen Metropole und Kolonialautoritäten, hispano-kubanischer Elite und der Masse der Integristen zerbrach.

Das Jahr 1898

Im Jahr 1898 konnten die Separatisten und Independentisten auf militärische Erfolge verweisen. Aber sie waren politisch stark zerstritten, obwohl die Moral der Truppen gut war. Die Situation wandelte sich entscheidend durch die Kriegserklärung der USA, die die Zahlen der Eintritte in den *Ejército Libertador* (Befreiungsarmee) ab Mai 1898 wieder nach oben schnellen ließ. Der Autonomismus scheiterte. Der Versuch, mitten im Krieg ein Reformprojekt zum Erfolg zu führen, hatte keine Chance. Viele Autonomisten wechselten in das Lager des Separatismus. Auf das schriftliche Angebot von Gouverneur Blanco, als Söhne der hispanischen Kultur mit einem «Hurra für Spanien, Hurra für Kuba» gegen die nordamerikanischen Eindringlinge vorzugehen, antwortete Máximo Gómez: «Sie repräsentieren eine alte und diskreditierte Monarchie … ich kenne nur eine Rasse, die Menschheit, und für mich existieren nur gute und schlechte Nationen. Spanien hat hier Schlechtes getan …». Zumindest moralisch hatten die Separatisten den Krieg gewonnen, als die USA eingriffen.

Die Amerikaner hatten eine Kriegsplanung für den Konflikt um Kuba vorbereitet. Noch im ersten Jahr der Präsidentschaft von McKinley ging die Regierung allerdings davon aus, daß ein Sieg Spaniens, *Home Rule* (Autonomie), Reformen und besserer Schutz der US-amerikanischen Interessen auf der Insel das Wünschenswerteste seien. In der Zeit von Mai bis Herbst 1897 – Regenzeit auf Kuba – waren den Spaniern jedoch keine bedeutenden militärischen Operationen gelungen. Der Regierung in Washington wurde klar, daß, wenn bis zum Beginn der nächsten Regenzeit keine militärische Entscheidung gefallen sein sollte, gehandelt werden mußte. Deshalb brach der Krieg auch nicht nach der Explosion des Schlachtschiffs Maine (15. Februar 1898) aus, sondern zu Beginn der neuen Regenzeit (April), als das Scheitern des Autonomieprojekts deutlich geworden war.

Allerdings betraf diese klare Interessenpolitik das Führungszentrum. Die amerikanische Gesellschaft, zu der die Soldaten gehörten, war keineswegs auf einen Krieg vorbereitet, besonders was die Infrastruktur und die Logistik anging. Man konnte sich nicht sofort auf den schnellen Wandel von Beobachtern eines Befreiungskrieges zu Kriegführenden einstellen. Interventionsversuche europäischer Monarchien und des Papstes zugunsten Spaniens scheiterten. Ende April begannen die Mobilisierung von US-Truppen und die Blokkade kubanischer Küsten. Spanien erklärte den Krieg. Zunächst hatte die amerikanische militärische Führung Angriffe auf Havanna geplant, entschloß sich dann aber, die Bemühungen auf den Oriente zu konzentrieren und mit einer Seeblockade zu verbinden. Am 22. Juni 1898 betraten 6000 Mann unter General William Rufus Shafter kubanischen Boden. Shafter hatte einige Erfahrungen im Indianerkrieg, die ihm allerdings in Kuba wenig nutzten. Obwohl die Regierung der *República en Armas* von den USA nicht offiziell informiert worden war und auch zu keinem Zeitpunkt des Konfliktes als kriegführende Seite anerkannt wurde, unterstützten 4000 Mann unter Calixto García die Landung der US-Army durch erhöhte militärische Aktivitäten. Anfang Juli kam es bei El Caney und den San-Juan-Höhen zu den einzigen größeren Landschlachten. Die Marine besiegte in der Seeschlacht vor Santiago am 3. Juli die spanische Flotte. Am 17. Juli ergaben sich die Spanier in Santiago, womit der Krieg im Grunde beendet war. Zu einem schweren Zwischenfall kam es bei der Besetzung von Santiago, als General Shafter den Truppen Calixto Garcías nicht erlaubte, in die Stadt einzumarschieren. Das Verhältnis zwischen Kubanern und US-Amerikanern begann sich abzukühlen. Nach einem Präliminarfrieden (12. August 1898), der den Abzug der Spanier und ihrer Truppen von der Insel regelte, besetzten die Invasionstruppen der USA – häufig zusammen mit kubanischen Einheiten (die allerdings meistens nicht in die Städte einrücken durften) – bis Ende 1898 Zug um Zug die Städte der Insel. Die kubanischen Einheiten verblieben im

Grunde in der *manigua* (*Busch*) oder übten Polizeifunktionen auf dem Lande aus, wo sich ihre Situation sehr kompliziert gestaltete, denn der Krieg ernährte sie nicht mehr.

Die abhängige Republik

Der Vertrag von Paris

Drei Grundprozesse prägten die Herausbildung der neuen politischen Struktur, die als «abhängige oder neokoloniale Republik» in die Geschichte eingehen sollte: 1) der soziale und wirtschaftliche Wandel (1880–1925), 2) die politische Transformation (1868–1898) und 3) ein paktierter Übergang (1898–1900), der wesentliche Elemente der Kolonialgesellschaft in die Republik übernahm. Transformation und paktierter Übergang kulminierten unter der Okkupation der neuen Imperialmacht USA. In gewissem Sinne könnten auch noch die Probezeit der neokolonialen Republik von 1902–1906 und die zweite Okkupation (1906–1909) als Teil dieser Übergangsperiode gelten, in der vor allem die neuen Eliten erst einmal lernen mußten, mit der neuen Ordnung umzugehen. Das neue politische System, welches mit der Republik von 1902 ins Leben trat, bestimmte die Geschichte Kubas mit gewissen Modifikationen 1933–1935, 1940, 1952–1959 und in gewissem Sinne auch die Geschichte danach.

Am 10. Dezember 1898 wurde der Frieden von Paris zwischen Spanien und den USA geschlossen. Weder Kubaner noch Filipinos, die sich zu dieser Zeit unter Aguinaldo erhoben hatten, waren beteiligt. Der Vertrag, den die USA Spanien mit 20 Millionen Dollar versüßten, spricht nicht von der Unabhängigkeit Kubas, sondern davon, daß «besagte Insel, wenn sie durch Spanien evakuiert worden sei, von den Vereinigten Staaten okkupiert werden wird …». Die Amerikaner sicherten sich mit der Besetzung Kubas und der Okkupation Puerto Ricos die Kontrolle über die Schwelle zum noch zu bauenden Panamakanal sowie stärkeren Einfluß in der Karibik und in Lateinamerika. Ihr eigentliches geostrategisches Ziel aber waren China und die Kontrolle des Pazifischen Ozeans, wie die Annexion Hawaiis und die Besetzung der Philippinen zeigten.

Das Jahr 1898 sah die kubanischen Autonomisten mit einem politischen Erfolg, der allerdings die spanische Herrschaft über

Kuba nicht retten konnte, die Independentisten mit militärischen Erfolgen, doch ohne die erstrebte absolute Unabhängigkeit und die USA mit einem «Sieg-Frieden», der ihre Okkupation Kubas legalisierte. Es begann eine Etappe des Übergangs.

Die Okkupation durch die USA

Grundlage der Übergangszeit war die militärische, zunächst zeitlich nicht begrenzte Besetzung des kubanischen Territoriums durch ein 50 000-Mann-Heer unter den Generälen John R. Brooke (1.1. 1899–20. 12. 1899) und Leonard Wood (20. 12. 1899–20. 3. 1902). Die wichtigste juristische Basis war ein Beschluß (*Joint Resolution*) beider Häuser des US-Kongresses vom 18./20. April 1898, der Präsident McKinley das Recht gab, militärisch in den kubanischen Konflikt einzugreifen. Zwei fundamentale Festlegungen sind in ihm enthalten: «Das Volk Kubas ist und sollte dem Gesetz nach frei sein …» und «… die Regierung und die Herrschaft der Insel [sind] seinem Volk zu überlassen». Die konkrete Form der Unabhängigkeit blieb offen. Zunächst fand die militärische Besetzung ohne weiter hinaus definierte Ziele statt. Es gab in der US-Politik klare Gegentendenzen zur Besetzung, deren Vertreter sich ebenfalls auf die *Joint Resolution* berufen konnten, und auch viele Kubaner schenkten dieser Resolution Vertrauen. Trotz dieser Tatsache und obwohl General Brooke eine relativ vorsichtige Politik verfolgte, setzten sich Kräfte durch, die mit Teilen der Separatisten, aber vor allem mit Autonomisten und Integristen zusammenarbeiteten, um die Entstehung eines freien und unabhängigen Kuba, wie es der radikale Flügel der Independentisten angestrebt hatte, zu verhindern. Erst jetzt gingen eine imperialistische Denkweise und die überheblichen Zweifel der Besatzer, ob die Kubaner überhaupt zur Selbstregierung fähig seien – vielfach verstärkt über die Hearst-Presse und bestimmte Gruppen der Exilkubaner –, eine für Kuba fatale Symbiose ein.

Brooke hatte die Unabhängigkeit Kubas favorisiert. General Wood dagegen war der Exponent der neokolonialistischen und annexionistischen Richtung in der amerikanischen Politik. Wood wurde auch James H. Wilson, dem Militärgouverneur von Matanzas und Santa Clara, vorgezogen. Dieser war zwar auch für Annexion, fürchtete aber eine Fortführung des Kampfes der Kubaner gegen die Okkupanten, wie es die Filipinos zur gleichen Zeit taten. Er riet deshalb zur Vorsicht. Seine Auffassung mußten sich später auch Wood und die hinter ihm stehenden Gruppen zu eigen machen. Die Lernprozesse, die diese politischen Akteure durchmachten, fanden schließlich in der Formulierung «spezieller Intimität» (Elihu Root) bei den Beziehungen zwischen Kuba und den USA ihre staatsrechtliche Form.

Die Annexion blieb allerdings ein politisches Ziel, das auch viele einflußreiche Kubaner vertraten, nach dem Motto: *Annexation by acclamation* – Annexion durch Akklamation, begleitet von einer tiefgreifenden kulturellen Amerikanisierung. Durch demokratische Wahlen und die schnelle Ausbreitung protestantischer Sekten und Schulen sollte dies vorbereitet werden. Präsident McKinley selbst hatte, als er vom Kongreß die Ermächtigung zur Intervention erbat, nur von «einer stabilen Regierung, die die Ordnung erhalten könne und die den Frieden und das Leben der Bürger garantiere und die internationalen Verpflichtungen erfülle», gesprochen. Daß diese «stabile Regierung» den wichtigsten Part in der Konstruktion des Abhängigkeitsverhältnisses Kubas zu den USA spielen sollte, zeigt die amerikanische Politik gegenüber den Separatisten und ihren gewählten Gremien, vor allem aber die Nichtanerkennung als kriegsführende Seite. Eine inoffizielle Anerkennung erfolgte nur insoweit, als es, wie im Falle von Calixto García oder Máximo Gómez, der Spaltung des Gegners und dem Erreichen eigener Ziele diente.

Paktierter Übergang

Eine Volkszählung von 1899 stellte das erforderliche Herrschaftswissen bereit. Kuba hatte nach diesem Zensus, der nicht ganz korrekt ist, weil viele Kubaner glaubten, er diene der Einführung eines neuen Steuersystems oder der Registrierung für den Aufbau einer neuen Armee, eine Bevölkerung von etwas über anderthalb Millionen Menschen:

Weiße	(Männer) 563 113	(Frauen) 489 284	(Total) 1 052 397
Farbige	(Männer) 252 092	(Frauen) 268 308	(Total) 520 400
Total	815 205	757 592	1 572 797

Die Maßnahmen, die die Übergangszeit unter der Kontrolle der US-Militäradministration sicherten, lassen sich in zehn Punkten zusammenfassen:

1. Entwaffnung und Auflösung des *Ejército Libertador* (Befreiungsheer, E. L. C.): Formal ging es dabei um das *licenciamiento*, die Entlassung von etwa 40 000 Mann auf der Grundlage des Vertrages von Paris und der US-Militärverordnung zur allgemeinen Entwaffnung sowie der Vorschläge wichtiger ziviler Politiker und Militärs der Separatisten, wie z. B. Tomás Estrada Palma, Manuel Sanguily, Juan Gualberto Gómez und Calixto García.

2. Auflösung des PRC durch den Delegierten Tomás Estrada Palma. Der Waffenstillstand, der Frieden von Paris sowie der Abzug der Spanier überzeugten die Emigrierten in den USA – Hauptbasis des PRC – von der Erfüllung der Parteiziele. Tausende von Expatriierten kehrten schon seit Juli/August 1898 nach Kuba zurück. Viele Basisorganisationen in den USA lösten sich einfach auf. Im Dezember 1898 verkündete Estrada Palma dann auch die offizielle Auflösung des PRC. Damit verschwand das wichtigste Organ unabhängiger kubanischer Meinungsbildung.

3. Ausschaltung politischer und militärischer Führungseliten.

4. Erhaltung wichtiger Elemente der spanischen Gesetzgebung, die durch Militärverordnungen und -befehle punktuell ergänzt wurden.

5. Erhaltung und Instrumentierung des spanisch-autonomistischen Regierungsapparates in seinen Grundstrukturen. Der amerikanischen Militärregierung wurde eine kubanische Zivilregierung mit beratender Funktion beigeordnet.

6. Die Provinzen blieben unter dem Befehl von US-Generälen. Zu Zivilgouverneuren wurden regional einflußreiche Generäle des Befreiungsheeres ernannt, wie zum Beispiel in Las Villas General José Miguel Gómez.

7. Belassung der lokalen Funktionäre (*Alcaldes*) der spanischen Administration, die diese Posten seit der Autonomiezeit innehatten; bei Neuwahl Beeinflussung der Kandidatenaufstellung.

8. Im Verlauf der Okkupationszeit bekam eine ganze Reihe von früheren Autonomisten, Reformisten, Annexionisten und Integristen wichtige Regierungsfunktionen.

9. Instrumentalisierung von Persönlichkeiten des Befreiungskrieges: General Máximo Gómez war die einzige Autorität des Befreiungsheeres, die Anerkennung fand, ansonsten wurden vor allem Zivilisten aus – nach amerikanischer Auffassung – «besseren Kreisen» ausgewählt.
10. Das Wahlsystem von 1900.

Die US-Okkupationspolitik machte sich die Brüche und Konflikte des separatistischen Lagers zunutze und zwang somit die kubanische Seite, den Übergang mitzugestalten.

Die separatistische Bewegung wurde deshalb so genannt, weil nicht alle ihrer Anhänger das Ziel der absoluten Unabhängigkeit in republikanischer Form verfolgten, sondern eben auch Autonomie oder Trennung (Separation) von Spanien und Angliederung (Annexion) an die USA. Die Schwächung dieses Lagers wurde erleichtert durch die Existenz dreier Machtzentren, wenn man so will: dreier institutioneller Hauptakteure. Nur die jeweils gewählte Vertretung, *Asamblea de Representantes*, konnte legale Legitimität und in gewissem Sinne auch traditionelle Legitimität – die zivile Suprematie – als das Erbe Martís beanspruchen. Der Oberbefehlshaber der Armee, Máximo Gómez, genoß breiteste demokratisch-charismatische Anerkennung. Er und seine zum Teil legendenumwobenen Generäle sowie die *Mambises* des E. L. C. waren in den Augen des kubanischen Volkes die wirklichen *Libertadores* (Befreier).

Die Führung der Exilkubaner stellte ein drittes Machtzentrum dar. Die *Junta de Nueva York*, seit 1895 unter der Führung von Tomás Estrada Palma, war zugleich Führung des PRC. Sie vertrat über 100 000 emigrierte Kubaner. Die Führung ging sofort auf die stärkere Seite über. Seit dem Beginn der US-Intervention hatte Estrada Palma ohne Absprache mit dem Regierungsrat die kubanische Armee dem Oberbefehl der Amerikaner unterstellt, was zu seiner zeitweiligen Absetzung durch den Vizepräsidenten Domingo Méndez Capote im Mai 1898 führte. Das war aber nur ein Vorspiel zum Stück «zivile Suprematie». In den folgenden Wochen wurden alle Armee-Einheiten unter die Kontrolle von Zivilpersonen gestellt, die nur Bartolomé Masó verantwortlich waren und einen militärischen Rang entsprechend ihrer Bildung oder ihres akademischen Grades erhielten. Calixto García dagegen erklärte sich für eine enge Zusammenarbeit der Militärs im Felde mit den Amerikanern, weil er als wichtigster regionaler *Caudillo* im Regierungsrat keine legitime Führung sah. Im August 1898 wurde er als Oberbefehlshaber von Oriente unter dem Vorwurf militärischer Diktatur abgesetzt, ebenweil er mit den Amerikanern bei der Einnahme von Santiago de Cuba kooperiert hatte. In der Armee wurde dieses Vorgehen als Vendetta einer Gruppe verantwortungsloser Zivilpolitiker angesehen. Calixto García und Estrada Palma, die sich lange kannten und *Pinos viejos* waren, nahmen Verbindung auf.

Zivilisten und Militärs

In den letzten Monaten des Jahres 1898 stand die *Asemblea* vor drei Problemen. Erstens ging es um ihre eigene Legitimierung als höchste Regierungsgewalt. Zu diesem Zweck wurde eine Kommission gegründet. Zweitens darum, ihre Beziehungen als der höchsten Gewalt auf kubanischer Seite zu den USA zu regeln. Drittens um die Bestimmung des Status und des zukünftigen Schicksals des *Ejército Libertador* (Befreiungsheeres). Eine Kommission verhandelte in den USA über eine 60-Millionen-Dollar-Anleihe. Mit dem Geld sollten die Armee aufgelöst und die Veteranen abgefunden werden.

Die Fragen der obersten Autorität und der Auflösung der Armee waren unmittelbar miteinander verbunden. Dabei ging es seit der Einstellung der Kämpfe im August 1898 zunächst um sehr praktische Probleme. Laut Waffenstillstandsbestimmungen blieben die spanischen Einheiten *in* den Städten und die *Mambises außerhalb* oder am Rande. Diese lebten damit weiterhin unter den Versorgungsbedingungen des Krieges, allerdings ohne die Möglichkeit, sich vom Gegner zu ernähren. Die Lage war katastrophal. Viele einfache *Mambises* waren Bauern oder stammten aus dem bäuerlichen Milieu der Sozialbanditen. Sie brachten das Essen durch Mundraub oder Diebstahl zusammen, was wiederum den Ruf der Armee verschlechterte. Allerdings wurde die Furcht vor ihnen auch bewußt geschürt, um bestimmte Ziele zu erreichen. Das unmittelbar gefährliche Erbe des Krieges stellten die irregulären Einheiten der *Guerilleros* dar, die als Kubaner auf spanischer Seite gekämpft hatten und sich jetzt von der Kolonialmacht verlassen sahen. Die militärische Kontrolle der Städte übernahmen seit dem 1. Januar 1899 die US-amerikanischen Interventionstruppen, die *Mambises* unterstützten sie dabei, allerdings bestenfalls als geduldete Junior-partner und ohne Sold.

Den Zivilisten der Generation von Martí war das Ansehen der traditionellen Militärchefs ein Dorn im Auge. Sie fürchteten die Soldaten als Repräsentanten der unteren, zumal farbigen Volks-schichten. Die Zivilisten bildeten praktisch eine parlamentarische Gruppe in der *Asamblea*. Jede Schwierigkeit der Armee griffen sie begierig auf und argumentierten mit dem «martianischen» Ideal der obersten politischen, also zivilen Führung. In Wirklichkeit aber beargwöhnten die Anwälte, Doktoren, Journalisten und Ingenieure die Armee als einzige unmittelbare politische Rivalin und als poten-tielle Verursacherin sozialer Unruhen oder allgemein als einen Haufen von Sozialbanditen.

Das Militär hatte zwar den Krieg in gewisser Weise gewonnen, befand sich aber besonders im November bis März 1898/99 in der bereits erwähnten verzweifelten Versorgungslage. Viele Soldaten begannen, ihre Waffen zu verkaufen, und gingen nach Hause, nicht ohne einen gerechten Lohn für ihre Mühen zu fordern. Die *Asamblea* griff diese Tendenz zur Selbstauflösung auf und beschloß im November 1898 die Entlassung und Auflösung der Armee. In die-ser Situation sahen sich die mächtigen Militärchefs von zwei Seiten bedroht: von einer sich auflösenden Armee, die ihre Hoffnungen auf Versorgung und Bezahlung auf die obersten Militärchefs, aber auch auf die *Asamblea* richtete, und von einer sich mit der *Asamblea* etablierenden zivilen obersten Gewalt, die sie absetzen bzw. kontrollieren wollte.

Jetzt kam es immer deutlicher zur Annäherung der führenden Repräsentanten der expatriierten Kubaner in den USA an die Mili-tärs. Der Konflikt zwischen charismatischer Legitimität und legaler Legitimität im Separatistenlager brach offen aus. Diese Verbindung von Militärchefs und Führern der Emigration brachte letztere in eine strategische Position in der Nachkriegspolitik: als Vermittler, Berater und schließlich auch als Kandidaten für die obersten Regie-rungsämter.

Die Beseitigung der Armee und der populären Generäle mußte für die *Asamblea* als politische Führung eine Bestätigung ihrer Re-gierungsautorität sein. Damit hätte sie zugleich den Amerikanern ihre Kontrolle über den bisherigen schärfsten Machtkonkurrenten im kubanischen Lager bewiesen. Auch mußte sie, wenn sie eine hohe Anleihe für die Abfindung der Armee auszuhandeln imstande war, als deren Garant und Vertreter der zukünftigen Republik Autorität gewinnen. Zudem konnte die dann gewonnene Achtung der Truppen, d. h. der zukünftigen Veteranen, gegen ihre Militärchefs in deren politischen Aspirationen ausgenutzt werden. Konkret bedeutete dies die Ausspielung der institutionellen zivilen Legitimität der *Asamblea* gegen die symbolisch-charismatische Position des *Libertadors* und Obersten Befehlshabers, Máximo Gómez. Der strebte eine praktikable kurzfristige Lösung der Probleme der Soldaten und Offiziere an und wollte kompliziertere Fragen später, ohne große Verschuldung Kubas, klären. Die 44 Repräsentanten der *Asamblea* waren mehrheitlich Zivilisten, wozu einige Mitglieder des ehemaligen Regierungsrates, Calixto García und eine Gruppe von jungen Offizieren aus Las Villas kamen.

Zugespitzt hieß das, daß in der Sache und in der Öffentlichkeit die oberste Armeeführung und die Erbin des «martianischen» Prinzips der zivilen Suprematie gegeneinander standen und agierten. Nichts war leichter für die nordamerikanischen Okkupanten, als dies für die eigenen Zwecke auszunutzen. Das Verhalten von Calixto García und Máximo Gómez allerdings zeigt auch, daß es sich nicht nur um eine intrigante Aktivität der Amerikaner handelte, sondern auch um den Versuch dieser beiden prestigereichsten und wichtigsten Militärs, sich mit der Verehrung der Kubaner im Rükken den USA als die besseren Politiker präsentieren zu können, und daß sie möglicherweise in Absprache handelten. Beide hatten sich gegen Riesenanleihen ausgesprochen. Calixto García starb allerdings schon am 11. Dezember 1898 an Lungenentzündung in New York, kurz nach den Verhandlungen um die Armeeanleihe.

So blieb also nur noch Gómez. Auf Vermittlung von Estrada Palma ging Robert P. Porter als spezieller Repräsentant von Präsident McKinley nach Kuba, um den USA durch die offiziöse Anerkennung der Stellung von Gómez die Mithilfe des Armeechefs bei der Entwaffnung zu sichern und ein Gegengewicht zur *Asamblea* zu schaffen. Porter traf im Hauptquartier in Remedios Anfang Februar 1899 mit Gómez zusammen. Es war der erste Kontakt eines offiziellen Vertreters der US-Administration mit dem dominikanischen General in kubanischen Diensten. Das Treffen kam damit einer amerikanischen Quasianerkennung einer Autorität der Separatisten gleich oder zumindest sehr nahe. Gómez fühlte sich persönlich geehrt, sprach aber deutlich die Frage der kubanischen Unabhängigkeit an, ehe er seine Unterstützung zusagte. McKinley hatte – auf Vorschlag Calixto Garcías – drei Millionen Dollar als Gratifikation zugesagt. Damit sollten die Armeeangehörigen entschädigt werden, wenn sie ihre Waffen abgegeben hätten. Die Frage der Kontrolle der Waffen blieb offen. Porter verwies auf die *Joint Resolution* und auf die amerikanische Selbstverpflichtung, in Kuba eine stabile Regierungsordnung zu begründen – dann würde die Besetzung beendet.

Die Folge der Porter-Gómez-Vereinbarung von Remedios war eine schwere Krise in den Machtzentren der Separatistenführung. Am 24. Februar 1899 hielt Gómez in Havanna Einzug. Er wurde vom Volk auf den Straßen enthusiastisch begrüßt. Gómez genoß die Popularität eines Bolívar. Dagegen wurde er von einigen Repräsentanten der *Asamblea* als neuer Weyler beschimpft. Es wurde erwogen, ihn wegen Insubordination gegenüber der zivilen Suprematie zum Tode zu verurteilen. Am 12. März 1899 enthob ihn die *Asamblea* wegen Sonderverhandlungen und Insubordination seines Postens als Oberbefehlshaber. Mit der Absetzung wurde Gómez die legale Legitimität als politischer Akteur für die oberste Regierungsgewalt entzogen. Dies hinderte ihn jedoch nicht, die Fäden im Hintergrund zu ziehen, wichtige Kommissionen zu leiten oder seine Autorität später für Estrada Palma in die Waagschale zu werfen. Die Absetzung tat seiner Popularität keinen Abbruch.

Die *Asamblea* verhandelte daraufhin mit einem obskuren amerikanischen Finanzier, der einen Kredit von 20 Millionen Dollar anbot und davon nur 12,4 Millionen Dollar auszahlen wollte. Außerdem sollte die US-Administration dem Deal zustimmen. Als die Sache bekannt wurde, löste sich die *Asamblea* im April 1899 auf. Anfang Mai wurden 34 000 Mann des *Ejército Libertador* entlassen. Pro Mann und Waffe wurden 75 Dollar ausgezahlt, was eine Summe von 2 550 000 Millionen Dollar ausmachte.

Das Befreiungsheer war aufgelöst, ein Teil der Waffen eingesammelt. Um das politische Problem nicht in ein soziales zu verwandeln und zugleich eine gewisse Basis für die amerikanischen Ordnungsvorstellungen zu legen, wurde ein Beschäftigungsprogramm für die Armeeveteranen aufgelegt. Máximo Gómez hatte die Umwandlung des E. L. C. in eine Nationalmiliz vorgeschlagen. Aber nur ein kleiner privilegierter Teil meist weißer Militärs wurde in die *Guardia Rural* unter Alejandro Rodríguez übernommen. Anfänglich zählte diese berittene Landpolizei nur 1250 Mann an verschiedenen ländlichen Posten. Der größere Teil der ehemaligen *Mambises* baute in den Städten Straßen, Docks, Gebäude und Kanalisation oder führte Malerarbeiten aus. Unteroffiziere und Offiziere wurden auf allen Ebenen des öffentlichen Dienstes, vom Briefträger und Schaffner bis zum Lehrer, eingesetzt. Die meisten einfachen Armeeveteranen aber waren farbige Bauern, und auf dem Land griff dieses Programm nicht oder kaum. Die wenigen Posten der lokalen *Guardia-Rural*-Detachements wurden aufgrund einer Empfehlung lokaler Großgrundbesitzer meist mit Weißen besetzt. Diese finanzierten oft auch die *Guardia*. Auf dem Lande gab es zunächst auch keine finanziellen Hilfen für die einfachen Bauern. Die Veteranen wollten natürlich nach all ihren Mühen nicht wieder als einfache Schnitter arbeiten, sondern strebten danach, ein kleines Stück Land ihr eigen zu nennen.

Keine sechs Monate nach Beginn der Okkupation waren der PRC und die *Asamblea* sowie die Bastion des Independententums, der *Ejército Libertador*, aufgelöst. Im besetzten Kuba gab es zwar *Libertadores*, und es gab ehemalige Unabhängigkeitskämpfer aus dem Bauerntum. Auch die multiethnischen Gemeinschaften, die sich während des Krieges gebildet hatten, blieben intakt, vor allem im Interior. Als politische Bewegung beeinflußten Veteranen bald auch die Innenpolitik. Aber es gab keinen *Libertador*, keinen einflußreichen Militär, der willentlich zum Ausgangspunkt des Widerstandes gegen die USA wurde – eines der großen Rätsel und Traumata der kubanischen Geschichte! Zweifelsohne hätte die kubanische Armee mit einer stabilen Führung unter Gómez die Kapazität gehabt, der amerikanischen Okkupation militärisch zu begegnen. Nichts von dem geschah, auch wenn einige hohe Militärs ihre Bereitschaft zum Kampf ausdrückten. Das *Ejército Libertador* indes verwandelte sich in einen zeitweiligen Mitokkupanten oder zumindest Gehilfen der Besatzungstruppen. Geheilt wurde dieses Trauma erst knapp 60 Jahre später – mit den ersten Worten Fidel Castros in Santiago de Cuba am 2. Januar 1959: «Diesmal ist es eine Revolution.»

Separatisten und Annexionisten

Neben der Politik der USA und der Aufsplitterung in viele Interessengruppen läßt sich das Rätsel des leichten Eindringens der
US-Truppen aus der Existenz einer Gruppe einflußreicher Separa-
tisten-Annexionisten erklären, die den Anschluß an die USA für
unumgänglich hielten. Tomás Estrada Palma und die Annexionisten
repräsentierten eine zwar kleine, aber recht einflußreiche soziale
Schicht unter den Separatisten. Der amerikanischen Intervention
war ein halbes Jahrhundert wachsender Intimität zwischen Kuba
und den USA vorausgegangen. Die Vereinigten Staaten hatten
mächtige Verbündete in und außerhalb der Separatisten-Koalition.
Zwei Generationen exilierter oder freiwillig in die USA gegangener
Kubaner waren dort erzogen worden. Viele von ihnen schauten mit
Bewunderung auf dieses Land als Agenten der Modernität, auf
seine Institutionen, seinen wirtschaftlichen Fortschritt und seine
politische Demokratie. All das stellte für sie ein attraktives Modell
dar. Ein beträchtlicher Teil aber hielt es sogar für noch besser, wenn
Kuba gleich Mitglied der nordamerikanischen Union würde.

Viele Kubaner unterschieden auch lange nicht zwischen offizieller Politik der USA und der zeitweilig kubafreundlichen öffentlichen Meinung. Das von den Exilkubanern bis 1898 evozierte Bild
der Helden der Revolution wurde nämlich bald nach der Okkupation von dem Pressebild des zerlumpten, diebischen und unfähigen
Kubaners überdeckt. Als die USA-freundliche Haltung der Kubaner sich Ende 1898/Anfang 1899 abgekühlt hatte, waren die
Separatisten schon so fragmentiert und aufgesplittert, daß kein
Anti-USA-Konsens mehr zustande kam. Die tiefsten Gründe –
und damit schließt sich der Kreis – waren die alten Bruchlinien
des Separatismus. Dazu trug Anfang 1899 auch das Verhalten des
populärsten Independentisten, Máximo Gómez, bei. Seine Unterstützung der Amerikaner machte diese Art von Politik eigentlich
erst hoffähig. Der Marqués de Santa Lucia dagegen, Salvador Betancourt Cisneros, separatistisches Urgestein wie Gómez, unterbreitete der *Asamblea* den Vorschlag, kein Mitglied der Versammlung – und er meinte damit im Grunde auch die 109 überlebenden
Generäle bzw. das ganze höhere Offizierskorps – solle der Okku-
pationsregierung dienen dürfen. Gómez selbst schrieb, er fürchte,

kubanischer Widerstand könne die USA dazu bringen, von der *Joint Resolution* völlig Abstand zu nehmen.

Nach der Auflösung des wichtigsten Machtinstruments der Separatisten gingen die Okkupanten zielstrebig zum Aufbau neuer Machtstrukturen über. Am 18. April 1900 wurden die Wahlbestimmungen als Militärbefehl Nr. 164 von Wood erlassen. Die Kriterien für die Wahl der *Alkalden*, Schatzmeister und Richter der Munizipien, die für ein Jahr ihr Amt ausüben sollten, waren folgende: Es mußten entweder in Kuba geborene Männer sein oder Söhne von Kubanern, die im Ausland geboren worden waren, oder aber Spanier, die auf ihre (spanische) Staatsbürgerschaft nach den Klauseln des Vertrages von Paris verzichtet hatten. Die Wähler mußten entweder lesen und schreiben können oder ein Geld- bzw. Immobilieneinkommen von mindestens 250 Pesos/Dollar oder ehrenhaften Dienst im *Ejército Libertador* vor dem Stichtag 18. Juli 1898 (Einstellung der Kämpfe nach der Kapitulation von Santiago de Cuba) nachweisen können. Von den rund 1,6 Millionen Einwohnern Kubas (nach dem Zensus von 1899) waren 815 207 Männer, davon erfüllten 418 000 (26 % der Bevölkerung) die Grundvoraussetzungen. 200 631, rund ein Achtel, konnten lesen und schreiben. Von den 127 298 Schwarzen im Wahlalter waren 75 % nicht des Lesens und Schreibens kundig, zudem hatte die afrokubanische Bevölkerungsgruppe im Krieg extrem hohe Verluste gehabt. Es wählten daher nur rund 31 000 Schwarze. Viele von ihnen waren ehemalige *Mambises*.

Elihu Root zeigte sich verwundert über die Erfolge dieser Wahlkriterien. Er schrieb an Wood, er sei froh, daß die Weißen die Schwarzen so deutlich an Zahl übertroffen hätten, und betonte das Haiti-Syndrom: «... when the history of the new Cuba comes to be written the establishment of popular self-government, based on a limited suffrage, excluding so great a proportion of the elements which have brought ruin to Haiti and Santo Domingo, will be regarded as an event of the first importance». Insgesamt war das Wahlvolk auf 105 000 Männer beschränkt worden. In den ersten Testwahlen vom Juni 1900 votierten nur rund 6,7 % der kubanischen Bevölkerung. Im November 1900 wählten 131 627 vorwiegend weiße Männer (rund 8,3 % aller Einwohner) die 31 Abgeordneten der Konstituierenden Versammlung. Diese setzte sich aus sehr heterogenen politischen Gruppen zusammen. Eine konservative

Richtung wurde durch Eliseo Giberga, den ehemaligen Autonomisten, von der *Unión Democrática* (Matanzas) vertreten. Ziemlich radikal dagegen war der sogenannte nationale Block, den vor allem Juan Gualberto Gómez (Santiago de Cuba) und José Braulio Alemán (Santa Clara) repräsentierten. Dazu kam eine starke Gruppierung, die vehement regionale Interessen vertrat: José Miguel Gómez, José Jesús Monteagudo, Martín Morúa Delgado und Enrique Villuendas. Sie waren alle für die Provinz Las Villas gewählt worden, nicht zuletzt, weil sie dort die höchsten militärischen Positionen im E. L. C. eingenommen hatten und schon zu Kriegszeiten Allianzen mit den Afrokubanern eingegangen waren. So konnten sie deren Stimmen auf sich vereinigen. Trotz des einschränkenden Zensus der Okkupationsmacht erlangten Vertreter des Independentismus robuste Machtpositionen von der kommunalen Ebene bis zur Staatsspitze. Die Verfassunggebende Versammlung setzte – gegen den Widerstand von Wood – das «universelle» männliche Wahlrecht ab dem 21. Lebensjahr durch. Aber sie konnte das *Platt-Amendment* nicht verhindern.

Das *Platt-Amendment*

Die Versammlung nahm am 21. Februar die Verfassung von 1901 an. Vorher allerdings hatte Wood den Abgeordneten das sogenannte *Platt-Amendment* aufgezwungen, einen Zusatz, der den Amerikanern jederzeit Interventionsrecht auf der Insel einräumte. Trotz massiver Proteste und mehrerer Abstimmungen in der Versammlung wurde die *Enmienda Platt* schließlich mit 16 gegen elf Stimmen angenommen und Teil der Verfassung. Die besonderen Beziehungen zwischen den USA und Kuba waren fixiert. Strittig blieb zunächst die Frage der Stützpunkte. Die Vereinigten Staaten hatten Guantánamo, Nipe, Bahía Honda und Cienfuegos gefordert – für «immer und ewig». Dann engte sich die Debatte auf Guantánamo, Bahía Honda sowie die Isla de Pinos ein, wobei schließlich Guantánamo (für 99 Jahre) übrigblieb. Endgültig völkerrechtlich fixiert wurden die Verbindungen im *Tratado Permanente* (Vertrag vom 22. Mai 1903). Die Regelung der wirtschaftlichen Beziehungen erfolgte im Reziprozitätsabkommen von 1902.

Im Dezember fand die erste Runde der Präsidentschaftswahlen statt. Zunächst wurden Wahlmänner gewählt. Es kam zu massiver Einflußnahme von Leonard Wood zugunsten der «besseren Elemente» der kubanischen Bevölkerung, womit er auch tiefsitzende Traditionen der spanischen politischen Kultur ansprach. Die erste Reihe der Kandidaten für eine Präsidentschaft war tot. Máximo Gómez wollte sich nicht zur Wahl stellen, obwohl für ihn ein spezieller Passus formuliert worden war. Deshalb standen Männer der zweiten Reihe im Wahlkampf gegeneinander, als Plattist und Antiplattist auf den Schild gehoben. Beide waren Expräsidenten der *República en Armas*: der Lehrer Tomás Estrada Palma und der Arzt Bartolomé Masó. Die Kandidatur Estrada Palmas wurde von Máximo Gómez und anderen einflußreichen Persönlichkeiten unterstützt, weil man ihn für den besseren Administrator hielt und er sehr gute Beziehungen zu den USA hatte. Hinzu kam der Konflikt zwischen Gómez und dem ehemaligen Regierungsrat, in dem Masó eine wichtige Rolle gespielt hatte. Damit war die Wahl Estrada Palmas, der noch Bürger der USA war, gesichert. Er kündigte in einem inoffiziellen Regierungsprogramm vor allem Bemühungen um gesunde Staatsfinanzen an und wurde im Februar 1902 offiziell gewählt. Am 20. Mai 1902 erklärte Wood die Okkupation der USA für beendet und übergab einen Brief von Präsident Roosevelt, in dem dieser die Regierungsgewalt an Estrada Palma übertrug. Der setzte die Verfassung von 1901 in Kraft. Kuba war endlich Republik.

Im Schatten des großen Nachbarn

Der Beginn der Ersten Republik

In der Historiographie wird Kuba in der Zeit zwischen 1902 und 1958 als neokoloniale Republik bzw. als Quasiprotektorat der USA bezeichnet, was sich vor allem auf die Konservierung und den Ausbau der kolonialen Wirtschafts- und Sozialstrukturen sowie die politische Dominanz der USA bezieht. Dieser Zeitraum wird nochmals – neutraler – in Erste Kubanische Republik (1902–1933) und Zweite Kubanische Republik (1933–1958) unterteilt.

Estrada Palma war mit Hilfe der USA etabliert worden. Seine Regierung deckte, meist folgsam, manchmal auch widerwillig, oft aber durchaus liebedienerisch, all die tiefen und schmerzhaften Eingriffe, die die USA sich in Kuba erlaubten. Getragen wurde sie von einer seltsamen Koalition aus konservativsten Separatisten, Autonomisten und traditionellen Militärs. Bald dominierten die Konservativen, die zumeist aus Havanna stammten und der Gruppe der *Pinos viejos* angehörten, sowie ehemalige Autonomisten und Integristen. Die Gegenkräfte – jüngere Militärs aus dem Interior – fanden sich unter den Anhängern einflußreicher Generäle, vor allem denen des Generals José Miguel Gómez aus Las Villas (*Miguelistas*). Sie konnten auf ihren Status aus den letzten Kriegsjahren verweisen und hatten sich zunächst dem Ausbau der Kontrolle über die Zentralprovinz gewidmet, wo José Miguel Gómez Gouverneur war. Die Führungsspitze um José Miguel, wie ihn seine Freunde nannten, bildete die Regierungsmannschaft des Gouverneurs. Offiziere kontrollierten als *Caudillos* oder *Caciques políticos* ihre ehemaligen Soldaten und über sie bestimmte Territorien der Provinz.

Die *Miguelistas* gingen aber auch enge Verbindungen mit den Autonomisten und den *Sociedades* der Schwarzen und Farbigen ein. Symbolfigur dieser Allianz wurde Martín Morúa Delgado, ehemaliger Autonomist, Sohn einer schwarzen Sklavin und eines baskischen Bäckers, Autodidakt und berühmter Schriftsteller. Er war erst im Mai 1898 in das E. L. C. eingetreten. Morúa verfügte über exzellente Kontakte zu Farbigen und Schwarzen. Als einziger Farbiger in der Führungsspitze avancierte er sogar zum Wahlberater José Miguels, da unter den Bedingungen des allgemeinen Wahlrechts die Stimmen der schwarzen und farbigen Landbevölkerung einen hohen Prozentsatz ausmachten. Die *Miguelistas* kontrollierten zwei wichtige Organisationen, die Veteranenverbände und den *Partido Republicano Federal de las Villas*. Zudem hatten die Führungsgruppe, aber auch die regionalen und lokalen *Caciques* schon vor 1902 Verbindungen zu den großen Pflanzern und Landbesitzern der Provinz aufgenommen. Diese hatten ihnen oftmals Geld für den Kauf von Land vorgeschossen oder mit ihnen günstige Pachtverträge abgeschlossen. Das hispano-kubanische Kapital forderte dafür die Vertretung seiner Interessen durch die Provinzpolitiker. Dadurch profilierten sich diese gegenüber dem Zentralismus Havannas immer stärker als Vertreter regionaler Interessen, was einerseits den tiefverwurzelten Regionalismus der breiten Bevölkerung ansprach und andererseits die Interessen der großen Zuckerunternehmer der Provinz gegenüber der Konkurrenz in Havanna zum Ausdruck brachte.

1905 starb der große Alte des Unabhängigkeitskrieges, Máximo Gómez, und mit ihm verschwand die einzige nationale Identifikations- und Integrationsfigur. Im gleichen Jahr begann der erste Wahlkampf der neuen Republik. Estrada Palma ließ sich wieder als Kandidat aufstellen. Zu seiner Unterstützung formierte sich aus kleinen Parteien und Organisationen der *Partido Moderado*. Die Gegenkräfte sammelten sich im *Partido Liberal*, der sich aus dem *Partido Republicano Federal*, den *Nacionales* von Alfredo Zayas sowie anderen Parteien, Fraktionen und Organisationen bildete. Ein Zwei-Parteien-System entstand. Auf beiden Seiten fanden sich ehemalige Separatisten, die das Erbe Martís und des Befreiungskriegs beanspruchten. Die Liberalen waren populärer, vor allem wegen ihrer Verbindungen zu den schwarzen und farbigen Bevölkerungsteilen, aber auch weil sie als Verteidiger der Interessen des Interior gegen die Politclique in Havanna galten. Für die Amerikaner waren sie Radikale, da sie die Rhetorik des Befreiungskriegs beibehalten hatten.

Die *Moderados* entfernten schon vor der Wahl Liberale aus öffentlichen Ämtern, woraufhin diese zum Wahlboykott aufriefen.

Als es nicht zu einer Annullierung der Wahlen kam, mobilisierten die Liberalen – in der Tradition der Unabhängigkeitskriege – ihre Anhänger zum bewaffneten Kampf. Die *Guerrita de Agosto* (1906) begann, eher eine Art psychologischer Krieg aus kleinen Überfällen, Pferdediebstählen, Zerstörungen von Zuckerrohrfeldern, Eisenbahnlinien, Brücken und Telefonkabeln. Die Nachrichten aber verunsicherten Regierung und Bevölkerung. Ein größerer Konflikt hätte ausbrechen können. Estrada Palma ließ wichtige Führer der Liberalen verhaften, mußte aber, da sich die Lage nicht beruhigte, die Verfassung aussetzen. 1906 provozierte er mit seinem Rücktritt die zweite Intervention der Amerikaner.

Die zweite Intervention der USA

Mit dem Aufstand brach das von den USA etablierte System einer demokratisch verhüllten Herrschaft der Konservativen erstaunlich schnell zusammen. Die Liberalen hatten in der *Guerrita* mit der Aufstellung einer Armee begonnen, die die Verfassung gegen die Verletzung durch die Konservativen verteidigen sollte. In diese traten viele schwarze und farbige Veteranen ein, die mit den Ergebnissen des Krieges, der Transformation sowie der Politik des Estradismus unzufrieden waren. Freigiebig verteilten die Liberalen Posten und Ränge und verstärkten, getrieben durch die radikale Anhängerschaft, ihre revolutionäre Rhetorik. Angesichts der potentiellen Bedrohung sah sich Gouverneur Magoon gezwungen, neue Beschäftigungsprogramme aufzulegen und 1908 eine stehende Armee zu gründen. Ein neues Wahlgesetz wurde ausgehandelt, und die folgenden Wahlen fanden unter Kontrolle der Okkupationsmacht statt. Theoretisch hätten die Liberalen durch die breite Unterstützung im Volk leicht gewinnen müssen. Aber aufgrund von internen Auseinandersetzungen um die Realisierung ihrer lauthals verkündeten Forderungen spalteten sie sich in *Miguelistas* und *Zayistas*. Beide Flügel verfügten über eine Symbolfigur der Afrokubaner; war es Martín Morúa Delgado bei den *Miguelistas*, so sicherte sich Zayas die Mitarbeit des noch prominenteren Juan Gualberto Gómez. Eine wichtige Rolle spielten die Konflikte zwischen Zentrum und Provinz. Aber der verborgene Kern allen Streites war die Frage, inwieweit Afrokubanern – und damit vor allem der armen Landbevölkerung – wirklich Aufstieg und Zugang zu Rängen, Bildung und Landbesitz gewährt werden sollten. Es ging also um Grad, Reichweite und Charakter der Demokratie im Lande und um das Problem, inwieweit sich diese mit einer effektiven Wirtschaftsentwicklung der vorgegebenen Strukturen verbinden ließ.

Ein mühsam ausgehandelter Kompromiß zwischen Präsidentschaftskandidat Gómez und Vizepräsidentschaftskandidat Zayas sicherte zwar den Wahlsieg um die Präsidentschaft, aber die Allianz mit den politisch aktivsten und radikalsten Elementen der Afrokubaner zerbrach. 1907 begann sich eine eigenständige afrokubanische Organisation zu formieren, der *Partido Independiente de Color* (PIC).

Die Bedeutung der zweiten Intervention liegt darin, daß Kompromisse unter den politischen Eliten des Landes ausgehandelt wurden, die im Kern das Funktionieren eines kompetitiven politischen Systems von Wahlen, Regierung und Opposition sicherten. Diese hielten, trotz erheblicher Belastungen, bis 1928, sicherlich auch deshalb, weil sich die strukturellen Bedingungen im Grunde nicht gewandelt hatten. Bis 1958 waren die sozioökonomischen Veränderungen eigentlich geprägt von einer immer stärkeren Durchsetzung des Großgrundbesitzes und der Monoproduktion sowie dem Ausbau der Transportinfrastruktur unter der Kontrolle meist amerikanischer Gesellschaften und Banken. Gelegentliche nationalistische Versuche liberaler Politiker, dieser Tendenz entgegenzusteuern, waren immer geprägt vom Ausbau des staatlichen Sektors und – zumeist – von mehr Korruption. Trotzdem war dieser Wunsch, mehr Nationalismus zu wagen, mit dem im Grunde jeder kubanische Politiker in die Wahlen zog, nicht zu unterschätzen, dies sprach immer breiteste Massen an.

1909 zogen die Amerikaner ab. Erst jetzt begann im Grunde das eigenstaatliche Leben Kubas.

Generäle und Doktoren

Mit José Miguel Gómez kam ein Präsident (1909–1913) aus der Provinz an die Macht, der die Gruppe der jüngeren Offiziere des ehemaligen E. L. C. repräsentierte. Zugleich symbolisierte er, daß nun einer der eigentlichen *Libertadores* das höchste Amt der Republik innehatte. Er verkörperte den Sieg des Föderalismus, das heißt einen Sieg des Interior über das Zentrum Havanna, von dem auch die anderen Provinzen profitierten. Zudem war José Miguel, bald *el Tiburón* (der Hai) genannt, nicht durch die Okkupanten an die Macht gebracht worden, wie Estrada Palma, sondern in gewissem Sinne gegen den Willen der USA. Er stellte den typischen Vertreter des ländlichen Kuba dar, mit dem Charisma eines guten *Amigo* sowie dem Geschick eines zwar formal ungebildeten, aber sehr erfolgreichen populistischen Politikers, der über seine Klientel die Lage kontrolliert. Ein General hatte sich damit zunächst gegen einen Rechtsanwalt, Zayas, durchgesetzt. Dieser besetzte den Posten des Vizepräsidenten.

Aus der Gruppe der Generäle rekrutierten sich auch Präsident Mario García Menocal y Deop (1913–1921) und, über diese engere Periode hinausgehend, Präsident Gerardo Machado (1925–1933) sowie Präsident Federico Laredo Brú (1936–1940), der allerdings als Rechtsanwalt zum Oberst im E. L. C. befördert worden war, also militärische und zivile Reputation vereinigte. Mit Ausnahme von Alfredo Zayas y Alfonso (1921–1925), der vom Ruhm seines Bruders, General Juan Bruno Zayas, zehren konnte, waren alle ehemalige Offiziere des Separatismus. José Miguel Gómez versuchte eine nationalistische Politik zu betreiben. Das war nach Lage der Dinge nur über die Vergabe von Aufträgen an Kubaner und durch Beschäftigung seiner Anhänger im Staatsapparat zu erreichen, nach dem Motto: Die Politik ist das einzige nationale Geschäft der Kubaner.

Die Ära der *Generales y Doctores*, das heißt in der Regel ein ehemaliger Militär an der Spitze der Machtpyramide und ein Vizepräsident aus der zivilen intellektuellen Elite, zeichnete sich daher durch den Kampf um Positionen im zentralen Staatsapparat sowie auf Provinz- und Munizipalebene aus. In Havanna standen diese Auseinandersetzungen eher im Zeichen des Populismus ziviler Politiker. Auf dem Lande dagegen und in den Provinzstädten waren die Protagonisten meist militärisch geprägte Kaziken, die zugleich Großgrundbesitzer waren. Vor allem die Liberalen nutzten die bäuerliche Aufstandsbereitschaft in separatistischer Tradition – wie 1906 und 1917 – im außerinstitutionellen Kampf um die Zentralgewalt. Entgegen diesem Hang zur Gewalt war es im Grunde aber nur José Miguel Gómez, der sowohl unter kontrollierten Wahlbedingungen an die Macht gekommen war als auch diese nach einer Amtszeit freiwillig wieder abgab.

Allerdings kam es unter der liberalen Präsidentschaft zu Staatsterror gegen den PIC, die politische Partei der Afrokubaner, nachdem ein Verfassungszusatz 1910 «Parteien auf Basis einer Rasse» die Beteiligung an den Wahlen verwehrt hatte. 1912 riefen die Führer des PIC in Oriente zum Aufstand auf, auch um sich den Widerstand der farbigen Landbevölkerung gegen die Expansion des Großgrundbesitzes zunutze zu machen. Die republikanische Armee wurde eingesetzt, und der Konflikt artete in eine Schlächterei aus, in der die Rassenkategorie *Negro* zum Zeichen für den auszurottenden Gegner wurde. Mehrere tausend Afrokubaner fielen Massakern zum Opfer, auch friedliche Bauern. Auf beiden Seiten standen Offiziere und Soldaten, die noch vierzehn Jahre zuvor gemeinsam um die Republik gekämpft hatten. Danach kam es nicht mehr zu einer eigenständigen afrokubanischen Bewegung.

Die Konservativen unter Menocal (1913–1921) versuchten mit Unterstützung der USA, ihre Macht zu verlängern, sobald sich die Möglichkeit dazu bot. Die ergab sich durch den Ersten Weltkrieg, da die USA an einer sicheren Karibik interessiert waren. Menocal erhielt wegen seines autokratischen Führungsstils den Spitznamen «Kaiser von Kuba». Unter ihm und seinen Nachfolgern kam es zur Durchsetzung der amerikanischen Dominanz in der kubanischen Wirtschaft; Symbol dafür waren die ersten Autos. Der Zucker expandierte nach Osten, wo modernste Zuckerverarbeitungsbetriebe und riesige Latifundien entstanden, die unter anderem von der *United Fruit Company* kontrolliert wurden. Innerhalb von zwei Jahrzehnten explodierte die Zuckerproduktion des Ostens von praktisch Null auf die Hälfte des gesamten Jahresausstoßes. Eine einzigartige agrarische Kultur ging verloren. Beide Prozesse gemeinsam, die Niederschlagung der unabhängigen politischen Bewegung der armen und mehrheitlich farbigen Landbevölkerung und das rücksichtslose Vordringen des Großgrundbesitzes unter Führung von nordamerikanischen *Companies*, entschieden das Problem der Demokratisierung der Ersten Republik – gegen die Demokratie. 1914 erhielt Kuba eine nationale Währung – den kubanischen Peso.

Das Festhalten der Konservativen an der Macht bildete ein wichtiges Argument für die Liberalen bei ihren Aufständen. Der Kampf zwischen Regierung und Opposition wurde nicht nur durch den normalen Konflikt zwischen Konservativen und Liberalen geprägt, sondern vor allem durch die Tatsache, daß in dieser Zeit die unsichere Allianz zwischen den – eher urbanen und zivilen – *Zayistas* und den – eher ruralen und militärischen – *Miguelistas* bei den Liberalen endgültig zerbrach.

1919 gründete Zayas den *Partido Popular*. Aus diesem und Teilen der mit Menocal unzufriedenen Konservativen bildete sich die *Liga Nacional*, ein Wahlverein für Zayas. Auch hier ist die Namenswahl nicht zufällig und bedeutungslos. *Liga Nacional* heißt, daß eine nationale, antinordamerikanische – wenn auch populistisch gemeinte – Zielstellung Wählerstimmen eintrug.

Bereits um 1920, aber deutlicher noch unter der Präsidentschaft von Zayas (1921–1925), zerfaserte das Zweiparteienschema endgültig. Die Zuckerkrise 1920, der Ruin vieler hispano-kubanischer Bankiers und Landwirte einerseits und die Durchsetzung der US-amerikanischen Dominanz in der Wirtschaft des Landes andererseits verstärkten den ohnehin schon starken kubanischen Nationalismus, der sich entweder im «Martianismus» ausdrückte oder sich auch schon mit den Ideen der lateinamerikanischen Universitätsreformbewegung sowie dem Marxismus verband. Das Auftreten einer neuen politischen, im republikanischen Kuba groß gewordenen Generation verschob die sozialen Grundlagen der Politik. 1920–1925 entstanden besonders viele neue politische Organisationen, Parteien und Gruppen. Sie bildeten sich nicht nur auf politisch-ideologischer Basis wie die Kommunistische Partei oder auf sozialer Grundlage wie Gewerkschaften oder bäuerliche Kooperativen, auch nicht nur in bestimmten Schichten wie unter Studenten oder Intellektuellen/Literaten, sondern ebenso aufgrund von Geschlechtszugehörigkeit wie die Frauenbewegung. Die treibende Kraft der Opposition bildete die von der lateinamerikanischen Universitätsreformbewegung beeinflußte Studentenschaft. Die Studenten organisierten sich im *Directorio Estudiantil Universitario*, von dem sich bald ein linker Flügel abspaltete. Ein großer Teil, vor allem aus dem kleinbürgerlichen Milieu, geriet unter den Einfluß der Geheimorganisation ABC. Eine Minderheit, zu der aber Protagonisten wie Julio Antonio Mella, der bald nach Mexiko ins Exil gehen mußte und dort ermordet wurde, und Intellektuelle wie Rubén Martínez Villena gehörten, schloß sich der Kommunistischen Partei an.

Mit einer kubanischen Variante des *New Deal* kam 1925 Gerardo Machado Morales (1862–1940) an die Macht. 1928 ließ er mit Zustimmung der traditionellen Parteien die Verfassung ändern, um seine Stellung unangreifbar zu machen. Eine Zollreform versprach kubanischen Unternehmern vor allem auf industriellem Gebiet sowie in der Diversifikation der Agrarproduktion (Reis, Tabak, Kaffee, Vieh, Bananen) gewisse Perspektiven eigenständiger Geschäfte. Seit 1929 kam es unter den verheerenden Auswirkungen der Weltwirtschaftskrise, die besonders den Zuckersektor traf, zum Abrutschen in eine semiparlamentarisch-caudillistische Diktatur (*Machadato*). Machado konnte sich zunächst durch Staatsterror halten, da die kaleidoskopartig aufgesplitterte Opposition nicht imstande war, sich zu einigen.

Die neuen Organisationen und Bewegungen gingen von der politischen Opposition bzw. vom Kampf um Partizipation und politische Neugestaltung zum Widerstand über. Dieser äußerte sich nicht mehr vorrangig in bewaffneter, militärischer Gestalt ländlicher Milizen, sondern in neuen Politikformen wie dem Gewerkschaftskampf, dem politischen Generalstreik, der Wahlrechtsbewegung der Frauen, Land- und Zuckerfabrikbesetzungen sowie Terroraktionen radikalisierter Studenten (ABC). Die USA unter Franklin D. Roosevelt sandten einen Vermittler, Botschafter Sumner Welles, nach Kuba. Er sollte zwischen Machado und den traditionellen Parteien vermitteln, um eine Revolution zu verhindern. Ein Generalstreik im August 1933 entzog Machado allerdings die Unterstützung der Armee. Er floh in die USA. Eine provisorische Regierung unter dem konservativen Carlos Manuel de Céspedes y Quesada wurde gebildet, konnte die Situation aber nicht unter Kontrolle bringen. Mit Machado traten die Separatistenpräsidenten vorerst von der politischen Bühne Kubas ab.

Bis 1930 hatten sich die Wirtschaftsstrukturen herausgebildet, die das Land bis 1959 und zum Teil darüber hinaus prägten. 1925 war das Eisenbahnnetz ausgebaut. Es gab 184 *Centrales*, die knapp 20 % des Bodens besaßen, aber nur zum Teil bebauten, weil sie Land auf Vorrat kauften. Etwa 80 % des kubanischen Exports waren mit dem Zucker verbunden. 1950 schließlich besaßen 162 Betriebe ungefähr 50% des guten, flachen Landes mit Anbindung an Häfen. Auch davon wurde nur die Hälfte produktiv genutzt. Diese Besitzstruktur verknappte das Land und hielt die Bodenpreise hoch, vor allem für Kubaner. 108 der 162 *Centrales* waren zwar in kubanischem Besitz, aber 44 von den größten gehörten amerikanischen Unternehmern oder Plantagengesellschaften. Letztere produzierten knapp 50 % des Zuckers und befanden sich vor allem in den Provinzen Camagüey und Oriente. Die geringe Bevölkerung dort war traditionell in der Viehhaltung bzw. im Transport beschäftigt oder nannte kleine Landstücke für die Subsistenz bzw. zur Versorgung lokaler Märkte ihr eigen.

Unter dem Druck der Plantagenexpansion wurden die Subsistenzbauern weiter in die Berge getrieben. Nur ein kleiner Teil konnte als Eigentümer bzw. Pächter von *Colonias* sowie in der Komplementärwirtschaft (Viehhaltung, Transport, Nahrungsmittel, Bananen) am Zuckergeschäft partizipieren. Aber auch die Zahl der *Colonias* ging zurück, da die Zucker-*Centrales* dazu übergingen, auf eigenem Land Rohr zu kultivieren. Die Masse der Landbevölkerung besaß kein Land oder lebte als *Precarista* (Ansiedler) auf fremdem Land ohne eigene Besitzrechte. Da in der Zuckerproduktion zwar der Mühlenkomplex und der Transport rasant modernisiert worden waren, die Ernte des Rohres aber immer noch per Hand und Machete durchgeführt wurde, benötigten die großen Betriebe sehr viele Saisonarbeiter. Für diese mußte eine Grundbedingung gegeben sein, da die Bindung durch Sklaverei weggefallen war: Sie mußten so arm sein und durch ihre große Anzahl derartig in Konkurrenz zueinander stehen, daß sie die schwere Arbeit zu niedrigsten Löhnen annahmen.

Um diese Grundbedingung zu sichern, hatten vor allem amerikanische Unternehmen die Bemühungen der Eliten Kubas um eine stärkere «Einweißung» der Bevölkerung durch europäische und kanarische Einwanderer einfach mißachtet. Zwischen 1910 und 1930 kamen mehrere hunderttausend farbige *Braceros* aus Jamaika, Barbados und Haiti nach Kuba. Sie bildeten zusammen mit einheimischen Landarbeitern vor allem im Ostteil der Insel eine hochmobile Saisonarbeiterschaft, die vollständig vom Zucker abhing. 1952 war eine knappe halbe Million Männer, etwa die Hälfte der kubanischen Arbeitskräfte, im Zuckersektor beschäftigt. Ein Zehntel davon, fast alles weiße Kubaner oder Kanarier, arbeitete in den

Fabriken und hatte relativ erträgliche Lebens- und Wohnbedingungen. Den Rest bildeten die Feldarbeiter. Diese konnten wegen der miserablen Verhältnisse oft nicht einmal eine Familie unterhalten und lebten vielfach in Elendsvierteln, die in Kuba den Namen *llega y pon* («komm und bau») trugen. Während der *Zafra* (Zuckerrohrernte) konnten sie sich wenigstens anständig ernähren, kleiden und Schulden bezahlen. Der Rest des Jahres, die sogenannte tote Zeit (*Tiempo muerto*), bedeutete Einschränkung, verzweifelte Suche nach irgendeiner Arbeit und Not, oft nur durch ein kleines Stück Land gemildert, für das allerdings die wenigsten Eigentumsrechte hatten.

Für die Unternehmer stellten diese Menschen eine hochflexible, durch den Zwang der Umstände hochmotivierte und sehr mobile Arbeiterschaft dar. Die Landarbeiter konnten auf einem bestimmten Niveau einfach alles. Sie nahmen jede Arbeit an. Außerdem waren sie wegen des Fehlens formaler Bildung und der strukturell bedingten Nichtseßhaftigkeit sehr schwer gewerkschaftlich zu organisieren. Dieses System stellte sich durch die ständig wachsende Effektivität und durch seine interne Rentabilität allerdings zunehmend selbst in Frage. Aufgrund besserer Technologie und Organisation verkürzte sich die Zeit der *Zafra* ständig, und der *Tiempo muerto* verlängerte sich. Dieser Umstand verstärkte die Not und die Bereitschaft zum Aufstand sowie das soziale Banditentum, und der Staat, der herausgefordert wurde, reagierte zumeist mit erhöhter Repression.

Zudem hing die rentabelste Agrarwirtschaft der Welt von Unsicherheitsfaktoren ab, die sie extrem verletzlich machten. Sowohl sehr schlechte Ernten, etwa wegen des Wetters, als auch sehr gute Ernten mit einer Überproduktion als Folge bereiteten große Probleme, ebenso eine niedrige Nachfrage in den Hauptabsatzgebieten als Resultat anderer Krisen oder zum dritten der Fall des Zuckerpreises wegen der Konkurrenz des Rübenzuckers bzw. eines Überangebots anderer Rohrzuckerproduzenten. All das glich einer Lotterie, keine dieser Bedingungen war von Kuba auf Dauer zu beeinflussen.

Bis 1925 beliefen sich die amerikanischen Investitionen auf der Insel, summiert man die der Jahre seit 1898, auf 1,2 Milliarden Dollar (ohne Staatsanleihen). Das war mehr Kapital, als in Mexiko und Zentralamerika zusammen investiert worden war, fast viermal soviel wie in Europa und fünfmal mehr als in Asien (E. Kopf). Die Amerikaner hatten die Kontrolle über die kubanische Wirtschaft in einem historischen Moment erlangt, in dem deren Rentabilität immer wieder an Grenzen stieß. Durch neue Zollbestimmungen, Produktionsquoten und Handelsverträge wurde versucht, dies zu regulieren, was das Dilemma jedoch nicht beseitigte. Eine Expansion der Zuckerwirtschaft war nur noch punktuell oder in Kriegs- und Nachkriegszeiten möglich; so wurde zum Beispiel die höchste Zuckerrohrernte bis 1970, nämlich 7,3 Millionen Tonnen, im Jahre 1952 zur Zeit des Koreakrieges erzielt.

Eine einheimische Industrie konnte sich auf Kuba, das 70 % seiner Importe aus den USA bezog, vor allem in der Zigarren- und Rumproduktion (*Bacardi*), in bescheidenem Maße in der Lebensmittelherstellung und Bierbrauerei sowie im Textil- und Chemiesektor entwickeln. Relativ stark dagegen wuchsen, vor allem mit dem Ausbau des nordamerikanischen Tourismus seit den fünfziger Jahren, der Dienstleistungssektor, Handwerk und Gewerbe sowie Prostitution im urbanen Raum. Der Industriesektor war außerhalb der agrarindustriellen Tabak- und Zuckerproduktion eher schwach, wenn es auch nach 1933 zu einer Stärkung kam. Das kubanische Bürgertum konzentrierte sich vor allem im Handel – hier noch sehr eng mit seinen spanischen Wurzeln verbunden –, in der Viehzucht sowie in freien Berufen, im Bildungs- und Staatssektor.

Längerfristig gesehen, wird deutlich, daß Kuba Globalisierung, Multikulturalität, Entnationalisierung und Amerikanisierung der Alltagskultur, aber auch den Eigensinn und kreativen Umgang mit diesen Phänomenen im Rahmen einer nicht mehr nur atlantischen, sondern auch pazifischen Weltwirtschaft zeitiger und intensiver als andere Gebiete dieser Welt erfahren hat.

Revolution und Stabilisierung

Seit Mitte 1930 entwickelte sich eine urbane Revolutionsbewegung, die nach dem 12. August 1933 im September desselben Jahres ihren zweiten Kulminationspunkt erreichte. In diesem historischen Moment schlossen sich Aktivisten der Studentenbewegung, untere Armeeränge («Sergeanten») und Reformintellektuelle für kurze Zeit zusammen. Die seit den frühen zwanziger Jahren heranwachsende neue nationale Bewegung lieferte die Leitideen in unterschiedlicher Färbung und verband sich mit zeitgenössischen Ideologien und politischen Strömungen. Sie ging erstmals von Havanna und nicht von Oriente oder einer anderen Provinz aus. Auf dem Lande hatte sie eine breite Basis, vor allem in den Zuckergebieten, wo Landarbeiter *Centrales* besetzten, *Sowjets* ausriefen und landlose Bauern Ländereien besetzten oder vor dem Zugriff der Plantagengesellschaften verteidigten.

Nach dem Sturz der Regierung Céspedes formierte sich eine Pentarchie, in der sich bald der Nationalreformer und Mediziner Ramón Grau San Martín durchsetzte und das Präsidentenamt übernahm. Innenminister wurde der «Martianer» Antonio Guiteras Holmes. Fulgencio Batista, vom Sergeanten und Stenotypisten zum Oberst und Armeechef aufgestiegen, übernahm die Rolle des starken Mannes im Hintergrund. Er paktierte zunächst mit der Grau-Regierung und ließ das alte Offizierskorps im Hotel Nacional erschießen. Zugleich stand er in Verbindung mit Vertretern der USA und begann Armee, *Guardia Rural* und paramilitärische Terrorgruppen gegen Landarbeiter und bald auch gegen städtische Streikbewegungen einzusetzen.

Die Grau-Regierung setzte die Verfassung von 1901 und damit auch das *Platt-Amendment* aus, worauf die USA ihr die Anerkennung verweigerten. Sie zerbrach am Widerstand der kubanischen Oberschichten und der Unkontrollierbarkeit der sozialen Bewegungen, obwohl sie eine wahre Flut von Dekreten zur Regelung dieser Probleme erließ; hinzu kamen innere Widersprüche. Diese Konstellation ermöglichte es Batista, Zünglein an der Waage zu spielen. Im Januar 1934 wurde Grau durch Batista und die Interventionsdrohung der USA zum Rücktritt gezwungen. Um die neue «Regierung des nationalen Wiederaufbaus» von Mendieta zu stützen, gewährten die USA nun ihrerseits die Aufhebung des *Platt-Amendments*, flankiert allerdings von einer für Kuba negativen Quotenfixierung des Zuckerexports und einem zweiten Reziprozitätsvertrag. Grau gründete zwar 1934 in Anlehnung an die Partei Martís den *Partido Revolucionario Cubano* (PRC *Auténtico*), aber die Initiative lag längst bei Batista und den von ihm gestützten «Regierungen der Ordnung». Der Generalstreik von 200 000 Arbeitern unter Führung der Gewerkschaft *Confederación Nacional Obrera de Cuba* wurde gewaltsam beendet. Guiteras versuchte mit seiner

Organisation *Joven Cuba,* den militärischen Kampf in Oriente zu organisieren; die Linke lehnte dieses jedoch als Abenteurertum ab. Auch der Versuch der rassistischen Rechten (Teile des studentischen ABC), nach dem Vorbild Mussolinis und Hitlers einen «Marsch auf Havanna» zu organisieren, scheiterte. Viele Führer des ABC fanden danach Unterschlupf in den bürgerlichen Parteien und machten im Staatsapparat Karriere. 1935 wurde die Massenmobilisierung durch den Einsatz von Armee und Polizei beendet. Den blutigen Schlußpunkt bildete die Ermordung von Guiteras und seiner Mitkämpfer bei Matanzas.

Eine Periode der Repression, des gelenkten Übergangs und der Stabilisierung des parlamentarischen Systems setzte ein. Batista zog die Fäden. Er stützte sich zur Eindämmung der breiten, aber schlecht organisierten sozialen Bewegungen auf die Armee und paramilitärische Gruppen sowie auf die fortgesetzte Interventionsdrohung der USA. Daraus erklärt sich die Instabilität der Regierungen Carlos Hevia (16.–17. Januar 1934), Carlos Mendieta y Montefur (1934/35), José A. Barnet (1935/36) und Miguel Mariano Gómez (Mai–Dezember 1936). Einzig Präsident Federico Laredo Brú (1936–1940) wirkte fast die ganze Amtszeit. Von all diesen Marionettenpräsidenten war nur der Sohn von José Miguel Gómez, Miguel Mariano, gewählt worden. Als er Eigeninitiative erkennen ließ, wurde er gestürzt. Die anderen Regierungswechsel waren von der Armee inszeniert. Erst 1939 wurden wirklich demokratische Wahlen nach einem neuen Wahlgesetz abgehalten. Alle politischen Parteien konnten legal wirken, unter anderem auch ein kurzlebiger *Partido Nazi Cubano.*

Die Masse der Kubaner hegte während des spanischen Bürgerkrieges tiefe Sympathien für die Republikaner. Die Anti-Hitler-Koalition war im Entstehen begriffen. Batista hielt sich mit feinem Gespür an die demokratischen Regeln. Er setzte in nationaler Rhetorik auf Sozialpartnerschaft zwischen Kapital und Arbeit, veranlaßte die Verteilung von Staatsländereien, förderte das Erziehungswesen und ließ den Zuckerexport mäßig besteuern. Vor allem letzteres veranlaßte 1938 die kubanische Plantagenelite und Teile der Armeeführung zu dem Versuch, sich des nützlichen Emporkömmlings zu entledigen. Aber Batista konnte sich der Soldaten sicher sein, obwohl er, um Staatspräsident werden zu können, von seinem Posten als Armeeoberbefehlshaber hatte zurücktreten müssen. Seine Popularität wuchs. Er bildete eine Parteienallianz, die *Coalición Socialista Democrática*. Diese reichte von den Kommunisten des *Partido Unión Revolucionaria Comunista* (PURC), der aus dem *Partido Comunista* von Blás Roca und der *Unión Revolucionaria Cubana* von Juan Marinello entstanden war, bis zum *Partido Demócrata Republicano* des ehemaligen «Kaisers» Mario Menocal. Zunächst kam es zur Erarbeitung und Verabschiedung einer neuen Verfassung (1940) nach dem Vorbild Weimars und der spanischen Verfassung von 1931, in der viele die Erfüllung des 1933 begonnenen Demokratisierungsprozesses sahen.

Mit Batista erlangte der Populismus eine neue Dimension. Das mag an der politischen Geographie, nämlich an der regional-sozialen Basis der Spitzenpolitiker Kubas, verdeutlicht werden. Die Führung der Separatisten 1868–1898 hatte ihre Grundlage in Oriente und Camagüey gehabt; zwischen 1902 und 1933 kamen die Präsidenten – allesamt weiße Kreolen – aus regionalen Eliten verschiedener Provinzen, bzw. sie hatten sich durch den Militärdienst in den Kreis der politischen Oberschicht aufgeschwungen, so Estrada Palma aus Oriente, José Miguel Gómez und Gerardo Machado aus Las Villas; Mario Menocal und Alfredo Zayas stammten aus Havanna. Ab 1933 waren alle Präsidenten außer Carlos Mendieta und Federico Laredo Brú (beide Las Villas) aus Havanna. Aber der wichtigste Mann der Zweiten Republik, Fulgencio Batista, war in bescheidensten Verhältnissen in Banes/Oriente aufgewachsen. Außerdem war er Nachkomme von Mulatten und Indios, ein Typ, der in Kuba *Chino* genannt wird. All dies trug zu seiner Popularität bei den breiten Unterschichten bei, was wiederum fast alle politischen Kräfte zwang, in den Konsens einzustimmen. Es war ein wichtiges nationales Symbol des Aufstiegs der Unterschichten, daß in der Krisenzeit 1933/35 mit Batista erstmals ein «Neger» aus Oriente die politische Führung und dann 1940 auch die Präsidentschaft übernahm.

Der «Honeymoon Lateinamerikas» auf Kuba

Das Wort vom «Honeymoon Lateinamerikas» stammt von André Gunder Frank und bezieht sich auf die Tatsache, daß Lateinamerika und Kuba durch die Verwicklung der großen Mächte in den Krieg eine Zeit des Wirtschaftsaufschwungs erlebten. Allerdings gab es auch eine Reihe von Schwierigkeiten, die den «Honigmond» verdunkelten.

Die Zeit des Zweiten Weltkrieges bis zu den Anfängen des kalten Krieges verlief auf Kuba unter relativ stabilen demokratisch-populistischen Regierungen Batistas (1940–1944) und der *Auténticos* unter Grau San Martín (1944–1948) sowie Carlos Prío Socarrás (1948–1952). Dies war möglich, nachdem 1940 die sicherlich demokratischste Verfassung, die Kuba bis heute hatte, in Kraft getreten war. Sie verfügte die Rassengleichheit, das Frauenwahlrecht, das Recht auf Arbeit und insgesamt eine sehr progressive Arbeitsgesetzgebung sowie eine Begrenzung des Großgrundbesitzes. Die Kubaner gaben ihr schnell den Spitznamen «die Jungfräuliche», weil viele ihrer Artikel durch Ausführungsbestimmungen umgesetzt werden sollten, was aber nicht geschah. Das betraf vor allem die Kreditvergabe auf dem Lande sowie die Begrenzung des Latifundiums. Ganz im Gegensatz zum hehren Text führten Zuckerkonjunktur und Ausweitung der Viehwirtschaft durch die verstärkte Nachfrage in Kriegszeiten zu Benachteiligung und Vertreibungen kleiner Bauern.

In der Regierung gab es zwei Minister der PURC, Juan Marinello und Carlos Rafael Rodríguez, weil Batista bestrebt war, sich den Einfluß der Kommunisten auf die Gewerkschaften zu sichern. Die PURC wechselte nach der Auflösung der Kommunistischen Internationale ihren Namen und nannte sich *Partido Socialista Popular* (PSP). Nach Pearl Harbor trat Kuba an der Seite der Anti-Hitler-Koalition in den Zweiten Weltkrieg ein. 1942 kam es zur Aufnahme diplomatischer Beziehungen zur UdSSR. Zeitweilig griff eine Art Kriegspanik um sich, vor allem wegen der deutschen U-Boote, die Schiffe in der Karibik angriffen, einige versenkten und damit den Zuckerexport gefährdeten. Literarisch verewigt worden sind jene Zeiten in Hemingways Roman *Inseln im Strom*.

Die *Auténticos* (PRC) mit Grau und seinen Anhängern und ihre Parteienallianz konnten sich bei den Wahlen 1944 gegen den Kandidaten der Batista-Koalition durchsetzen, vor allem mit antikommunistischer Propaganda und den Stimmen der Landbevölkerung. Batista ging ins «Exil» nach Daytona Beach.

Die *Auténticos* beriefen sich – gestützt auf das nationale Bürgertum – auf die unerfüllte Revolution von 1933–1935 und auf José Martí. Sie führten jedoch in gewisser Weise das Reformprogramm Batistas weiter und forderten «Kuba den Kubanern». So entwickkelte sich das kubanische Unternehmertum, das den Zuckersektor zu 70% dominierte. In der Tendenz lief diese nationale Rhetorik jedoch, wie schon bei José Miguel Gómez und Alfredo Zayas, auf eine Art «Windschatten-Wirtschaftspolitik» (E. Kopf) hinaus, die in Zeiten guter Konjunktur die Illusion der Kubanisierung förderte und zu einem weiteren Anstieg des Pfründenwesens im Staatsapparat und der Korruption führte. Viele Anhänger entfremdeten sich deshalb der Führung der *Auténticos*, und der demokratische Konsens wurde untergraben. Als ihre breite soziale Basis sahen die *Auténticos* die gleichen Klassen an wie die Kommunisten, deshalb auch die scharfe Konkurrenz, die erst nach dem Beginn des kalten Krieges 1947 voll zum Durchbruch kam.

Anlaß dieser Auseinandersetzung war vor allem der Versuch, die Führung der Kommunisten über die Gewerkschaften zu brechen. Als dies zunächst mißlang, gingen die *Auténticos* zum Staatsterror über. Dabei bedienten sie sich der Mitglieder der zu Beginn der dreißiger Jahre entstandenen radikalen Organisationen, die jetzt jegliche ideologische Bindung verloren hatten und zu Politmafias verkommen waren. In Havanna gab es fast ein Dutzend dieser Gruppen, die starken Einfluß auf die Studentenschaft ausübten und sich oft aus ihr rekrutierten. Grau machte gegen Wahlunterstützung und Hilfe Fabio Ruiz von der *Acción Revolucionaria Guiteras* (ARG), der Nachfolgeorganisation der *Joven Cuba* von Guiteras, zum Polizeichef von Havanna. Mario Salabarrías vom *Movimiento Socialista Revolucionario* (MSR), dem auch Rolando Masferrer, Boris Goldenberg, Faure Chaumón und Manolo Castro angehörten, wurde zum Chef der Geheimpolizei. Emilio Tró von der *Unión Insurreccional Revolucionaria* (UIR) ernannte Grau zum Polizeichef in Havannas modernistischem Villenviertel Marianao. Auch so kann Korruption aussehen. Gewalt wurde Bestandteil der Regierungspolitik. Viele Menschen starben unter ungeklärten Umständen. Lázaro Peña, Generalsekretär der CTC, wurde bedroht, der schwarze Führer der Zuckergewerkschaft, Jesús Menéndez, hinterrücks erschossen und die PSP verfolgt.

Aber auch unter den *Auténticos* selbst kam es zur Spaltung. Aus dem PRC (A) ging – wegen der Nichtverwirklichung der nationalen Ziele – 1947 der *Partido del Pueblo Cubano* (*Ortodoxo*) unter dem brillanten Eduardo Chibás hervor. Als begnadeter Redner, der vor allem das städtische kleine Bürgertum und die Jugend ansprach, griff Chibás in einer wöchentlichen Radiosendung die Regierungskorruption an. Einer seiner Anhänger und Mitglied seit 1947 war ein junger Jurastudent namens Fidel Castro Ruz. Die *Ortodoxos* profilierten sich gegen *Auténticos*, Batista und PSP. In den Wahlen 1948 siegte jedoch noch einmal der Kandidat der *Auténticos*, Carlos Prío Socarrás. Batista kam wieder und wurde in Las Villas zum Senator gewählt; zudem pflegte er seine alten Beziehungen zur Armee. Mit Prío diskreditierten sich die *Auténticos* endgültig. Seine Regierung bestand aus Vertretern der Generation von 1933; der Premier war ehemaliger Führer des ABC. Der Staatsapparat war aufgebläht, Korruption und Spekulation allgegenwärtig; eine Kultur der Gewalt breitete sich aus. 1951 beging Chibás vor laufenden Mikrophonen aus Protest einen Selbstmordversuch. Kurze Zeit darauf starb er und wurde zum Märtyrer seiner Partei.

Im Wahlkampf 1951/52 zeichnete sich ein Sieg der *Ortodoxos* über die *Auténticos* und Batista ab. Getragen von einer breiten Anti-Prío-Stimmung und gestützt auf eine Verschwörung von Armeeoffizieren, griff Batista zum letzten Mittel, um sich als Retter Kubas zu präsentieren und – vor allem – den Wahlsieg einer Reformpartei zu verhindern. Offiziere übernahmen das Armeehauptquartier Camp Columbia und die Telefonzentrale des Landes. Unter dem Vorwand, Prío selbst plane einen Staatsstreich, um seine Regierungszeit zu verlängern, ließ Batista am 10. März 1952 den Präsidentenpalast besetzen. Das Volk von Havanna rief dem gestürzten Präsidenten «Prío raus» nach. Es gab kaum Widerstand. Batista baute auf seine populistische Fama, das Unbehagen an Politgangstertum und Korruption. Er setzte auch auf die Kraft der Rekordzuckerernte von 1952 und versprach allen alles: «Das Volk und ich sind die Diktatoren.» Marta Fernández de Batista führte sich auf wie Eva Perón, war aber nicht so erfolgreich. Sehr schnell erfolgte die Anerkennung der USA. Die Verfassung wurde außer Kraft gesetzt; der neue Machthaber versprach jedoch ein Grundgesetz, das den «demokratischen und progressiven Inhalt» der Verfassung von 1940 bewahren sollte.

Zunächst kam es zu einer politischen Pattsituation, denn keine der großen Parteien oder Organisationen tat etwas gegen den Usurpator. Gewerkschaftsführer stellten sich gar hinter Batista. Die *Auténticos* waren diskreditiert, die *Ortodoxos* desorientiert, und die PSP zeigte sich durch den Terror teils handlungsunfähig, teils wegen früherer Zusammenarbeit mit Batista unentschlossen. Die Maschinerie lief einfach weiter. Was allgemein den Regierungen angelastet wurde, wie Korruption, Populismus, Nepotismus, Patronagewesen, Nichtbeachtung von Gesetzen sowie Jagd nach Geld, Luxuskonsum und Sinekuren, hatte die politische Kultur des Landes zutiefst geprägt. Im urbanen Kuba, vor allem in Havanna, war eine der materialistischsten Gesellschaften der Welt entstanden, eine Mischung zwischen den Segnungen der amerikanischen Moderne und spanischer Elitenmentalität. Diese existierte aber auf Kosten einer Ressource, die sie zwar manchmal bedauerte, aber kaum beachtete – der Masse der ruralen Subsistenzbauernschaft und der Arbeitslosen, die nur saisonal in die Geldwirtschaft einbezogen war.

Unter Batista verlief die wirtschaftliche Entwicklung im wesentlichen positiv, aber es kam auch zu kleineren Krisen. Der Koreakrieg brachte einen Boom; 1955 kam es jedoch zum Einbruch der Zuckerproduktion; 1957 wiederum bescherten Suezkrise und schlechte Zuckerrübenernte in Europa nochmals ein gutes Jahr. Insgesamt war der zweite *Batistato* von Anfang an weniger legitimiert, zeigte sich bald repressiv und hatte vor allem die Reformfähigkeit verloren, die man dem ersten *Batistato* 1934–1944 nicht absprechen kann.

Die größte Furcht hegte Batista vor der Studentenschaft, von der viele Idealisten waren, aber auch auf Posten unter einer *Ortodoxo*-Regierung gehofft hatten. Die Studenten spielten dann auch mit der *Federación Estudiantil Universitaria* und seiner geheimen Führung, dem *Directorio Revolucionario Estudiantil* unter José Antonio Echavarría, eine wichtige Rolle im aktiven Kampf gegen Batista. Die Jugend mißtraute den etablierten Parteien. Diese Situation nutzte der junge Rechtsanwalt Fidel Castro, um eine Revolution im Geiste Martís zu initiieren.

Diktatur und Guerillakrieg

Fidel Castro zählte zum Zeitpunkt des Staatsstreichs von Batista vierundzwanzig Jahre. Sein Vater Angel Castro war galicischer Einwanderer, der zunächst im Unabhängigkeitskrieg auf spanischer Seite gekämpft hatte. Später brachte er es in Birán/Oriente (in der Nähe von Banes) durch Geschäfte mit der United Fruit Company zum Großgrundbesitzer und Lokalkaziken. Der 1927 geborene Fidel litt zunächst stark unter Illegitimität, denn sein Mutter Lina Ruz González, eine Anhängerin der Congo-Religion, war zum Zeitpunkt seiner Geburt noch Dienstmädchen im Hause Castro. Dies ist auch einer der Gründe der Geheimniskrämerei um das Geburtsjahr von Fidel Castro. Castro sen. legitimierte das Verhältnis schließlich, das heißt, er heiratete Castros Mutter. Castro jun. vereinigte enorme Willensstärke, eine Erbschaft seines Vaters, die der Sohn allerdings gegen seinen Erzeuger richtete, und einen für Kuba klassischen Bildungsweg der reichen Oberschichten. Er hatte Schulen der Jesuiten durchlaufen und in Havanna Jura studiert. Dort war er mit allen Erscheinungsformen des Studentenlebens in Berührung gekommen – auch mit den Politmafias – und hatte sich mehr und mehr vom moralischen Rigorismus Chibás' angezogen gefühlt. Seitdem ist Castro Moralist im Sinne José Martís – mit jesuitischer Disziplin. 1948 reiste er durch Lateinamerika und traf mit Studenten anderer Länder zusammen, die sich wie er einer lateinamerikanischen Identität verpflichtet fühlten. In Bogotá wurde er im gleichen Jahr Augenzeuge einer Volkserhebung, des *Bogotazos*. Wieder zurück in Kuba, heiratete er Mirta Díaz-Balart, deren Bruder, ein Kommilitone Castros, unter Batista Unterstaatssekretär im Innenministerium wurde.

Castro dagegen entwickelte sich, auch wegen der gescheiterten Politikerkarriere bei den *Ortodoxos*, zum Rigoristen und Nationalisten im Geiste Martís und Chibás'. Er erarbeitete sich das Charisma und die Autorität, die einen großen politischen Anführer auszeichnen. Castro war zu dieser Zeit weder Kommunist noch Marxist, lehnte aber den geifernden Antikommunismus der McCarthy-Ära ab. Er war vor allem ein selbständiger Politiker und prüfte alles, auch marxistische Schriften, hinsichtlich der Anwendung für die Situation Kubas. Mit der Mentalität der Kubaner, sowohl mit der der ärmsten Bauern in seinem Heimatort Birán wie mit der der Oberschichten, war er vertraut. Zusammen mit Abel und Haydée Santamaría und seinem jüngeren Bruder Raúl begann Castro im Umfeld der *Ortodoxos* eine Anti-Batista-Gruppe unter denen zu sammeln, die bereit waren, der Diktatur mit Gegengewalt zu begegnen. Die Gruppe empfand sich im Jahr des hundertsten Geburtstages von José Martí als Erbe seines Märtyrertums und angesichts der Passivität der etablierten Parteien zunehmend als Aktivisten des kubanischen Volkes gegen die Diktatur. Castro erhob Anklage gegen Batista wegen Verfassungsbruchs. Damit legitimierte er das Recht auf Gegengewalt und zeigte zugleich, daß der Kampf innerhalb des korrupten parlamentarischen Systems – welches Batista versprochen hatte, wieder in Kraft zu setzen – sinnlos war, weil dieses vom Diktator manipuliert wurde. Das war durchaus die stille Meinung der Masse des Bildungsbürgertums und der Intelligenz. Die Gruppe um Castro orientierte sich, gestützt auf Erfahrungen, die sie aus der kubanischen Geschichte zog, klar am bewaffneten, außerinstitutionellen Kampf.

Zum Symbol dieses Kampfes ist die Moncada-Kaserne geworden, das damals zweitwichtigste Militäretablissement des Landes. Überfälle auf die Kasernen in Santiago de Cuba und Bayamo sollten, wie 1895, eine Volksrevolution in Oriente auslösen und andere Kräfte, Gewerkschaften, Studenten sowie bäuerliche Guerillas in den Kampf einbeziehen. Konkret war geplant, nach der Einnahme der militärischen Einrichtungen, der Polizeistationen und des Senders *Cadena Oriental* die Bevölkerung Santiagos zu bewaffnen, die Stadt in ein befreites Territorium zu verwandeln und dieses nach dem im *Manifiesto del Moncada* niedergelegten demokratischen Programm umzugestalten. Das zeigt, daß sich die *Moncadistas*, wie sie später genannt wurden, durchaus der Bedeutung des Oriente in der kubanischen Geschichte bewußt waren. Und sie kannten auch die Wichtigkeit der damals modernsten Massenmedien. Weitere Motive waren das bereits erwähnte Märtyrertum und – in Kenntnis der Mentalität des Batista-Regimes – die Visualisierung seiner repressiven Seiten, mit der dem Diktator die populäre Legitimität entzogen werden sollte.

Der schlecht vorbereitete Überfall am 26. Juli 1953 scheiterte. 61 der 165 Teilnehmer fielen oder wurden bestialisch ermordet. Doch ein Zeichen war gesetzt. Castro verteidigte sich in dem anschließenden Gerichtsverfahren selbst, wies jede fremde Urheberschaft sowie die unterstellte Beeinflussung durch Prío zurück und äußerte in seiner Rede vor Gericht weitere programmatische Gedanken. Er schloß seine Verteidigung mit den berühmten Worten: «*Condenadme, no importa; la historia me absolverá*» («Verurteilt mich, es macht nichts; die Geschichte wird mich freisprechen»). Castro und 27 seiner Gefährten wurden zu langjährigen Freiheitsstrafen auf der Isla de Pinos verurteilt. Sie nutzten die erzwungene Ruhe zur weiteren Ausarbeitung ihrer Strategie.

1954 legitimierte Batista seine Herrschaft durch manipulierte Wahlen. Zum Wahlritual gehörte traditionellerweise eine Amnestie. Die Anhänger Castros nutzten diese Tradition, um seinem Programm breitere Publizität zu verschaffen und die Freilassung der *Moncadistas* zu erreichen. Castro selbst rekonstruierte seine Verteidigungsrede. Aus dem Gefängnis geschmuggelt, wurde sie unter dem Titel «*La Historia me absolverá*» gedruckt. Als Zielvorstellungen schrieb das Programm demokratische, soziale und nationale Maßnahmen fest, vor allem eine gemäßigte Agrarreform und eine begrenzte Nationalisierung ausländischer Firmen – im Grunde das 1933/34 nicht verwirklichte Reformideal. Erreicht werden sollten diese Ziele durch den gewaltsamen Sturz Batistas und die Wiedereinsetzung der Verfassung von 1940. Im Mai 1955 wurden die *Moncadistas* freigelassen, um bald ins Exil zu gehen. Vor ihrer Abreise nach Mexiko, dem traditionellen Zufluchtsort der Linken in jenen Jahren, sammelten sie informell alle Gruppen um sich, die dem Moncada-Programm zustimmten. In Mexiko wurde dann der *Movimiento 26 de Julio* – M-26–7 – mit den Farben Rot-Schwarz offiziell gegründet. Militärisches Training verband sich mit Vorbereitung und Koordinierung des Aufstandes. Anhänger auf Kuba, wie Frank País in Oriente, bereiteten einen städtischen Aufstand vor, und es kam zu Absprachen mit konkurrierenden Oppositionsgruppen, vor allem mit dem *Directorio Revolucionario Estudiantil*. Der Argentinier Ernesto Che Guevara und andere stießen zum M-26–7. Eine Propagandareise Castros sicherte die moralische und finanzielle Unterstützung von Teilen der Exilkubaner in den USA.

Am 25. November 1956 starteten 82 Mann auf der Jacht «Granma», um in Kuba den Guerillakrieg auszulösen. Die mit Frank País abgesprochene Koordinierung der Landung mit dem

Aufstand in Santiago mißlang. Die «Granma» verfuhr sich und mußte an unbekannter Küste landen, einem Mangrovensumpf bei Los Cayuelos in Oriente. In der Nähe Alegría de Pío wurde sie wenig später von Marinefliegern überrascht. 15 der 82 Mann konnten sich retten und erreichten die Gebirgswälder der Sierra Maestra.

Zu Beginn des Jahres 1957 ging es zunächst um das nackte Überleben. Erste erfolgreiche Militäraktionen und das wachsende Vertrauen der Gebirgsbauern ermöglichten es, nach einer «nomadischen Phase» (Che Guevara) feste Basen zu errichten. Die *Barbudos*, wie sie wegen ihrer Barttracht bald genannt wurden, setzten ihre Rechtsvorstellungen durch und verteidigten die Zivilisten gegen den Terror der bewaffneten Kräfte Batistas. Das klingt einfacher, als es in Wirklichkeit war. Die Zivilbevölkerung geriet zwischen die Fronten und mußte sich für eine Seite entscheiden; Verrat blieb nicht aus. Aber in der *Sierra* hatte die Macht der Regierungen nie weit gereicht. Hier existierte eine Tradition des sozialen Banditentums und der gewaltsamen Verteidigung des – nach legalistischen Vorstellungen – illegal durch Kleinbauern (*Precaristas*) und *Guajiros* besetzten Bodens. Das anarchische Ambiente bereitete zunächst auch den *Guerilleros* Schwierigkeiten bei der Durchsetzung ihrer militärischen und sozialen Disziplin; gerade Che Guevara und Raúl Castro sind dafür bekannt geworden, daß sie Verräter, Kriminelle, Rauschgifthändler, Diebe, Delinquenten und Deserteure erbarmungslos erschießen ließen. Insgesamt schlug für die Guerilla positiv zu Buche, daß sie den *Precaristas* die Besitztitel über das okkupierte Land garantierte. Vieh, vor allem Rinder, der großen Besitzer wurde «befreit» und an arme Bauern verteilt. Damit, aber auch mit Gesundheitsversorgung und Alphabetisierung band die Guerilla die Masse der armen Gebirgsbewohner an sich. Die Agrarreform, später als «Gesetz Nr. 1 der Sierra Maestra» legalisiert, zielte – durchaus nach martianischen Vorstellungen – zunächst darauf ab, staatseigenes Land und Ländereien Batistas an bedürftige Bauern zu verteilen und allen anderen, die weniger als 5 *Caballerías* (67 ha) Boden besaßen, diesen Besitz zu garantieren.

Das Batista-Regime verfolgte zwei Strategien. Eine waren das Tot-
schweigen und die Isolierung zusammen mit dem Versuch, die
oppositionellen Bewegungen gegeneinander auszuspielen, die andere bestand aus massivem Terror und Militäraktionen. Die Isolierung wurde durch einen US-amerikanischen Journalisten, Herbert
Matthews, aufgebrochen, der sich im Februar 1957 mit Castro traf.
Das Interview erschien wenige Tage später in *The New York Times*.
Erst Mitte 1957 setzte sich die Guerillabewegung unter dem
Kommando Fidel Castros, die *Sierra*, gegenüber dem *Directorio
Nacional* des M-26–7 der Städte und des flachen Landes außerhalb der Sierra Maestra, dem *Llano* (Ebene), durch. Die anderen
politischen Kräfte, die bürgerliche Opposition unter dem Expräsidenten Prío und breitere Kreise, die die korrupte Batista-Diktatur
innerhalb und außerhalb des Landes bekämpften, paktierten untereinander und versuchten die Guerilla entweder für ihre Ziele zu
instrumentalisieren, oder richteten nach einigem Zögern ihre Strategie partiell auf den militärischen Kampf aus. Nach einem völlig
unkoordinierten und deshalb kläglich gescheiterten Generalstreik
im April 1957, der vom *Llano* organisiert worden war, mußten der
zivile Flügel des M-26–7 sowie die anderen oppositionellen Gruppierungen auf Kuba den Oberbefehl der *Sierra*, und damit Castros,
de facto anerkennen.

Es bestand aber immer die Gefahr eines Putsches der Armee mit
Unterstützung der USA, der Batista beseitigt, aber ansonsten alles
beim alten belassen hätte. Deshalb mußte auch Castro taktische
Bündnisse eingehen, zumal die anderen Gruppen besser organisiert
waren und traditionell stärkeren Einfluß auf breitere Bevölkerungs-
schichten, Parteien, Gewerkschaften und auch im Ausland hatten.
Trotz einiger Teilerfolge erwies sich die Batista-Armee als unfähig,
die Guerilla zu schlagen. Der Diktator ließ seine Bluthunde von der
Leine und versuchte mit Terror gegen Oppositionelle Stärke zu
demonstrieren. Der Kampf in den Städten band die Repressions-
kräfte. Aber im Grunde kompensierte Batista mit dem Terror seine
Mißerfolge. Selbst für die USA wurde er untragbar. Außenministe-
rium und CIA suchten zeitweilig Kontakt zu Castro, konnten ihn
aber schwer einschätzen und fürchteten kommunistische Infiltra-

tion in den Reihen seiner Kämpfer. Die Botschafter Gardner und Smith, Verteidigungsministerium und US-Militärmission dagegen setzten weiterhin auf Batista. Es setzte sich eine Linie durch, die Zeit dadurch zu gewinnen hoffte, daß Batista zur Abhaltung von Wahlen 1958 ermutigt wurde. Insgesamt setzte man auf die günstige Wirtschaftsentwicklung und die Wahlbeteiligung der berechenbaren traditionellen politischen Parteien.

Die Fähigkeit der *Sierra*, im Gebirge ein befreites Territorium mit eigener sozialer Infrastruktur, Rechtsprechung, mit Massenmedien sowie Ansätzen einer Agrarreform zu organisieren, aber auch aktiv gegen das Militär vorzugehen, verschaffte den *Fidelistas* viel Sympathie und neue Anhänger. Unter ihnen befanden sich, protegiert von den Marxisten in der Führungsgruppe der Guerilla – vor allem Che Guevara und Raúl Castro –, auch zunehmend Mitglieder der PSP wie Carlos Rafael Rodríguez oder liberale Batista-Gegner wie der spätere Präsident Urrutia.

Im September 1957 scheiterte ein landesweit geplanter, aber nur in Cienfuegos von Marineoffizieren durchgeführter Aufstand. Castro setzte sich endgültig als alleiniger oberster Befehlshaber – *Comandante en Jefe* – der Opposition durch. Allerdings präsentierte er sich immer noch als ein patriotischer, das heißt, nichtkommunistischer Anführer. Die Guerillaarmee ging zur landesweiten Offensive über. Che Guevara, Raúl Castro, Juan Almeida und Camilo Cienfuegos aus der Führungsgruppe wurden von Castro zu *Comandantes* ernannt und erhielten den Befehl über eigene Kolonnen. Die Invasion des Territoriums außerhalb der Sierra Maestra begann.

Batista und seine Kamarilla trieben den Terror auf für das gewaltgewöhnte Lateinamerika ungeahnte Ausmaße. Eine große Offensive der mit Panzern und Flugzeugen ausgerüsteten Armee gegen die *Sierra* Mitte 1958 scheiterte nach Anfangserfolgen kläglich, auch wegen der Widersprüche im Establishment und weil die Armee aufgrund der Einstellung der amerikanischen Waffenlieferungen glaubte, deren Unterstützung verloren zu haben. Die Medien außerhalb Kubas konstruierten Batista zum Prototypen des blutrünstigen und tumben Diktators, der er so nicht war; nur funktionierten die traditionellen Unterdrückungsmechanismen nicht mehr, und Batista war zu sehr an sie gewöhnt. Die *Barbudos* hingegen genossen selbst in den USA Sympathie und Interesse. Sie galten den Medien als jung, verrückt, todesmutig, unkonventionell, ideologisch ungebunden und ungeheuer romantisch.

Im Escambray, dem zweitgrößten Gebirge der Insel, hatte sich eine «Zweite Nationale Front» unter Gutiérrez Menoyo um eine Splittergruppe des *Directorio Revolucionario Estudiantil* gebildet. Auch die PSP und der M-26-7 hatten Milizen in die Berge geschickt. Als Che Guevara und Camilo Cienfuegos mit ihren Kolonnen (Nummer 8 «Ciro Redondo» und Nr. 2 «Antonio Maceo») im Escambray eintrafen, waren die verschiedenen Gruppen untereinander so zerstritten, daß die Gefahr eines militärischen Konfliktes bestand. Camilo und Che übernahmen die Führung über den M-26-7 in der Provinz Las Villas und gingen de facto ein Abkommen mit der PSP und dem *Directorio Revolucionario* unter Faure Chaumón ein, was eine gewisse Einheit im Kampf gegen die Batista-Armee sicherte. Die Verbände eroberten nach und nach die Garnisonen der Armee in der Provinz mit Ausnahme der Städte Santa Clara, Cienfuegos, Trinidad und Yaguajay. Ende 1958 hielt die Armee nur noch Santa Clara, die viertgrößte Stadt der Insel. Diese hatte strategische, kriegsentscheidende Bedeutung, weil die Kontrolle über sie die Verbindung zwischen West- und Ostkuba sicherte und den Ausgangspunkt für den Angriff auf Havanna bildete. In Oriente hatten Raúl und Fidel fast alle Städte eingenommen und belagerten Santiago de Cuba. Jetzt war es wichtig, den bevorstehenden Sieg nicht durch einen Putsch der Armee zu verlieren, zumal der US-Administration mittlerweile die Castro-Leute doch zu unberechenbar schienen. Batista hatte in den Wahlen vom November 1958, bei der nur 30% der Berechtigten gewählt hatten, immerhin seinen Nachfolger Riva Agüero durchgebracht. Den Amerikanern aber war diese Gruppe zu unsicher geworden; in Washington setzte man, ohne eine klare Linie zu haben, auf die Militärs.

Vom 29. bis zum 31. Dezember 1958 fand die Schlacht um Santa Clara statt. Die Garnison bestand aus 3500 Mann. Che Guevara, der sich wenige Tage zuvor den Ellenbogen gebrochen hatte und mit geschientem Arm auftrat, befehligte etwa 340 Mann Guerillamilizen. Die Armee verfügte über Panzer, Flugzeuge und einen Panzerzug. Guevara hatte den strategischen Capiro-Hügel eingenommen, *el Vaquerito*, einer seiner Unterführer den Bahnhof erobert und die Gleise unterbrochen. Als die Soldaten sich nach massiven Angriffen der Guerilleros und der zivilen Untergrund-kämpfer der Stadt in den Zug zurückzogen und aus der Kampfzone flüchten wollten, entgleisten die ersten drei Wagen. Molotow-cocktails zwangen die Besatzung zur Aufgabe. Den Rebellen fiel der gesamte Zug mit seinen 22 Wagen, Maschinengewehren, Flug-abwehrraketen und Unmengen von Munition in die Hände. Der Kampf war noch nicht zu Ende, aber mit dem Panzerzug stürzte symbolisch auch Batista. In Camp Columbia, dem militärischen Hauptquartier, kam es zur Panik. Batista floh von der Silvesterfeier 1958 mit seiner Familie, 40 seiner treuesten Anhänger und Koffern voller Geld in die Dominikanische Republik. Die Befehlsgewalt über die Armee hatte er an General Cantillo übergeben, der Castro die Bildung einer Militärjunta vorschlug. Fidel lehnte ab und rief den städtischen Widerstand und die Bevölkerung zum General-streik auf. Che und Camilo erhielten Befehl, nach Havanna vor-zurücken. Am 2. Januar 1959 hielt Castro einen triumphalen Ein-zug in Santiago de Cuba. Er erklärte die Stadt zur provisorischen Hauptstadt des Landes und proklamierte Manuel Urrutia zum Präsidenten. Am gleichen Tag übernahmen Camilo Cienfuegos Camp Columbia und Che Guevara die Cabaña-Festung. Sie setzten die wichtigsten Generäle gefangen.

Die Guerilleros hatten gesiegt. Die Lieder von Carlos Puebla erfaßten die Stimmung des Volkes und verdrängten die Salonmusik der Lecuona-Cuban-Boys aus den Bars und Cafés. Was war er-reicht? Die Diktatur war geschlagen und ihre Instrumente – Armee und Polizei – kompromittiert. Aber die Gesellschaft, die sie hervor-gebracht hatte, existierte weiter, und ein Programm für ihre Ver-änderung existierte nur in Umrissen. Es gab Erfahrungen aus der *Sierra* und das allgemeine Ziel einer gerechten Gesellschaft vor dem Hintergrund eines von den USA enttäuschten Nationalismus. Viele nahmen an, die Führer der Guerilleros würden die Macht über-nehmen und das Spiel nach den Regeln der neokolonialen Republik gehe weiter. Die Gesellschaftsseiten der Presse füllten sich mit Bil-dern und Lobeshymnen auf die tapferen *Barbudos*; alle wollten jetzt gegen Batista gewesen sein.

Castro hatte Lehren aus der kubanischen Geschichte gezogen. Es war ihm gelungen, den *Mando único* (den zivilen und militärischen Oberbefehl) in der Opposition zu erlangen, ein altes Problem der Unabhängigkeitskriege und einer Kultur, in der jeder das Wort führen will. Der M-26–7 war eine politische Bewegung, aber die Führung über alle anderen politischen Bewegungen konnte letztlich nur durch die militärischen Erfolge legitimiert werden. Symbol war – und ist – die Uniform und der Bart der *Sierra*-Leute. Castro hatte allerdings zunächst eine Schar von zivilen Arbeitern, Angestellten und Intellektuellen um sich gesammelt, die sich endgültig in der *Sierra* zu einer militärischen Führungsgruppe gewandelt hatte. Er beanspruchte somit nicht nur die «martianische» Tradition des intellektuellen Volkstribuns, sondern auch die populäre «martialische» Tradition der Antonio Maceo und Máximo Gómez. Er hatte sich durch den Erfolg gegen eine korrupte und terroristische Diktatur auf historisch legitime Weise den *Mando único* gesichert. Wenn man so will, war im Kampf eine Gruppe von *Fidelistas* entstanden, die ihm, von wenigen Ausnahmen abgesehen, bis heute die Treue gehalten hat. Diese Führungsgruppe hatte sich des historischen Gegensatzes zwischen Oriente und dem anderen Kuba bedient und, gestützt vor allem auf die ärmsten Bauern und Zuckerarbeiter sowie in den Städten Anti-Batista-Kämpfer, die Gebiete Camagüey/ Sancti Spíritus überrannt und Santa Clara, die strategische Verbindung zwischen Osten und Westen, erobert. Die schnelle Einnahme Havannas, des traditionellen Occidente, und die Verhinderung der Machtübernahme durch eine Militärjunta waren durch den von Gewerkschaften und anderen Organisationen erfolgreich geführten Generalstreik ermöglicht worden.

Die permanente Revolution

Von der Machtübernahme bis zur Invasion in der Schweinebucht

«Die Revolution», wie noch heute mit Bezug auf den Gesamt-
prozeß seit 1953 gesagt wird, ist ohne den «martianischen» und den
populären Grundansatz nicht verständlich. Dieser Ansatz ist nicht
ökonomisch oder politisch, sondern ethisch; in der europäischen
Politikwissenschaft würde er «populistisch» heißen, aber nicht
den Kern treffen. «Revolution» wurde verstanden als andauernder
Prozeß, der Umgestaltung, Unabhängigkeit, Gerechtigkeit und
Würde für die kubanische Nation sichern sollte. Als deren Träger
verstand man das «Volk» (*Pueblo*), das heißt vor allem die kleinen
Bauern, die Landarbeiter, die städtische Arbeiterschaft sowie Mittelschichten und Intelligenz, soweit sie bereit waren, dieses Konzept mitzutragen. Schon Martí hatte unter «Revolution» die absolute nationale, vor allem eigenstaatliche Unabhängigkeit verstanden
und unter Gerechtigkeit ein radikales Maß an sozialer Gleichheit.

Drei Grundprobleme haben die Geschichte Kubas seit 1959 besonders geprägt: erstens die Spannung zwischen Charisma, Massenmobilisierung und Institutionalisierung; zweitens die Beziehungen Kubas zu den Großmächten und Blöcken, vor allem zu den
USA, zur Sowjetunion sowie zum sozialistischen Lager und zur
Bewegung der Blockfreien, und drittens die Suche nach effektiven
Wirtschaftsformen.

Die Revolution und ihr *Comandante en Jefe* setzten zunächst
bei den besten Traditionen der zweiten Republik an. Zivile Oppo-
sitionspolitiker nahmen die höchsten Regierungsposten ein. José
Miro Cardona, ein *Auténtico*, wurde Premier. Die Wirtschaft florierte. Castro war zunächst nur Oberkommandierender der bewaffneten Kräfte und Chef des M-26-7. Die neue Regierung löste den
Kongreß und alle darin vertretenen Parteien auf. Nur noch der
M-26-7, der *Directorio Estudiantil* und der *Partido Socialista Popular* waren zugelassen. Im Februar 1959 wurde eine neue Verfassung

erlassen, die die Macht bei der Exekutive konzentrierte und die Autonomie der kommunalen Ebene beseitigte. Damit war das formale politische System der zweiten Republik zerschlagen. Öffentliche, summarische Gerichtsverfahren gegen *Batistianos* (Folterknechte und Anhänger Batistas) gaben Volkszorn und Rachegefühlen ein Ventil und erlaubten die Neuordnung der bewaffneten Kräfte. Zugleich führten die ca. 500 Erschießungen, *Paredón* genannt, zu internationalen Protesten und zu einer ersten massiven Auswanderungswelle.

Bald aber kam die Gruppe um Castro zur Erkenntnis, daß ihre «martianischen» Ziele in einer parlamentarischen Demokratie und unter den existierenden Wirtschaftsstrukturen nicht zu verwirklichen seien. Im Februar 1959 trat Castro nach einer Massenakklamation als Premier in die Regierung Urrutia ein. Er erließ das erste Agrarreformgesetz, das den Grundbesitz auf 400 ha beschränkte. Die Repräsentanten der Mittelschichten und des zivilen Widerstandes, die bisher die Regierung gebildet hatten, waren gegen dieses Gesetz, die USA sowieso, weil die Enteignungen besonders die großen nordamerikanischen Zuckergesellschaften trafen. Im Juni 1959 trat Urrutia zurück. Radikale Vertreter der Guerilla übernahmen Regierungsämter. Che Guevara wurde Industrieminister und bald auch Chef der Staatsbank. Es kam zur Krise und zur nächsten Auswanderungswelle. Anticastristische Kräfte – auch Kommandeure der Guerilla wie Eloy Gutiérrez Menoyo im Escambray-Gebirge – begannen den bewaffneten Kampf gegen die Castristen. *Comandante* Hubert Matos in Camagüey wurde unter dem Vorwurf, Gleiches zu planen, von Camilo Cienfuegos inhaftiert.

Der M-26-7 war zahlenmäßig sehr klein und stellte keine politische Partei mit einheitlicher Ideologie dar. In der Matos-Krise profilierten sich unterschiedliche Richtungen. Die Castristen brauchten eine Massenbasis. Es boten sich entweder die Gewerkschaften oder der PSP an. Beide verfügten über gute organisatorische Strukturen und Verwurzelung in der Arbeiterschaft, auch auf dem Lande. Bei Gewerkschaftswahlen Mitte 1959 siegten noch einmal die anticastristischen Kräfte. Diese, vor allem die Bosse, die Teil des Batista-Systems gewesen waren, konnten den Sieg aber nicht verankern, weil die Castristen begannen, Milizen aus Anhängern zu bilden, und sie die bewaffneten Kräfte kontrollierten. Die einfachen Gewerkschaftsmitglieder forderten eine arbeiterorientierte Tarifpolitik, wodurch die kubanischen mittelständischen Unternehmer, die Hauptbasis der Regierung Urrutia, in Schwierigkeiten gerieten. Im März 1959 waren die Mieten halbiert und die Telefongesellschaften verstaatlicht worden. Die Kaufkraft stieg bei sinkender Produktion enorm an, was die Krise verschärfte. Die Möglichkeiten zur Lösung bestanden in einem Spar- und Konsolidierungskurs innerhalb des traditionellen Systems im Bündnis mit der nationalen Bourgeoisie oder in einer radikalen Massenmobilisierung und Umverteilung zugunsten der Unterschichten im Bündnis mit den Kommunisten der PSP. Die Castristen wählten den zweiten Weg, um die Macht zu konsolidieren. Das brachte ihnen einen nahezu unglaublichen Massenenthusiasmus einerseits und erbitterte Feindschaft inner- und außerhalb Kubas andererseits ein. Aus neuen Gewerkschaftswahlen Ende 1959 gingen die Castristen als Sieger hervor. Dadurch erlangte die Regierung Einfluß auf die städtischen Betriebe. Verlierer war unter anderem Santa Claus, seit den 30er Jahren auf Kuba trotz dezemberlicher Wärme mit Weihnachtsbäumen gefeiert. Der «Weihnachtsmann» wurde als Teil eines «imperialistischen» Kultes nicht mehr gefeiert, sondern gefeuert.

Die Auseinandersetzung verlagerte sich seit Beginn des Jahres 1960 auf das Land, allerdings schon mit dem Vorteil für die Regierung, Einfluß auf die syndikalistische Arbeiterschaft zu haben. Das Agrarreform-Institut (INRA) wurde gegründet und das nach der ersten Agrarreform enteignete Land in Genossenschaften und Staatsgüter umgewandelt. Der INRA besaß das Monopol über die Kreditvergabe, wodurch die alte Abhängigkeit von *Refaccionistas* (Kreditgebern) und Banken überwunden wurde. Die Konflikte um die Reformen verschärften sich zu einem Fast-Bürgerkrieg. Die großen Viehzüchter Camagüeys und aus der Region um Bayamo gingen zum «Krieg des Marktes» über und unterstützten die bewaffneten anticastristischen Gruppen im Escambray. Dazu kamen die Spannungen zwischen den USA und den Castristen. Den Ausweg bot 1960 ein Handels- und Kreditabkommen mit der UdSSR. Die Verstaatlichung von Betrieben wurde vorangetrieben und, als sich nordamerikanische Erdölgesellschaften weigerten, sowjetisches Erdöl zu verarbeiten, nochmals verschärft. Kuba begann, sich damit aus der Abhängigkeit von den USA zu lösen. Eine Epoche eigenständiger Politik setzte ein – trotz entstehender neuer Abhängigkeiten.

Für die USA wurde der Konflikt in ihrem Hinterhof damit auf die internationale Ebene des kalten Krieges gehoben. In hysterischer Überreaktion reduzierte die Regierung Eisenhower erst die Zuckerquote und schaffte sie dann ganz ab. Es folgte erst ein Exportstop, ehe schließlich das Embargo verhängt wurde. Castro antwortete mit der Konfiszierung des Besitzes der Zuckergesellschaften sowie mit der Verstaatlichung aller Banken und Betriebe mit mehr als 25 Beschäftigten. Damit war die Marktwirtschaft weitgehend beseitigt, und die Ökonomie des Landes wurde in alter iberischer Tradition vom Staat kontrolliert. Interpretiert wurde der Vorgang allerdings als reine Lehre des Kommunismus, was in den USA dazu führte, daß der CIA mit der Planung von Mordanschlägen gegen Castro und der Ausbildung kubanischer Flüchtlinge begann. Eisenhower ordnete Vorbereitungen zur Invasion an. Kuba kaufte Waffen und setzte immer deutlicher marxistische Diskurse ein, mit dem Ziel der Annäherung an die andere Supermacht.

1961 befahl der eben ins Weiße Haus gelangte Kennedy die Invasion Kubas, allerdings ohne die letzte Konsequenz der direkten Unterstützung durch die USA zu wagen. Der einzige amerikanische Einsatz war die Bombardierung der kubanischen Flughäfen. Castro und seine Führungsgruppe, das Rebellenheer und die Milizen reagierten unter der Losung «*Patria o Muerte, venceremos*» («Vaterland oder Tod, wir werden siegen») geschlossen und kraftvoll. Der von den USA erwartete Volksaufstand blieb aus. Innerhalb von 72 Stunden war am 19. April die Invasion an Playa Larga und Playa Girón in der Schweinebucht zerschlagen. Landesweit wurden 100 000 Oppositionelle verhaftet, zahlreiche katholische Priester ausgewiesen und alle Schulen nationalisiert. Castro hatte bereits am 16. April die Veränderungen in seinem Land zu einer sozialistischen Revolution erklärt und damit die UdSSR in Zugzwang gebracht. Kuba wurde zum ersten sozialistischen Territorium in der westlichen Hemisphäre. Unter dem Slogan «nicht alle vier Jahre, sondern jeden Tag entscheiden sich die Kubaner für die Revolution» wurden Wahlen ausgesetzt. Der «Hinterhof» entwickelte sich zur «roten Insel» und damit zu einem wichtigen Faktor der internationalen Politik, sowohl zwischen West und Ost wie zwischen Nord und Süd und speziell zwischen Lateinamerika,

der Karibik und den USA. Damit nahm Kuba wieder eine strategische Position ein im Schnittpunkt der Blöcke, wie die Imperien
zur Zeit des kalten Krieges genannt wurden.

Konsolidierung

Nach Playa Girón gab es im Innern kaum noch militärischen Wider-
stand, dafür aber Sabotage, Infiltrationen von Exilkubanern an den
Küsten und Terrorakte. Im Escambray hielten sich bewaffnete
Gruppen bis 1966. Die Gruppe um Castro hatte ihre Stellung enorm
gefestigt. Fidel Castro lebt seit dieser Zeit mit Dalia Soto del Valle
(Lala) aus Las Villas in Jaimanitas zusammen, die er während der
Alphabetisierung kennengelernt hatte (das Paar hat fünf Kinder).

Aus den inneren und äußeren Konflikten zog die kubanische
Führung den Schluß, daß die Revolution – nun in sozialistischer
Gestalt – permanent weiterzutreiben sei; wenn möglich, über die
Grenzen des Landes hinaus, vor allem in Lateinamerika und in der
dritten Welt, gegen den Imperialismus unter Führung der USA,
wie Castro es drastisch in der zweiten Erklärung von Havanna ausdrückte (Januar 1962). Das Sendungsbewußtsein der Kubaner war
gigantisch. Das Revolutionskonzept bedeutete keine blinde Übernahme eines sowjetischen Modells, sondern stellte in castristischer
Interpretation ein aktivistisches universales Projekt des Kampfes
kleiner linker Elitengruppen gegen das von den USA angeführte
Imperium dar; ein Prozeß, in dem sich zugleich die Menschen und
die vorgefundenen sozialen und wirtschaftlichen Verhältnisse ändern sollten. Wichtigster Theoretiker der Utopie einer von Lateinamerika ausgehenden Weltrevolution war Ernesto Che Guevara.
Im Innern bedeutete «Revolution» zunächst Sicherung der Unabhängigkeit und ständigen Wandel durch Lernen mit dem Ziel der
Schaffung eines «neuen Menschen». Dies ergab einen äußerst kreativen Prozeß, vor allem im Bereich der Bildung, in der Sozialpolitik
und in Kultur und Kunst. Allerdings kam es im Hochgefühl des
Sieges über die Invasion auch zu ersten Maßregeln gegenüber
Künstlern, die zum Diktum «In der Revolution alles, gegen die
Revolution nichts» führten.

Eine Alphabetisierungkampagne ohne Altersbegrenzung erfaßte
das ganze Land. Sie wurde für viele junge Menschen aus den städti-

schen Mittelklassen zur humanistischen Grunderfahrung ihres Lebens, genauso wie sie für die armen Bauern das Zeichen dafür wurde, daß «die Revolution» bereit war, sie als zivilisierte Menschen in die neue Gesellschaft aufzunehmen. Die Universitäten in Havanna, Santa Clara und Santiago öffneten sich den Unterschichten, verloren aber auch ihre traditionellen Freiheiten. Das Bildungsniveau wurde schrittweise erhöht, bis es zeitweilig das beste Lateinamerikas war. Allerdings war schon vor der Invasion die Notwendigkeit immer deutlicher geworden, dem Prozeß, der seine Kraft bisher vor allem aus Begeisterung, Euphorie und Charisma gezogen hatte, eine institutionelle Basis zu geben, die neben Heer und Polizei die neue politische Kultur stützen, die neuen Werte verankern und zugleich verteidigen sollte. Die ersten Institutionen des neuen Systems waren Milizen aus Gewerkschaftlern und Studenten unter dem einundzwanzigjährigen Capitán Rogelio Acevedo (Mitkämpfer von Che Guevara in Las Villas), die die Verteidigung mit der Alphabetisierung kombinierten und ein Gegengewicht zur Armee und zu Teilen des 26 de Julio bildete (Februar 1960). Schulen für ein neues Offizierskorps entstanden. 1960 wurde auch die *Federación de Mujeres Cubanas* (FMC, Föderation kubanischer Frauen) unter Führung von Vilma Espín und Haydée Santamaría gegründet. Die Frauen dieser Institution spielten eine äußerst aktive Rolle bei der Durchsetzung des Castrismus. Als Instrument für den Kampf gegen Feinde des sozialistischen Kuba wurden im gleichen Jahr die *Comités de Defensa de la Revolución* (CDR, Komitees zur Verteidigung der Revolution) geschaffen, eine Wach- und Kontrollinstitution auf Nachbarschaftsbasis. Schließlich schlossen sich die Jugend des M-26-7, des *Directorio Estudiantil* und des PSP zur *Asociación de Juventud Revolucionaria* (AJR, Assoziation der revolutionären Jugend) und später zur *Unión de Jovenes Cubanos* (UJC, Verband junger Kubaner) zusammen. Künstler sowie Schriftsteller organisierten sich in der *Unión Nacional de Escritores y Artistas Cubanos* (UNEAC, Nationaler Verband der Schriftsteller und Künstler), und die Kleinbauern sammelten sich in der *Asociación Nacional de Agricultores Pequeños* (ANAP, Nationale Assoziation kleiner Landwirte).

Die Besonderheit des kubanischen Weges bestand darin, daß all dies nicht unter Führung einer Partei geschah, sondern durch eine Führungsgruppe geschaffen wurde, die ihren dauernden Austausch mit dem Volk und damit eine erhebliche Massenbasis wirkungsvoll in Szene zu setzen vermochte. Durch ständiges Reisen und Reden auf Massenversammlungen stand Castro im fortgesetzten Dialog mit dieser Basis. Insofern fühlten sich viele Kubaner als Schöpfer des Neuen. Eine politische Kultur der inszenierten direkten Demokratie, im Sinne der erfahrbaren Beteiligung jedes einzelnen an politischen Prozessen, und des Egalitarismus breitete sich aus. Je mehr sie sich durchsetzte, desto mehr erzeugte diese allerdings auch Konformismus, Militanz gegen Andersdenkende und zentralistische Strukturen mit dem entsprechenden Kult. Allerdings war die Euphorie in den ersten Jahren ungebrochen, die übergroße Mehrheit der Kubaner und mit ihnen fast die gesamte Linke hingen zu Beginn der sechziger Jahre der heroischen Illusion an, nicht nur die Insel, sondern die Welt verändern zu können.

Noch fehlte eine institutionelle Führungsinstanz für die Massenorganisationen. Fidel Castro hasste Institutionen; trotzdem wurden 1961 vor allem auf Betreiben Raúl Castros die *Organizaciones Revolucionarias Integradas* (ORI, Integrierte revolutionäre Organisationen) gegründet, der Kern des seit 1962 entstehenden *Partido Unido de la Revolución Socialista* (PURS, Vereinte Partei der sozialistischen Revolution). Zum Sekretär der ORI avancierte Aníbal Escalante, ein Vertreter der PSP; insgesamt überwogen in der kollektiven Führung jedoch Vertreter des M-26-7. Sie sahen mit Mißtrauen auf die kommunistische Kaderpolitik Escalantes. Die Menschen, die in Massen in die Organisationen drängten, waren nicht prokommunistisch oder prosozialistisch; sie folgten ihrem Idol Fidel. Castro zwang Escalante mit dem Hinweis «auch Kommunisten machen Fehler» zum Rücktritt und entmachtete damit die alten Kader der PSP. Organisationssekretär wurde Armando Hart, ehemals überzeugter Katholik.

Das war auch als Symbol dafür gemeint, daß sich der sowjetische Stil in Staatsaufbau und Institutionalisierung nicht durchsetzen würde. 1961 schien der historische Topos vom *pueblo en armas* (Volk in Waffen) verwirklicht – 150 000 Kubanerinnen und Kubaner waren als Nationalmiliz unter Waffen; Fünfzehnjährige schwenkten stolz ihre Gewehre auf der Straße. In den Provinzen widmeten sich die Milizen dem Kampf gegen Konterrevolutionäre. Zusammen mit ihr entstanden erste Kerne eines revolutionären Geheimdienstes (G.2) unter Ramiro Valdés. Kuba ging den Weg der

Massenmobilisierung, was die Bürokratisierung zwar nicht verhinderte, aber erheblich verzögerte. Der Begriff von der «permanenten Revolution» versuchte zumindest in Rhetorik und Ritual, das Lebendige, Unvollkommene und Kreative eines Umbruchs festzuhalten, dessen globale Zukunft in einer Revolution des Südens gegen den reichen Norden liegen sollte. In dieser Perspektive war die Revolution auf der Insel nur ein erster Schritt. So wurde es auch von den Gegnern, vor allem in den USA, gesehen. Die Realität dieser politischen Kultur war durch den personalistischen Machtstil Castros mit der ihm eigenen charismatischen Autorität außerhalb institutioneller Bindungen geprägt. Für die meisten Kubaner war und ist er immer «Fidel», worin sich deutlich ein affektiver Paternalismus ausdrückt.

Im Oktober 1962 kam es zur Raketenkrise. Die UdSSR hatte in Übereinstimmung mit der kubanischen Führung atomare Mittelstreckenraketen auf der Insel stationiert. Nachdem die Waffen entdeckt worden waren, kam es zur amerikanischen Blockade Kubas. Kennedy stellte ein Ultimatum. Auf der Insel befanden sich 40 000 Mann sowjetischer Truppen. Die Welt stand am Rande eines Atomkrieges; Castro drängte die sowjetische Führung zum Einsatz der Waffen. Doch die Großmächte verständigten sich über den Kopf der Kubaner hinweg, während diese mit der Zustimmung zur Raketenstationierung die Brücken zu den USA und damit zur westlichen Welt abgebrochen hatten. In einer «privaten» Rede vor Universitätsstudenten warf Castro Chruschtschow vor, keinen Schneid zu haben. Die Studenten sangen «*Nikita, Nikita, lo que se da no se quita*» – sinngemäß: «Geschenkt ist geschenkt, wiederholen ist gestohlen». Daraufhin setzte Kuba zwar den Aufbau wirtschaftlicher Beziehungen zur UdSSR und zum sozialistischen Lager fort, verfolgte aber dezidiert einen eigenen politischen Kurs. Der bestand unter anderem darin, zwischen der Sowjetunion und China zu vermitteln bzw. beide sozialistischen Großmächte gegeneinander auszuspielen, was Castro und Guevara zeitweilig den Ruf von Maoisten einbrachte.

In Wirklichkeit aber verfolgten die Kubaner eben die eigene weltweite Strategie. Kernpunkt war die Sammlung der blockfreien Staaten der ehemaligen Kolonialgebiete Afrikas und Asiens auf der Achse Algerien-Vietnam-Indonesien. Nach dem endgültigen Bruch zwischen China und der UdSSR 1964 kam es zur Gründung der

Trikontinentale, die den Kampf der nationalen Befreiungsbewegungen Asiens, Afrikas und Lateinamerikas gegen den Imperialismus bündeln und führen sollte. Für Kuba konkret bedeutete dies, auf eine Befreiung des lateinamerikanischen Kontinents von US-amerikanischer Vorherrschaft hinzuwirken. Dies gipfelte im Versuch Che Guevaras, in Bolivien seine Theorien zu verwirklichen, der jedoch scheiterte.

Ökonomische Umorientierung

Das größte interne Problem waren die Wirtschaft und besonders die Arbeitsproduktivität. Das Wirtschaftsmodell der kubanischen Führung war keineswegs sozialistisch im Sinne des sowjetischen Systems, sondern verband sich zunächst mit den zentralen Werten der Massenmobilisierung. Die Regierung hatte eine Neuverteilung der Mittel und die Erhöhung der Realeinkommen des Volkes garantiert, dafür sollte jeder freiwillig sein Bestes für die Allgemeinheit geben, Vorbild sein, sich ständig weiterbilden und aktiv für politische Geschlossenheit wirken. Zeitweilig dachte man sogar an die Abschaffung des Geldes, bald aber ging man dazu über, den Arbeitern durch Möglichkeiten erhöhter Qualifikation Anreize zu geben, um somit die Effektivität zu verbessern. All dieses sollte im Rahmen einer zentralisierten Wirtschaft stattfinden, deren Fernziel eine Steigerung des Konsums auf Kuba produzierter Güter war, das heißt Importsubstitution durch Aufbau einer eigenen industriellen Basis. Das ist – trotz vieler Experimente – niemals gelungen, nicht nur wegen des US-Embargos, sondern auch weil die Sowjetunion weder bereit noch in der Lage war, Kuba wirkliche ökonomische Unabhängigkeit zu gewähren. Damit kam das Land vom Tropf der russischen Unterstützung und der anderer sozialistischer Länder nicht weg. Die Kubaner gewöhnten sich mit der Zeit sogar an die Subsidien, was die ökonomische Effektivität nicht förderte. In diesem Sinne hat es zwar viele Experimente, aber nie eine wirklich sozialistische Wirtschaft auf Kuba gegeben.

Besonders problematisch war der Agrarbereich; einerseits, weil die Kleinbauern von den höheren Einkommen und der gesteigerten Nachfrage profitierten, und andererseits, weil die neuen Bildungs- und Beschäftigungsmöglichkeiten sowie die höheren Löhne in den

Städten und in den großen Staatsgütern der Zuckerwirtschaft die notwendigen Saisonarbeiter entzogen. Der Gigantismus zentralistischer Utopien entfremdete die Landarbeiter auf den Staatsgütern vom bäuerlichen Wirtschaften. Sehr große Mittel und Anstrengungen wurden auf die Züchtung eines neuen Rindertyps verschwendet. Castro mischte sich in Angelegenheiten ein, von denen er nichts verstand. Der Staat konnte auf die Dauer weder die Versorgung mit preisgünstigen Landwirtschaftsgütern garantieren noch das Problem der Arbeitskräfte oder die Transportfrage lösen. So gerieten die Landwirtschaft und besonders der Viehsektor und der Zuckersektor in eine Krise, und das zu einer Zeit, da die Erlöse aus den Zuckerexporten dringend nötig waren, um das Kapital für die angestrebte Industrialisierung bereitzustellen, und Viehhaltung, Fleisch sowie Milchproduktion für die Versorgung immer wichtiger wurden. Auf Druckmaßnahmen des Staates antworteten sowohl Kleinbauern wie auch die verbliebene Agrarbourgeoisie mit Panikreaktionen und Produktionsverweigerung oder Aufbau von informellen Verkaufsnetzen, Klientelstrukturen und offenem Widerstand, was nochmals zum Aufschwung der bewaffneten anticastristischen Aktivitäten auf dem Lande führte.

Die Regierung reagierte mit einer zweiten Agrarreform, nach der 1963 aller Besitz mit mehr als fünf *Caballerías* (67 ha) enteignet wurde, sowie einer militärischen Offensive unter dem Namen «Kampf gegen Banditen», die mit Bevölkerungsumsiedlungen im und um das Escambray-Gebirge verbunden waren. Die Milizen der Übergangszeit wurden durch neue bewaffnete Kräfte (Armee, Polizei, Geheimdienst, Feuerwehr etc.) abgelöst. Der obligatorische Wehrdienst wurde proklamiert. Diese Schritte entzogen zwar der anticastristischen Guerilla die soziale Basis, förderten aber kaum eine Planwirtschaft auf dem Lande, denn im Grunde stärkten sie vorindustrielle Agrarstrukturen und einen «sozialistischen», staatlichen Latifundismus. Eine wirkliche Agrarreform im Sinne der Entstehung neuer wirtschaftlich arbeitender Betriebe von unten fand nicht statt. Die Bauernschaft außerhalb der großen Staatsbetriebe wurde vernichtet oder zog sich auf familiäre Kleinfelder (*fincas*) zurück. Daraufhin betonte die kubanische Führung die Notwendigkeit, die politische Integration voranzutreiben, was wiederum zu verstärkten Anstrengungen auf dem Bildungs- und Ideologiesektor führte. Letzterem hatten die pragmatischen Kubaner eigentlich kaum jemals große Aufmerksamkeit gewidmet; wichtiger war immer das letzte Wort des *Comandante en Jefe* oder ein guter Witz. 1965 nannte sich der PURS in Kommunistische Partei Kubas (PCC) um. Gegner dieser neuen Strategie, aber zunehmend auch Homosexuelle und Künstler wurden in Rehabilitationslagern zu «nützlicher Arbeit» gezwungen.

Vor diesem Hintergrund wurden zwei Wirtschaftsmodelle diskutiert. Guevara favorisierte eine Planwirtschaft mit direkter Finanzierung der Betriebe aus dem Staatshaushalt und moralischen Anreizen für die Arbeiterschaft. Carlos Rafael Rodríguez und eine Gruppe von Ökonomen vertraten dagegen ein Modell, in dem nach sowjetischem Muster die Kriterien Effektivität, Wirtschaftlichkeit und Lohngestaltung nach Leistung im Vordergrund standen. Die Masse der kubanischen Intellektuellen und Führungskader war gegen diese Sowjetisierung (die auch in der UdSSR nicht funktionierte), weil sie meinten, daß eine sozialistische Modernisierung auf demokratischen Grundlagen beruhen müsse. 1965 trennte sich Guevara von all seinen Ämtern und verließ Kuba, andererseits griff Castro 1966 dessen Vorstellungen zur Wirtschaftsentwicklung auf. Eine Phase des ökonomischen Voluntarismus setzte ein, die bis 1970 andauerte. Allerdings muß dieser Voluntarismus vor dem Hintergrund des Menschenbildes der kubanischen Revolution und der Erfahrung der immer noch sehr jungen Führung gesehen werden, die sich in der Maxime «das Unmögliche ist das Realistische» zusammenfassen läßt. Aber angesichts der alltäglichen Mangelwirtschaft, der Konsumgüterrationierung bei Egalisierung der Verteilungsstrukturen, der zunehmenden Bürokratisierung sowie der Herausbildung einer Funktionärselite war die Masseneuphorie der ersten heroischen Jahre verflogen. Der lebendige Austausch der frühen sechziger Jahre verfestigte sich zu inszenierten politischen Ritualen. Das Problem der Demokratie blieb ungelöst.

Auch die revolutionäre Außenpolitik war angesichts der Staatsstreiche in Algerien und Indonesien sowie des Vietnamkrieges, vor allem aber wegen des Todes von Ernesto Che Guevara 1967 in Bolivien gescheitert. Das internationale Jahr 1968 begann in Kuba mit zunehmenden Versorgungsmängeln, Unzufriedenheit und Arbeitsverweigerung in den Städten. Im Rahmen der «guevaristischen» Wirtschaftskonzeption löste Castro eine revolutionäre Offensive aus, die einherging mit der Sakralisierung der Figur des

Che. Zunächst kam es fast zum Bruch mit der Sowjetunion und zu einer Annäherung an Westeuropa, vor allem an Frankreich. Im August 1968 begrüßte Castro dann zum einen den sowjetischen Einmarsch in die ČSSR, zum anderen erfolgten die exemplarische Verurteilung einer innerparteilichen Gruppierung, der sogenannten Mikrofraktion aus Altkommunisten, und die Disziplinierung von Künstlern und Intellektuellen; zudem wurde die politische Macht von Innenministerium und Militär gestärkt. Die Offensive beseitigte das Privateigentum bis auf wenige Reste. Restaurants, Bars und der Kleinhandel wurden verstaatlicht. Es kam zur strikten Rationierung von Lebensmitteln, Konsumgütern und Benzin, was Castro mit scharfer Kritik an der UdSSR verband. Für Pesos gab es praktisch nichts mehr zu kaufen; die Folge waren schwere Versorgungsengpässe, die zu Produkt-gegen-Produkt-Austausch und Geldhortung führten. Die Abschaffung des Geldes schien wirklich bevorzustehen. Telefon, Eintrittspreise und Bücher waren kostenlos, die Preise für öffentliche Verkehrsmittel wurden auf ein symbolisches Minimum gesenkt. Einheitseinkommen ersetzten die unterschiedlichen Löhne in den Wirtschaftszweigen. Auf der Isla de Pinos, 1966 in Insel der Jugend umbenannt, fand ein Großversuch statt, den Kommunismus zu praktizieren. Alle Kubaner mußten einen Arbeitsplatz nachweisen; wer keinen hatte, wurde von der Polizei auf das Land transportiert und dort zur Arbeit gezwungen bzw. in Arbeitslager gebracht. Dies war mit einer verstärkten Kampagne gegen «arbeitsscheue» Künstler und Schwule verbunden.

Das Scheitern der Industrialisierungsversuche zwang Kuba schon seit 1964, der Landwirtschaft und ihrem Hauptprodukt, dem Zucker, wieder stärkere Aufmerksamkeit zuzuwenden. Zum Hauptziel der Offensive wurde eine 10-Millionen-Tonnen-Ernte für 1970 deklariert. Damit sollten – staatlich geplant und gelenkt – alle wirtschaftlichen und politischen Probleme gelöst, in der intensivierten Massenmobilisierung Kader erzogen und zugleich die Überlegenheit des kubanischen Systems vor aller Welt demonstriert werden. Auf die «10 Millionen» wurden Mittel, Menschen und Ressourcen konzentriert. Die übrige Wirtschaft und die Versorgung fielen weiter in Mißorganisation und Chaos, auch wenn dies mit ideologischen Parolen und politischem Druck übertüncht wurde. Das große Ziel wurde nicht erreicht. Aber es gab durchaus Erfolge, die erklären können, warum es in der durch den Mißerfolg ausgelösten Krise nicht zu politischen Aktionen gegen das System oder Castro selbst kam. Die Kampagne hatte durchaus Integrationsfunktion, in der Tat war nämlich eine gigantische Ernte von 8,5 Millionen Tonnen eingebracht worden. Die Massenorganisationen hatten ihre Mitgliederzahlen deutlich erhöht, und erstmals waren die Landbevölkerung und vor allem auch die Frauen in eine nationale Aufgabe eingebunden worden. Auf dem Lande hatte der Staat zudem im Zuge der Mobilisierung Schulen und ärztliche Stationen geschaffen. Die 10 Millionen Tonnen waren aber eben durch Unzulänglichkeiten des veralteten Industrieapparates, Verwaltungsschluderei sowie logistische Schwierigkeiten in Organisation und Transport verfehlt worden. Das gab Castro die Möglichkeit, die Bürokratisierung und mangelnde Effektivität zu kritisieren. Mit dem Scheitern des voluntaristischen Experiments wurde allerdings deutlich, daß die politische Mobilisierung einen institutionellen Wandel nach sich ziehen mußte und das Land einer anderen Wirtschaftspolitik bedurfte.

Eine noch engere Bindung an die Sowjetunion erwies sich aus Sicht der Castristen als notwendig. Kuba konnte allein nicht überleben. Der Preis waren vor allem technologischer Rückschritt und Gräben zwischen der sich institutionalisierenden Revolution, partizipativer Demokratie und intellektuellen Freigeistern. Es kam zur Sowjetisierung und Vereinheitlichung des Bildungssystems nach den Leitlinien des sowjetischen Marxismus-Leninismus. Als erstes mußten die Intellektuellen, die sich mit westlichem Marxismus und der ganzen Breite des kulturellen Erbes befaßt hatten, die Folgen dieses Politikwechsels erleiden. Die einflußreiche Zeitschrift *Pensamiento Crítico* wurde eingestellt, die Philosophische Fakultät der Universität Havanna geschlossen. Intellektuelle Melancholie breitete sich aus. Die heroische Phase der Revolution war zu Ende. Sowjetische Berater, Produkte und Erzeugnisse aus den anderen sozialistischen Ländern strömten nach Kuba. Sie ersetzten die amerikanischen Kühlgeräte, Fernseher und andere Gebrauchsgegenstände. Ladas und Moskwitschs verdrängten Buicks und Cadillacs aus dem Straßenbild. Neubaublocks im Einheitsstil wurden anstelle der in experimenteller Bauweise der sechziger Jahre errichteten Häuser hochgezogen. Die 200 000-Mann-Armee, die am stärksten konsolidierte Institution (und zu dieser Zeit größte Lateinamerikas), hatte sich professionalisiert. Sie war nach sowjetischem Muster ausgerüstet und strukturiert.

In seinen Reden nach 1970 übte Castro heftige Kritik am Voluntarismus, ohne allerdings die Heldenfigur des Che zu beschädigen. In der Geschichtsdarstellung wurden die Unabhängigkeitskriege des 19. Jahrhunderts und der Guerillakrieg unter dem Motto «100 Jahre Revolution» zu nationalen Meistererzählungen stilisiert. Zur Lösung der politischen Probleme versprach Castro Dezentralisierung. Kuba nahm Kurs auf die Institutionalisierung.

Von den «grauen» siebziger Jahren zu den «goldenen» achtziger Jahren

Folgt man der Darstellung der intellektuellen Elite der sechziger Jahre, begannen in den Siebzigern die grauen Jahre der Revolution, die Jahre der Ebene. Das Land wurde langweilig. In der Erinnerung vieler Kubaner, die die Krisen der Neunziger durchlebten, handelte es sich um goldene Jahre, vor allem im zweiten Teil dieser Periode. Der Castroismus setzte sich zwischen 1970 und 1989 endgültig in der Doppelgestalt Fidel als heroischer *Comandante en Jefe* am Rande aller Institutionen, Redner und Außenpolitiker/Raúl Castro als Armee- und Kaderchef sowie Innenpolitiker durch. Eine neue Generation von kurz vor oder nach der Revolution geborenen Männern und Frauen prägte mehr und mehr das soziale Gesicht des Landes. Unbestreitbare Ergebnisse der Transformation, die seit Mitte der siebziger Jahre deutlich wurden, waren ein exzellentes Gesundheits- und Bildungswesen, die neue Rolle der Frauen, der Familie und der Jugend sowie eine anhaltende kulturelle Kreativität. Von 1959 bis zur Mitte der achtziger Jahre wurde der Haushalt für das Bildungswesen um das 21fache erhöht. Demographische Grunddaten wie Analphabetismusrate, durchschnittliche Kinderzahl, Lebenserwartung und Säuglingssterblichkeit glichen denen eines Landes der ersten Welt. Besonders wichtig für das selbst erklärte Drittweltland Kuba war, daß es keinen Hunger und keine Armut mehr gab, Gesundheitswesen und Bildung dagegen für alle. 1970 hatte Kuba 8,5 Millionen und 1990 9,7 Millionen Einwohner, das heißt, die Bevölkerung hatte sich seit 1943 mehr als verdoppelt. Im Zensus von 1981 wurden 66% als «Weiße», 12% als «Schwarze»,

21,9% als «Mulatten» sowie 0,1% als «Chinesen» erfaßt. Allerdings wurde den Befragten überlassen, welche Hautfarbe sie nennen wollten, womit die Einweißungsmentalität fröhliche Urständ feierte. Realistischerweise sollte man von etwa 60% Afrokubanern ausgehen.

Die größten Veränderungen ergaben sich auf dem Lande. Wasser- und Stromversorgung erreichten 1980 75% der Wohnungen, und Wasserstaubecken entstanden. Ein geschlossenes und relativ dichtes Straßennetz war gebaut worden. Es stellte eine bis dahin unbekannte Verbindung zwischen Stadt und Land her. Auf dem Land ersetzten feste Häuser die traditionellen *Bohíos*. Söhne und Töchter von armen Bauern oder Kleinbürgern wurden zu Ärzten, Ingenieuren, Künstlern, Sportlern, Wissenschaftlern oder hohen Militärs. Kuba konnte ihre Ausbildung seit Beginn der siebziger Jahre selbst gewährleisten, deshalb wurde in dieser Zeit das breitangelegte Studienprogramm von Kubanern in den sozialistischen Ländern beendet. Dagegen begann ein Programm zur Ausbildung von Industriearbeitern – vor allem in Ungarn, der DDR und der CSSR –, bei dem es auch zum Austausch zwischen Hochschulen, Massenorganisationen, Parteien und Ministerien kam. 1972 schlossen Castro und Breschnew in Moskau Abkommen über einen Schuldenerlaß, wirtschaftliche Zusammenarbeit und technologische Unterstützung. Kuba wurde neben Vietnam als einziges Land der dritten Welt in den Rat für Gegenseitige Wirtschaftshilfe (RGW, CAME oder COMECON) aufgenommen.

Moskau ließ sich die rote Insel einiges kosten. Kern der Institutionalisierung war der Ausbau des politisch-militärischen Apparates, nicht nur in militärischer oder geheimdienstlicher, das heißt engerer professioneller Hinsicht, sondern auch, was politische und verwaltungstechnische Dinge anging. Die übergroße Masse der Armeeangehörigen war Parteimitglied, die Führung hatten und haben Fidel Castro als Parteichef, Oberbefehlshaber und sein Bruder Raúl als Verteidigungsminister inne. Eine Gruppe von *Sierra*-Kämpfern besetzte die wichtigsten Posten. Die Armee hatte sich in der revolutionären Offensive als Gegengewicht zur ineffektiven zivilen Verwaltung erwiesen. Zudem verfügten das Militär und die bewaffneten Kräfte über einen hohen Status, der auf der Fama des siegreichen Guerillaheeres sowie der Verteidigung des Landes gegen fortgesetzte Angriffe, Terrorakte und Störaktionen der USA und der Exilkubaner basierte.

Die Übergangsverfassung von 1959 hatte Exekutive und Legislative beim Ministerrat konzentriert; die wichtigsten Ämter waren durch Castro und die *Fidelistas* ausgeübt worden. Die Regierungsmitglieder wurden von Castro nach Integrität und Loyalität eingesetzt bzw. abgesetzt. Er zog nach Bedarf Menschen als Berater außerhalb der institutionellen Strukturen heran. Raúl Castro war und ist die eigentliche Eminenz in der langfristigen Auswahl von Kadern und in der stabilen Besetzung wichtiger Posten. Die *Raúlistas*, die natürlich zugleich *Fidelistas* und *Castristas* sind, bildeten bald eine ziemlich klar erkennbare Gruppe auf vielen wichtigen Posten. 1972 wurden die Ministerien reorganisiert und 1974 eine Verwaltungsreform durchgeführt. Mit dem Ziel, die regionalen Unterschiede langsam zu beseitigen, wurde das Land in 14 Provinzen und ein Sondermunizipium (Isla de la Juventud) gegliedert; zwei der alten sechs Provinzen, Las Villas und Oriente, wurden aufgeteilt.

Neben den bewaffneten Kräften stellten die Gewerkschaften von 1966 bis 1973 den wichtigsten Stabilitätsfaktor dar. Sie bildeten die bedeutendste Institution bei der Bewältigung der Krise um 1970. Ihr Spielraum gegenüber Partei und Staat war beachtlich groß. Eine Arbeitsgesetzgebung entstand, die einmalig in der Welt war, vor allem weil sie die Wiedereinführung von Löhnen nach Leistung, materielle Anreize und nahezu absolute Sicherheit der Arbeitsplätze durchsetzte. Damit war die kapitalistische Effektivität abgeschafft, aber die Gewerkschaften trugen wesentlich dazu bei, die Unzufriedenheit unter breiten Teilen der Bevölkerung aufzufangen, die sich vor allem in katastrophaler Arbeitsmoral ausdrückte.

Ab 1974 wurde nach einer Experimentalphase in der Provinz Matanzas landesweit begonnen, das System des *Poder Popular*, der Volksmacht, dezentral und von unten, aber von der Einheitspartei gelenkt aufzubauen und eine neue Verfassung auszuarbeiten. Parallel dazu gab sich der PCC ein schärferes Profil. Zu ihrem 1. Kongreß 1975 lud die kommunistische Partei alle, die im Kommunismus sowjetischer Prägung Rang und Namen hatten, nach Havanna ein. Das war keine Formalität. Alle Partei- und Regierungschefs des Ostblocks kamen, um den «verlorenen Sohn» wieder in die Familie aufzunehmen. Architektonisches Symbol der Sowjetisierung wurde in der zweiten Hälfte der achtziger Jahre der festungsartige Turm der UdSSR-Botschaft im Stadtteil Miramar. Der Parteikongreß bestätigte die neue Verfassung, wählte Castro zum Ersten Sekretär und legte die Eckpunkte der Institutionalisierung fest. In ihren Kernpunkten sah die Verfassung eine gelenkte Partizipation durch gewählte Munizipal- und Provinzialräte vor sowie eine indirekt gewählte gesetzgebende Nationalversammlung, die den Staatsrat aus ihren Reihen bestimmte. Der Präsident des Staatsrates sollte zugleich als Präsident der Republik und Regierungschef fungieren. Nach dem Parteikongreß wurde die Verfassung nochmals den Massenorganisationen vorgelegt, die eine Reihe von Änderungsvorschlägen einbrachten. 1976 trat sie nach einem Volksreferendum in Kraft. Die Wahlen zur *Asamblea Nacional del Poder Popular* setzte dem Institutionalisierungsprozeß ein vorläufiges Ende. Mit der Wahl zum Präsidenten des Staatsrates wurde die Macht Fidel Castros bestätigt. Er vereinigte alle wichtigen Funktionen in seiner Person; wenn man so will, den absoluten *Mando único*. Dieser größte Erfolg des Castrismus war auch der Pferdefuß des Systems – wirkliche partizipative Demokratie und Effizienz durch Wettbewerb blieben auf der Strecke und wurden durch Rhetorik von der permanenten Revolution überdeckt.

Parallel zur kontrollierten politischen erfolgte die wirtschaftliche Dezentralisierung. Damit sollte den negativen Auswirkungen der extremen Zentralisierung entgegengewirkt werden. Diejenigen Betriebe und Werkstätten, die für Gemeinden und Provinzen arbeiteten, wurden der Zentralverwaltung entzogen. Kuba mußte sein Wirtschaftsmodell dem des Ostblocks angleichen; Kostenrechnung wurde eingeführt. Es kam zu einer grundlegenden Umorganisation der Wirtschaft, allerdings verbunden mit dem Versuch, vor allem an der Basis und in den Massenorganisationen Mitbestimmung als Korrektiv gegen wachsende Bürokratisierung einzusetzen. Die festen Zuckerpreise, der Austausch nach Rechenrubel sowie die konstanten Erdöl- und Materiallieferungen führten nach den Mangelzeiten der sechziger Jahre zu relativer Stabilität und zu bescheidenem Wohlstand für alle. Die internationale Konjunktur 1973 bis 1982 wirkte sich positiv aus. 1971 wurde ein freier Markt für Konsumgüter geschaffen sowie der Tausch von Häusern und Wohnungen gestattet, weil allein in Havanna etwa eine Million Wohneinheiten fehlten. Mikrobrigaden, freiwillige Arbeitsgruppen, die sich selbst organisierten, und Baukooperativen führten zu einer Erhöhung des Bauaufkommens. 1980 erfolgte die Einführung von Bauernmärkten. Agrargüter, Lebensmittel und Handwerkspro-dukte konnten zu höheren Preisen gekauft werden. Kooperativen der kleinen Landbesitzer schossen wie Pilze aus dem Boden. Da allerdings der Staat das Transportproblem nicht lösen konnte und die kommerziellen Beziehungen zwischen Stadt und Land während der revolutionären Offensive empfindlich gestört worden waren, bildete sich schnell eine illegale Händlerschicht, die begann, die Preise zu diktieren.

Auch die Umstellung auf das niedrigere technologische Niveau des Ostblocks brachte Probleme. Viele technische Güter funktio-nierten nicht mehr; Autos und Maschinen amerikanischer Produk-tion mußten stillgelegt werden. Kuba begann, sowjetisches Erdöl zu reexportieren, um technologisch höherwertige westliche Inve-stitionsgüter einzuführen. Damit gelang es zwischen 1975 und 1980, den Produktionskomplex des Zuckers, der weitgehend auf dem Stand von 1929 verblieben war, zu modernisieren. Westliche Ban-ken gewährten Kredite, und auch die Entspannungspolitik unter Präsident Carter wirkte sich günstig aus. Ein kleiner Austausch mit den USA kam in Gang. Die wichtigste Bindung aber blieb die an das sozialistische Lager unter Führung der UdSSR. Die Insel wurde zum karibischen Urlaubsparadies für Funktionäre der Ostblock-länder. Aber es war mehr; in Havanna lernten Menschen aus der Sowjetunion, der Tschechoslowakei oder aus der DDR die west-liche Moderne kennen. Trotz der Sowjetisierung oder gerade ihret-wegen betrieb Kuba jedoch weiterhin eine eigene Außenpolitik. Dieser Internationalismus diente Castro oftmals als Ausgleich für die schleppende Lösung der Probleme im Inland. Außerdem bot die internationale Bühne für seine Persönlichkeit den richtigen Rahmen; Kuba war für einen Führer seiner politischen Statur und Gedankenwelt in gewissem Sinne zu klein. Dazu kommt, daß die Insel ihre strategische Rolle eines Vorpostens des sozialistischen Lagers in der westlichen Hemisphäre nur unter den Bedingungen der Konfrontation der Blöcke wahren konnte; die Entspannungs-politik hatte dem Land politisch keine Vorteile gebracht.

Castro erklärte Kuba zu einem afrolateinischen Land. In der größten Süd-Süd-Operation und unter Mobilisierung der Sympathie, die viele farbige Kubaner für den Kontinent ihrer Vorfahren hegten, leistete der Karibikstaat linken Regierungen in Afrika Militärhilfe und Unterstützung, wie schon, wenn auch in weit geringerem Umfang, in den sechziger Jahren im Kongo (Brazzaville), Somalia und Tansania. 1974 brach in Portugal die Nelkenrevolution aus, und das portugiesische Kolonialreich löste sich auf. Angola wurde selbständig, fand allerdings keine Ruhe. Zwischen den Befreiungsbewegungen, der marxistischen MPLA auf der einen Seite und der nationalistischen FNLA sowie der UNITA auf der anderen, kam es zum Bürgerkrieg. Auf Initiative Agostinho Netos und Castros kamen kubanische Truppen und zivile Berater sowie Lehrer nach Angola, bis 1989 etwa 400 000 Männer und Frauen. Die Armee konnten die Gegner der MPLA zurückdrängen, Angolas Regierung notdürftig stabilisieren und die Unabhängigkeit Namibias sichern helfen. Der Sieg in der Schlacht von Cuito Cuanavale zwang Südafrika, Verhandlungen zuzustimmen, die 1988 zu einem Abkommen zwischen den USA, Kuba und Angola führten, das den Abzug von Castros Truppen regelte. 1000 bis 2000 Kubaner fielen oder starben in Afrika. Die *Internacionalistas* wirkten nicht nur in Angola (und nicht nur im Militärsektor, sondern auch im Bildungs- und Gesundheitswesen), sondern auch in Äthiopien, Mosambik und Somalia sowie seit 1979 in Nicaragua. Auf der Insel selbst genossen sie Heldenstatus. Vor allem aufgrund dieses Engagements in Afrika wurde Castro zum Vorsitzenden der Bewegung der Blockfreien gewählt (1979–1985).

Das intensive außenpolitische Engagement konnte aber nicht durch adäquate Wirtschaftserfolge im Innern abgesichert werden; es trug im Gegenteil zur Verschärfung wirtschaftlicher Probleme bei, und diese wiederum lösten soziale Spannungen aus. Zusammen mit den Versorgungs- und Wohnungsproblemen kam es zu einer sozialen Krise neuen Typs, die sich am deutlichsten in der Besetzung der peruanischen Botschaft im April 1980 äußerte. Die kubanische Regierung gestattete daraufhin die Anlandung von Booten aus den USA, vor allem aus Miami, im Hafen von Mariel. In kürzester Zeit emigrierten 100 000 meist jüngere Menschen aus dem städtischen Milieu, darunter viele Schwarze.

1981 fielen die internationalen Zuckerpreise ähnlich drastisch wie 1920. Kuba hatte 1983 Schulden von 2800 Millionen Dollar. Das Land – obwohl Mitglied im RGW (Rat für Gegenseitige

Wirtschaftshilfe – wurde mit 6,1 Milliarden Dollar Schulden 1986 de facto zahlungsunfähig. Die Sowjetunion leistete in den 80er Jahren zwar Wirtschaftshilfe in Höhe von jährlich ca. 2 Milliarden Dollar. Dazu kamen etwa 13 Millionen Tonnen Erdöl. Trotz dieser enormen Hilfe war Kuba nicht eben bankrott, aber mehr denn je abhängig von der UdSSR und international stark isoliert. Die Krise verlangte nach Liberalisierung der Wirtschaft. Das Land lebte über seine Verhältnisse, denn trotz der politischen und wirtschaftlichen Schwierigkeiten war durch die staatliche Verteilungspolitik alles Lebensnotwendige gesichert.

Es gab alarmierende negative Erscheinungen. Das ehrgeizige Bildungsprogramm wurde sehr formal gehandhabt. Die Ausbildung in den universitätsvorbereitenden Schulen etwa, *Preuniversitario*, bestand nach dem guevaristischen Ideal in der Verbindung von Lernen und Arbeit in Internatsschulen auf dem Lande. Oft allerdings scheiterte die angestrebte hochqualifizierte Bildung am Lehrermangel; ältere Schüler mußten einspringen. Kumpanei, Respektlosigkeit und mangelnde Disziplin waren unerwünschte Folgen, die durch die Militarisierung des Schulalltags nur notdürftig verdeckt wurden. Neben den Versorgungsproblemen kam es unter den der Kontrolle durch die Familien entzogenen Schülern zum rapiden Verfall der traditionellen Werte – so zumindest die Klagen der Eltern und Großeltern; die Jugendlichen indes empfanden das ländliche Schulleben trotz vieler Einschränkungen durchaus als Befreiung aus der auf Kuba traditionell starken Herrschaft der Alten.

Das hochgesteckte Ziel, höchstmögliche Bildung für alle zu garantieren, führte auch dazu, die Maßstäbe herabzusetzen. Im Land der Oberschulbildung für alle gab es kaum noch Reinigungskräfte. Eine informelle Diktatur der Dienstleister und Handwerker entstand. Korruption griff um sich, vor allem in der Verwaltung, aber auch im Bildungswesen. Eine Schattenwirtschaft mit entwendeten Gütern entwickelte sich. Die Kostenkontrolle wurde unwirksam, weil die Betriebsleitungen die Planvorgaben manipulierten bzw. nur das produzierten, was mit höchstem Gewinn abzusetzen war. Hohe Gewinne machten die privaten Kooperativen auf dem Land sowie die Zwischenhändler, während die Staatsgüter immer weniger effektiv wirtschafteten. Ausnahmen bildeten die vom Militär kontrollierten Unternehmen. Es kam zu illegalen Landbesetzungen. Viele Familien aus den Städten zogen aufs Land, um dort unter diffusen Eigentums- und Einkommensverhältnissen zu arbeiten. Die Regierung befürchtete zu Recht, daß zwischen den Schwarzhändlern in den Städten und den erfolgreichen Bauern eine Verbindung entstehen könnte, die, je länger sie existierte, jegliche Kontrolle unmöglich machen mußte. Das waren die Voraussetzungen für einen radikalen Kurswechsel, der 1986 eingeleitet wurde.

Unter dem Eindruck der sowjetischen Perestroika, die er als Rückkehr zum Kapitalismus interpretierte, übte Castro massive Kritik am Wirtschaftsmodell der siebziger Jahre. Zugleich bedurfte Kuba mehr denn je der UdSSR. Es ist bezeichnend, daß Castro zur *Rectificación* (Berichtigung) der Fehler aufrief, das heißt einen politischen, nicht einen ökonomischen Ansatz wählte; im damaligen sozialistischen Lager einzigartige «antimarktwirtschaftliche Reformen» (Mesa-Largo) nahmen ihren Lauf. Sie dauern bis heute an, obwohl zwischenzeitlich den Marktkräften mehr Spielraum eingeräumt wurde. Unter Rückgriff auf die Ideen Che Guevaras sicherten sich Partei und Regierung eine Avantgardefunktion in der Massenmobilisierung. Das bewährte Modell funktionierte allerdings nur noch bedingt. Der voluntaristische Aktionismus konnte die Wirtschaftsmängel nicht beheben. Viele Kubaner setzten große Hoffnungen in die Reformen Gorbatschows. 1988 allerdings kritisierte Castro die Vorgänge in der Sowjetunion und hob die Besonderheiten des Sozialismus auf der Insel hervor. Sie bestünden vor allem darin, daß kubanischer Sozialismus und nationale Unabhängigkeit untrennbar miteinander verbunden seien und daß, im Gegensatz zu den Ostblockländern, der Sozialismus nicht im Gefolge sowjetischer Panzer zur Macht gelangt sei. Unter den veränderten Bedingungen kam es zu einer Änderung der in den siebziger Jahren begonnenen Reformen. Ein Befehl Castros beendete abrupt die vorsichtigen Ansätze einer Marktwirtschaft. Die *Agros* (Bauernmärkte) mußten schließen. Die Kontrolle über die bewaffneten Kräfte wurde weiter verstärkt und zugleich die Militarisierung der Gesellschaft vorangetrieben.

Seit 1988 kehrten die Soldaten aus Afrika zurück, die dort militärisch überaus erfolgreich gewesen waren. Dabei waren zweifelsohne auch Korpsgeist und Beziehungen entstanden, die sich erstmals der direkten Kontrolle des engeren Machtzirkels um die Brüder Castro entzogen. Die Streitkräfte wurden reduziert und viele Angolakämpfer unter Vorzugsbedingungen wieder in das normale Leben eingegliedert. Das Heer wurde verkleinert, aber stärker professionalisiert; andere bewaffnete Kräfte wurden aufgestockt. Sie übernahmen Aufgaben in Wirtschaft und Verwaltung sowie in der allgemeinen Kontrolle der Gesellschaft. Dabei kam es, im Zusammenhang mit der schwierigen politischen und wirtschaftlichen Situation sowie den Anschuldigungen der USA, Kuba decke den internationalen Rauschgifthandel, zu schweren Auseinandersetzungen innerhalb der politischen Führung des Landes. Der Oberbefehlshaber der kubanischen Truppen in Angola, ein Veteran der *Sierra,* General Arnaldo Ochoa, mehrere seiner wichtigsten Mitarbeiter sowie hohe Funktionäre des Innenministeriums – allesamt Mitglieder des inneren Machtzirkels – wurden angeklagt, in Afrika illegalen Handel organisiert und Beziehungen zum kolumbianischen Drogenkartell unterhalten zu haben. Im Volksmund hieß es allerdings, daß Ochoa ebenso stark Anhänger der Perestroika Gorbatschows sei wie Castro Gegner. In einem öffentlichen Prozeß erkannte Ochoa in einem emotionsgeladenen Plädoyer seine Schuld an. Er und drei seiner engsten Mitarbeiter – ruhmbedeckte Offiziere – wurden erschossen, Innenminister Abrantes und eine Reihe von Sicherheitsoffizieren zu hohen Freiheitsstrafen verurteilt. Zweifelsohne handelte es sich um eine Demonstration der Regierungsstärke bei der Verfolgung der Korruption. Zugleich wurde ein Exempel statuiert, um Militärs mit politischen Ambitionen, die sich in den Zeiten der Afrikamission an die eigene Machtvollkommenheit gewöhnt hatten, zu disziplinieren und politische Konkurrenten auszuschalten.

Krise und Reformen

Kuba wickelte, als die Berliner Mauer 1989 fiel, 85% seines Außenhandels mit dem RGW (Comecon) ab. Allerdings überdeckt das welthistorische Ereignis des Mauerfalls die Tatsache, daß die Krise, die bis heute anhält, auf der Karibikinsel (wie in Venezuela und anderen Ländern Lateinamerikas) schon um 1983 einsetzte. Das Land hatte 1990 rund zwei Jahrzehnte der schwierigen Anpassung hinter sich. Die Auswirkungen des Zusammenbruchs im Ostblock konnten somit nicht dramatischer sein. Seit 1986 war die Hilfe der UdSSR Jahr für Jahr vermindert worden. Mit dem Moskauer Staatsstreich im August 1991 verband die kubanische Führung nochmals große Hoffnungen. Danach ging alles sehr schnell. 1992 erhielt das Land von der GUS nur noch Hilfen im Werte von 65 Millionen US-Dollar, 6% des Vorjahreswertes. Besonders hart wurde die Insel von der Energiekrise in der ehemaligen UdSSR getroffen. Die Erdöllieferungen fielen von rund 13 Millionen Tonnen jährlich auf 4 Millionen 1993. Auch Konsumgüter, Rohstoffe, Grundnahrungsmittel und Industriegüter aus den anderen ehemaligen sozialistischen Ländern blieben aus. Die Vorzugsbehandlung Kubas war zu Ende, und das Land sackte in die tiefste Krise seiner Geschichte.

Die Zuckerernte sank von 7 Millionen Tonnen 1992 auf 4,2 Millionen Tonnen 1993 und 3,3 Millionen Tonnen 1995. Das Importvolumen reduzierte sich um drei Viertel. Nur noch 20% der Produktionskapazität konnten genutzt werden. Wegen des Benzinmangels kam der private Autoverkehr zum Erliegen; Fahrräder, Pferdekutschen und Ochsengespanne bestimmten das Straßenbild. Auch der öffentliche Personenverkehr, ohnehin seit jeher eine Achillesferse, brach zusammen. Ganze Stadtviertel verfielen. Das Gesundheitswesen konnte, vor allem wegen Medikamenten- und Materialmangels, die Grundversorgung nur mühsam aufrechterhalten, auch wenn Herzoperationen noch heute kostenlos sind. Die Versorgungslage verschlechterte sich dramatisch. Ein absolutes Minimum an Grundnahrungsmitteln (Brot, Reis und Zucker) war zwar vorhanden, es fehlte jedoch vor allem an Fetten und Proteinen. Andererseits erschienen viele Produkte, die vor 1990 zum normalen Angebot gehört hatten, auf den Schwarzmärkten, wo sie nur für Dollar erhältlich waren. Illegale Geldwechsler bereicherten sich; die Regierung mußte die Augen zudrücken, da für viele eine Versorgung nur auf den informellen Märkten möglich war. Tägliche Stromsperren von acht und mehr Stunden wurden zur Normalität. Das Land war paralysiert und die Bevölkerung traumatisiert.

Es war nicht das Problem einer vorübergehenden Flaute oder eines politischen Ausnahmezustandes, von denen Kuba schon viele erlebt hatte, sondern das einer tiefen Strukturkrise; und es war das Ende einer Utopie. Der «Revolution» schien die Zukunft abhanden gekommen zu sein, sie hatte plötzlich nur noch Vergangenheit.

Auch die Geschichte wurde zunehmend kontrovers diskutiert, etwa in dem Sinne, ob es in den «100 Jahren Revolution» seit 1868 nicht auch Reformalternativen gegeben hätte. Keiner konnte zwischen 1990 und 1996 sagen, wann und wie die Krise überwunden werden könnte. In aller Welt erschienen Studien über Kuba als nächsten Dominostein des zerfallenden sozialistischen Systems. Gerade durch die Häme in Miami wurden Widerstandsgeister geweckt, die in anderen sozialistischen Gesellschaften nicht existierten. Stolz und die Obsession, die «Fahne nicht zu senken», haben in Krisensituationen der kubanischen Geschichte schon oft eine wichtigere Rolle als andere Tugenden gespielt.

Der in Miami erwartete Fall Havannas fand nicht statt. Allerdings gewannen unter dem Druck der Krise Reformer im PCC die Oberhand. Bereits 1990 hatte Castro den *Período Especial en tiempos de paz* (die Spezialperiode in Friedenszeiten) verkündet, der flankiert war von einem *Plan Alimentario* zur Ankurbelung der Nahrungsmittelproduktion auf der Basis verfügbarer Ressourcen in der Nähe der Verbrauchszentren. Kleine Landstücke wurden als Gemüsegärten an Kooperativen vergeben oder durften, wenn sie nicht größer als ein halber Hektar waren, auch privat bewirtschaftet werden. In der Wissenschaft kam es zu verstärkten Anstrengungen auf dem Gebiet der Medizin, der Sozialhygiene und der Gen- und Biotechnologie. Marktwirtschaftliche Elemente waren bei diesen Maßnahmen vorgesehen, da alle um die Bedeutung des informellen Sektors, sprich Schwarzmarkts, wußten. 1990 bis 1993 kam es zur Etablierung eines dualen Wirtschaftssystems nach dem Motto: kontrollierte Außenöffnung kontrollierter Sektoren (wie Tourismus) ohne Binnenwirtschaftsreformen mit zwei getrennten Monetärsystemen – außen und im Tourismus Dollars, innen Peso (B. Hoffmann). Parallel dazu nationalisierte sich «die Revolution», um wenigstens eine vom untergegangenen «Weltsozialismus» unabhängige Perspektive eröffnen zu können.

Auf dem IV. Kongreß der PCC 1991 wurden eine Wahlrechtsreform und eine Verfassungsänderung beschlossen. Der neue Text der Konstitution ließ zwar die Führungsrolle der Kommunistischen Partei intakt, stellte aber die Ideen von José Martí vor die von Marx, Engels und Lenin. Kuba wird als «laizistischer Staat mit Religionsfreiheit» definiert; seitdem können Gläubige Parteimitglieder sein. Bei aller ideologischen Rhetorik zeigt sich daran, daß auch die

Reformer die Stärke der «Revolution» in der Verwirklichung eines nationalen Projekts, das seine Wurzeln in der Tiefe der kubanischen und lateinamerikanischen Geschichte hat, und in der Würde eines kleinen Landes sehen. Von dem Kongreß gingen Impulse zu einem Generationswechsel der politischen Elite aus; ihre Symbole wurden Außenminister und Kanzler Felipe Pérez Roque und der De-facto-Premierminister Carlos Lage. Viele der Neuen kamen aus der *Federación Estudiantil Universitaria* (FEU). Zum Kreis der Reformer zählen auch Ricardo Alarcón de Quesada, Präsident der *Asamblea Nacional del Poder Popular*, und Kulturminister Abel Prieto, um nur die wichtigsten Protagonisten zu nennen.

Die Krise im Innern hielt an und gab deshalb breiteren Reformkräften Auftrieb. Sie bot die Chance, durch die erzwungene Abwendung von der unrationellen, hochmechanisierten und energieintensiven Landwirtschaft auf großen Staatsgütern zu einer vernünftigen Subsistenzproduktion zu gelangen, die Wirtschaft insgesamt zu diversifizieren und zu öffnen sowie die Abhängigkeit vom Tropf des russischen Imperiums zu beenden. Tausende von Russischlehrern lernten in Schnellkursen Englisch. Politischer Pluralismus stand noch nicht auf der Agenda der Reformer, wurde aber diskutiert und in der nichtveröffentlichten – in wenigen Fällen auch in der veröffentlichten – Meinung artikuliert, vor allem unter Intellektuellen im Rahmen eines Konzepts der Zivilgesellschaft.

1992/93 erfolgten erstmals direkte und geheime Wahlen zur *Asamblea Nacional del Poder Popular*, der Nationalversammlung der Volksmacht, allerdings auf der Basis von Einheitslisten, deren Kandidaten in den CDR gewählt worden waren. Auf eine Kritik der katholischen Bischöfe antwortete die Regierung einerseits mit verstärkter Förderung der afrokubanischen Religionen und anderer Glaubensrichtungen, andererseits mit einer größeren Einbindung der katholischen Kirche im Sozialbereich. Diese hat durch die Krise Einflußmöglichkeiten erhalten, wie sie seit dem vorigen Jahrhundert nicht mehr gegeben waren; sie muß allerdings im Gegenzug eine gewisse Kontrolle ihrer Anhänger gewährleisten.

Mit dem Ziel, die Wirtschaft wieder in Gang zu bringen, die wichtigsten Errungenschaften der Revolution zu erhalten und dringend benötigte Devisen ins Land zu holen, wurden ausländischen

Firmen – aus Perspektive kubanischer Gewerkschaften, man denke an die Arbeitsgesetzgebung von Anfang der siebziger Jahre – Anreize geboten, etwa bei Entlassung und Entlohnung kubanischer Arbeitnehmer. Joint-ventures und Anonyme Gesellschaften (*Sociedades Anónimas*, S. A.) unter Staatskontrolle entstanden. Der Tourismus wurde massiv gefördert. Handelsbeziehungen, vor allem mit Mexiko und anderen Staaten Lateinamerikas, Kanada und der Karibik, wurden neu geordnet und intensiviert; zudem entstanden Freihandelszonen. Das erforderte eine Öffnung des staatlichen Außenhandelsmonopols bei Beibehaltung der Kontrolle des Staates über das Eigentum und die interne Verteilung. Wie schon oft in der Geschichte strebt die Elite des Landes nach einer Wirtschaftsform, in der sie Arbeits-, Austausch- und Eigentumsbeziehungen kontrolliert, um sich dadurch Vorteile auf einem äußeren Markt zu verschaffen. Das mag nicht den subjektiven Vorstellungen oder Empfindungen der gegenwärtigen Führungsspitze entsprechen. Formell blieb damit – trotz privilegierter Außenhandels- und Tourismusbürokraten – das Gleichheitsideal einer gerechten Gesellschaft intakt. Eine schnelle Erholung der internen Produktion von Nahrungsmitteln und Dienstleistungen wurde aber verhindert, von den realen Verwerfungen in einer egalitär fühlenden Gesellschaft gar nicht zu sprechen.

All diese Maßnahmen reichten nicht aus, um der Krise Einhalt zu gebieten. 1993 brach der wirkliche «Sommer der Reformen» (B. Hoffmann) an. Die Phase der Außenöffnung ohne binnenwirtschaftliche Reformen hatte zu einer Ausweitung des Schwarzmarktes und dem Fall der Peso-Dollar-Kurse auf bis zu 150:1 geführt, bei einem monatlichen Durchschnittsverdienst von 200 Pesos. 1993 wurde der Dollar als offizielles Zahlungsmittel zugelassen, drastischer gesagt: Sein Gebrauch wurde nicht bestraft, weil alle, die irgendwie Zugang zur Devise hatten, mit ihr operierten und der Staat so viele Augen gar nicht hatte, um sie alle zuzudrücken. Außerdem benötigte er diese Mittel. In gewissem Maße wurde so die Kontrolle des Schwarzmarktes gesichert. Durch die astronomischen Umtauschsätze und die Furcht vor einer generellen Währungsreform wurden die Peso-Liquiditätsüberschüsse der Bevölkerung abgebaut. Andererseits begann ein Prozeß der Dollarisierung und der Bildung einer Zwei-Klassen-Gesellschaft, gegen dessen Folgen seit etwa 2004 eine strikte Zentralisierung gesetzt wird. Seit

Mitte 1994 wird ein staatlich festgesetzter Kurs von 1:25 zwischen Dollar und Peso gehalten.

Damit war das Startsignal für innere Reformen gegeben: Die private «Arbeit auf eigene Rechnung» wurde für bestimmte Gruppen zugelassen; staatliche Großgüter wurden in Basiseinheiten der kooperativen Produktion (UBPC) umgewandelt, und der Neuaufbau eines Steuersystems zur Sanierung der Finanzen und der Rückgewinnung des Wertes der nationalen Währung begann. Die Wiederzulassung von Bauernmärkten erforderte erheblichen Druck. Erst nachdem es im August 1994 erstmals in der Geschichte des sozialistischen Kuba zu schweren Straßenkrawallen in Havanna gekommen war, gab Castro nach, auch auf Anraten seines Bruders, der davor warnte, Panzer gegen die Bevölkerung einsetzen zu müssen, falls die Versorgungskrise nicht gelöst werde. Castro mußte zunächst wiederum zum Sicherheitsventil der Massenauswanderung greifen. Tausende von Kubanern verließen die Insel, um auf selbstgebauten Booten (*Balsas*, deshalb «Balsero-Krise») die USA oder Inseln der Karibik zu erreichen. Der Exodus führte in Florida zur Furcht vor noch größerer Immigration. Die Situation wurde von den Kubanern genutzt, um die USA zu Verhandlungen über eine kontrollierte Auswanderung zu zwingen, die mit einer vertraglichen Abmachung endeten.

Obwohl die Insel spätestens seit 1989 keinerlei strategische Bedeutung mehr hatte, verbesserten sich die Beziehungen zu den USA nach dem Ende des kalten Krieges nur temporär und minimal. Clinton setzte die Politik seiner Vorgänger fort. Höhepunkte bildeten die Sperrung US-amerikanischer Häfen für Schiffe von und nach Kuba, die Aussetzung aller Flugverbindungen, vor allem aber der *Cuban Democracy Act* (1992) – auch als Torricelli-Gesetz bekannt –, der das Handelsembargo auf ausländische Tochterunternehmen amerikanischer Firmen auszudehnen versucht. Hinzu kommt noch das Helms-Burton-Gesetz (1996), das ausländischen Firmen, die in Kuba investieren und ehemaliges US-amerikanisches Eigentum erwerben, mit gerichtlichen Verfahren in den USA bedroht und zudem Konditionen für eine Transformation setzt, die an das *Platt-Amendment* erinnern. Torricelli- wie Helms-Burton-Gesetz werden von anderen Staaten, den Vereinten Nationen und der Europäischen Union als Versuch abgelehnt und verurteilt, US-Recht über die nationalen Grenzen hinaus anzuwenden. Eine Verbesserung der Beziehungen, die sich 1995 abzeichnete, wurde im Februar 1996 durch den Abschuß zweier Privatmaschinen einer Emigrantenorganisation durch kubanische Militärflugzeuge torpediert. Auf beiden Seiten atmeten die Falken auf. Die harte Linie der USA fördert die Bunkermentalität in Havanna. Dies wiederum erschwert innerkubanischen Kräften, die die «permanente Revolution» in friedlicher Transformation in eine Zivilgesellschaft (*revolucionar la revolución*) lenken wollen, das Wirken. Mit Beginn der Präsidentschaft Bush jr. kam es nochmals zu Verschärfungen, im politischen Bereich sowieso, aber auch im Bereich der Geldrücksendungen (*remesas*) der Cuban Americans. Kuba nahm seitdem den Dollar wieder unter Kontrolle und führte als Zahlungsmittel (nur) den *peso convertible* (Cuc) sowie einen Zwangsumtauschkurs ein; seitdem partizipiert der Staat direkt an den *Remesas,* und in den Dollarläden gibt es kaum noch etwas zu kaufen. Die kubanische Regierung klagt die USA wegen der Blockade des Völkermordes an. Egal, ob Embargo oder Blockade, beides hat dem kubanischen Volk eminent geschadet. Aber: Die Erklärung aller Mängel und Fehler auf der Insel allein mit dem *Bloqueo* festigt zentralistische Herrschaftsformen. Wenn die kubanische Seite wirklich gewollt hätte, könnte das Embargo schon Vergangenheit sein.

Bei all ihren Maßnahmen zur Dämpfung der Krise kam die kubanische Regierung der internen privaten Initiative mit dem Argument der Gleichheit nur so weit entgegen, wie es ihr absolut notwendig erschien. Das betraf vor allem Handwerk, private Restaurants und Dienstleistungen. Die sogenannte Arbeit auf eigene Rechnung wurde nur zugelassen, sofern keine Mitarbeiter beschäftigt waren. Sie ist seit 2006 quasi nicht mehr existent. Die Regierung setzt mit den Reformen auf lange Sicht ganz klar auf eine Stärkung der Rolle des Staates als ökonomischer Akteur. Das wird vor allem an den exzessiven Steuern und an zahlreichen Hindernissen für private Initiative deutlich. Damit setzt sich eine hispanisch-kolonialgeschichtliche Tradition bis in unsere Tage fort. Auf diese Wirtschaftspolitik gründet sich eine politisch-militärische Zentralisierung, die äußerlich längst autoritäre Züge angenommen hat und, je länger der Castrismus an der Macht ist, neocaudillistische Erscheinungsformen mit den entsprechenden Klientelarstrukturen aufweist. Aber der Castrismus verkörpert weiterhin das national-revolutionäre Projekt und hat mit dem Linksruck in Lateinamerika, der Konsolidierung von Hugo Chávez in Venezuela und chinesischen Investitionen neue Chancen erhalten.

1991 waren die letzten der Anti-Batista-Kämpfer freigelassen worden, die in den sechziger Jahren gegen die Castristen rebelliert hatten. Zugleich nahmen politische Disziplinarmaßnahmen gegen Andersdenkende zu, vor allem gegen Intellektuelle. Mit dem Beginn der Öffnung 1990 ist eine Reihe oppositioneller Organisationen entstanden. Eine wie auch immer geartete Opposition steht allerdings auf der Insel selbst vor großen Problemen. «Sozialismus» bedeutet auf Kuba in erster Linie Patriotismus in Verteidigung der nationalen Unabhängigkeit. Diese Werte, ausgedrückt in dem Motto *Patria o muerte*, bilden den Kern der Ideologie und Propaganda des Castrismus, und als solche sind sie durch Geschichte und Geschichtspolitik sehr stark legitimiert. Kreative Reformperioden, die die Geschichte Kuba auch aufweist, haben fast immer eine enge Bindung an Sklaverei und Rassismus. Zudem zählt in der politischen Kultur Kubas nicht so sehr ideologische Bindung, sondern letztendlich Treue zum System Castro.

Der Mythos Fidel wirkt trotz Alter und Krankheit immer noch, wie sich an der Masse neuer Fidel-Biographien ermessen läßt. Keine der oppositionellen Organisationen und Gruppen verfügt über eine ähnlich charismatische Figur. Zudem sind sie zersplittert und ihre Führer oftmals frustrierte ehemalige Superrevolutionäre. Keine der oppositionellen Gruppen auf Kuba oder außerhalb des Landes – zumal letztere fast immer in den USA oder in Verbindung mit Gruppen in Miami operieren – kann eine Lösung des Problems der nationalen Unabhängigkeit in einer Transformation außerhalb der «Revolution» der kubanischen Bevölkerung überzeugend deutlich machen. Durch die Berichterstattung kubanischer Medien über die ehemaligen realsozialistischen Länder wird die Angst vor einem politischen Wandel gefördert. Diese Angst beruht auch auf dem Wissen um die Emotionalität der Inselbewohner und auf der Furcht vor den zweifelsohne in Miami, aber auch im Lande selbst aufgestauten Enttäuschungs-, Haß- und Rachegefühlen. Dazu kommt, daß vor allem die zentrale Sozial- und Bildungspolitik von der großen Masse der Bevölkerung sowieso, aber auch von den meisten Kritikern des Castrismus anerkannt wird.

Vor allem die älteren Kubaner sowie die Landbevölkerung stehen im Konfliktfall hinter Castro. Das tun sie nicht nur, weil trotz aller

Institutionalisierung eben personale Strukturen die Seele der politischen Kultur bilden oder die «permanente Revolution» im Laufe der letzten fast fünfzig Jahre auch ihr Lebenswerk geworden ist, sondern auch und vor allem, weil sie angesichts der Vorgänge in den früheren sozialistischen Ländern und aufgrund der neoliberalen Politik viel verlieren und wenig gewinnen können. Sie verdanken «der Revolution» – eine Chiffre, die für Fidel steht – neben vielem anderen Sicherheit, Sozialfürsorge sowie das Eigentum an Wohnungen, Häusern und Boden. Das wird anerkannt, trotz der vielen Jahre des Konsumverzichts, der wirtschaftlichen Fehlschläge oder des weitverbreiteten Unwillens über Parteibürokraten. Ob das allerdings so bleibt, ist fraglich. Kuba hat die Krisen in Lateinamerika seit Anfang der 80er Jahre auf seine Weise ebenfalls durchgemacht, sich politisch aber fast immer vom Kontinent abgesetzt. Es ist fraglich, ob es den gegenwärtigen Linksruck Lateinamerikas, der ja auf Kuba nur mehr partizipative (und nicht von oben gelenkte) Demokratie bedeuten könnte, wirklich mitgehen will und kann.

Die nach 1970 geborenen Menschen, die die vorrevolutionären Verhältnisse weder positiv noch negativ aus eigener Erfahrung werten können und in ihren jüngeren Altersgruppen wegen der Isolation Kubas in den achtziger Jahren auch keine anderen Länder haben kennenlernen können, umfassen schon zwei Drittel der Bevölkerung. Dieser jüngere Bevölkerungsteil kennt seit 1990 die Krise, die ambivalenten Einflüsse des Tourismus und der Dollarisierung, die zwar Konsumträume erzeugen, aber kaum revolutionären Geist oder organisierte Opposition. Die Reformkräfte, entweder erklärte Opposition oder Intellektuelle innerhalb des Systems, stehen unter dem Druck der Müdigkeit der Bevölkerung gegenüber der Dauerrhetorik und des Verdachts, sich durch ihre Kontakte mit dem Ausland entweder selbst zu korrumpieren oder die nationale Unabhängigkeit ideologisch zu unterminieren. Die alte Garde des Castrismus, in sich selbst differenziert, tendiert entweder zu harten Lösungen oder zum vorsichtigen Pragmatismus eines chinesischen Weges – aber auch das russische Beispiel prägt im Hintergrund die Agenda. Bisher kam es zu zwei Hauptetappen der Entwicklung nach 1990, oft etwas salopp als *Apertura y Cierre* (Öffnung und Abschluß) bezeichnet. 1990 bis 1994/95 kann als Zeit der Öffnung benannt werden, 1990–2001 nach außen, 1993–1996 auch innen. Seit Anfang 1996 haben eher die Reformgegner die Oberhand, wie es auf dem V. Parteitag 1997 deutlich wurde. 1999 wurden die Reformen offiziell beendet. Kuba näherte sich Lateinamerika an; es bezog Öl und Konsumgüter aus Venezuela, viele der gutausgebildeten Spezialisten verdienen in aller Welt ihr Geld, und China wird als Partner immer interessanter. Diese Endphase Fidel Castros, von der wir nicht genau wissen, ob der Castrismus als Machtsystem weiter existieren wird, wurde spätestens 2002 zu einer neuen Phase politischer Verhärtung.

Hintergrund für die wiedergewonnene Stärke der Konservativen waren der durch die Reformen eingeleitete ökonomische Aufschwung, der nach einem kurzen Tief 1998 im Jahr 1999 wieder erheblich an Kraft gewonnen hatte, eine zunehmende Militarisierung von Wirtschaft und Gesellschaft sowie die Entwicklung in Venezuela. Der Trend zur Erholung ist seit 1994 sichtbar, mit zum Teil beeindruckenden Steigerungen in bestimmten Wirtschaftszweigen. Die größte Dynamik wies bis 2002 der Tourismussektor auf. Nachdem die Zuckerwirtschaft sich seit 1996 leicht erholt hatte, gab es 1998 einen schweren Einbruch. Im neuen Jahrtausend kam es mit der Schließung von etwa der Hälfte der Zuckerfabriken (*Centrales*) zur größten internen Reform seit 200 Jahren. Die Folgen sind tiefgreifend und noch nicht abschbar. Kräftige Investitionen hat der Nickelabbau erfahren. Die Medizin-, Bio- und Genforschung ist relativ leistungsfähig, hat aber Schwierigkeiten bei der Umsetzung in verkaufbare Produkte bzw. in der Vermarktung gegen Embargo und Pharmakonzerne. Teile der während des Krisentiefpunktes stillgelegten Industrieanlagen konnten mit neuen Technologien ausgerüstet werden und produzieren heute wieder – zum Teil Güter, die vorher auf Kuba nicht angefertigt worden waren. Traditionelle Waren wie Tabak, Zigarren und Rum sowie Zitrusfrüchte und Fischereiprodukte werden ausreichend hergestellt und mittlerweile über Jointventures erfolgreich vermarktet.

Die Bauernmärkte verfügten bis 2004 über ein für kubanische Verhältnisse gutes Angebot an einheimischen Lebensmitteln. Das zeigt die Leistungsfähigkeit des Privatsektors. Allerdings ist der Preis des Schweinefleisches, zwischen 23 und 27 Pesos pro amerikanisches Pfund (460 Gramm), oder 8–12 Pesos für das Pfund schwarze Bohnen, beides Hauptbestandteile der Ernährung, so hoch, daß ein guter Durchschnittsverdienst von etwas über 200 Pesos im Monat dafür nicht ausreicht. Seit 2005 sind die Bauernmärkte erneut durch Staatsfirmen dominiert, und es ist – trotz hoher Preise – wieder Tristesse eingezogen. Nur diejenigen Kubaner außerhalb der Führungsschicht, die entweder im Tourismus oder seinem Umfeld arbeiten und Trinkgelder in oft mehrfacher Höhe des Monatsverdienstes erhalten, Familie im Ausland oder unter der privaten Bauernschaft haben, können sich Ergänzungen des Konsums überhaupt leisten. Von Hygieneartikeln, Kleidung, Wäsche, langlebigen Konsumgütern oder Baumaterialien und Ersatzteilen ist dabei noch gar nicht die Rede.

Die Geldsendungen der Kubaner aus den USA oder aus anderen Teilen der Welt belegen heute wahrscheinlich schon den ersten Platz unter den Staatseinnahmen, was zeitweilig zu Ansätzen einer vorsichtigen Umbewertung «des Exils» beigetrug. Seit Präsident Bush die Geldsendungen aus den USA schärfer unter Kontrolle nahm, haben sie eine noch höhere Bedeutung, werden allerdings auch vom kubanischen Staat stärker kontrolliert und mit 10–20 % Abgabe belegt. Galt es bis 1990 offiziell als Schande, einen Emigranten, volkstümlich *Gusano* (Wurm), in der Familie zu haben, ist heute derjenige schlecht dran, der keine Verwandten oder Freunde im Ausland hat. Der Tourismus, die Verwandtenbesuche aus Miami und die Dollarwelt haben zu einer erheblichen Erosion der Grundwerte Solidarität, Familiensinn, Ehrlichkeit, Unbestechlichkeit, Disziplin und Würde geführt. Prostitution, Bettelei, Alkoholismus, Drogensucht, Betrug und Korruption sind Folgeerscheinungen ebenso wie Klienteldenken, Nepotismus, Machotum und Rassismus. Diese für das sozialistische Kuba neuen oder erneuerten Phänomene lassen die Unterschiede zwischen Idealen und Realität sowie die real existierenden Spannungen und die Differenzierung der Gesellschaft um so deutlicher werden. Von den Antireformern werden diese Erscheinungen zur Kritik an der Öffnungspolitik benutzt. So nahm die Regierung seit 1998 Kriminalität und Prostitution zum Anlaß, verschärfte Gesetze und den Ausbau des Polizeiapparates zu verfügen sowie Reformer durch Militärs oder willige «Doktoren» zu ersetzen.

Diejenigen Kubaner aber, die weiterhin die Grundwerte der «Revolution» leben, und es gibt deren viele, grenzen sich von Touristen und allgemein von den neuen Erscheinungen ab, was wiederum zu latenter Ausländerfeindlichkeit und Provinzialität beiträgt. Die schwerwiegendste Folge der Dauerkrise seit Ende der achtziger

Jahre ist der allgegenwärtige Verfall der Bausubstanz, der Infrastruktur und des Selbstbewußtseins der Menschen, auch wenn es schon Besucher gibt, die sich von der morbiden Schönheit des Verfalls angezogen fühlen.

Castristische Stabilisierung oder Grundlagen eines neuen Kuba?

Im Januar 1998 besuchte Papst Johannes Paul II. Kuba. Er rief auf zur Beendigung des Embargos, zu stärkerer Beachtung traditioneller Werte und zur Öffnung Kubas. Massen hörten und sahen ihn. Kuba nutzte den päpstlichen Besuch ebenso wie den Iberoamerikanischen Gipfel im November 1999, um seine internationale Reputation zu verbessern. Ein riesiges Plakat mit dem Herz Jesu zierte gemeinsam mit dem Bild «Ches» den Platz der Revolution im Zentrum Havannas. Die Mitglieder der Kommunistischen Partei waren aufgerufen, an den Veranstaltungen teilzunehmen. Und sie taten es, ebenso wie viele einfache Christen, die in den vergangenen vierzig Jahren in Kuba Zurücksetzung, Feindschaft und Repression hatten erfahren müssen.

Kuba am Anfang des dritten Jahrtausends ist kein leuchtendes Vorbild mehr. Aber es ist auch kein Dominostein. Lateinamerikanische und spezifisch kubanische Besonderheiten wirken stärker oder anders als irgendwelche ordnungspolitischen Faktoren und Theorien. Gäbe es die, hätte das Land mit seinen Fehlern und Ungeheuerlichkeiten vor allem im wirtschaftlichen Bereich schon unzählige Male zusammenbrechen müssen – das ist aber nicht geschehen. Kuba findet deshalb weiterhin Interesse. Auch der alte Fidel Castro hat Charisma, und im Zeitalter des Massentourismus spielen auch die karibische Mentalität, Patriotismus, Traditionen, Musik, Salsa, *Santería* und die Natur eine wichtige Rolle. Der Sozialismus von 1960–1990 ist gescheitert, aber der Mythos lebt.

Die Kubaner fühlten sich nach 1990 irgendwie allein auf ihrer Insel zwischen Karibik, Golf und Atlantik. In gewissem Sinne hatte sich die Insel, wie schon oft in ihrer Geschichte, stärker nach Europa oder nach Afrika, aber auch an globalen Prozessen orientiert, weniger nach Lateinamerika. Seit 2000 kam es zu einer Relativisierung der Insel. Kuba unterhält freundschaftliche Beziehungen zu China, Vietnam, Nordkorea und vielen lateinamerikanischen Ländern, vor allem aber zur Bolivarianischen Republik Venezuela. Im bilateralen Handel waren Rußland, Spanien und Kanada sowie in Lateinamerika erst Mexiko und vor allem seit 2003 Venezuela – wegen des Erdöls und der regionalen Reintegration – die wichtigsten Partner. Mittlerweile existiert mit dem Projekt ALBA (wörtlich: Morgenröte; Kürzel für *Alternativa Bolivariana para las Américas – Bolivarianische Alternative für die Amerikas*) eine neue Chance der Integration für Kuba.

In Westeuropa hatte sich seit 1990 gegen Antikommunismus und US-Opportunismus eine Entpolitisierung des herkömmlichen Kuba-Bildes vollzogen. Vorangetrieben wurde diese Entpolitisierung durch den Massentourismus in den neunziger Jahren, begleitet wurde diese Änderung alter politischer Klischees vom Wissen um die fast generelle Verschlechterung der sozialen Standards in der dritten Welt sowie von einer weltweiten Renaissance traditioneller kubanischer Musik, wie der Erfolg der CD und des Wim-Wenders-Films *Buena Vista Social Club* gezeigt hat. Nicht der Änderung des Kuba-Bildes in Westeuropa, wohl aber der Entpolitisierung will das vorliegende Buch natürlich entgegensteuern, zumal durch die fast zehn Jahre ungehemmte neue europäische Expansion der friedlichen Reisenden auch Vergleiche innerhalb der Karibik und in Lateinamerika möglich wurden, im Falle Kubas etwa mit dem seinerzeit reichsten Land des Kontinents, Venezuela. In Lateinamerika und Afrika findet Kuba deshalb Interesse, weil es andere Wege geht und Ergebnisse erreicht hat, die für viele Länder der dritten Welt noch immer undenkbar sind und, je länger eine bestimmte Form der Globalisierung ihrer Opfer nicht gewahr werden will, wieder verlockender werden, wie die politischen Prozesse in Venezuela erkennen lassen. Allerdings ist die kubanische Führung nicht bereit, sich von der internationalen Bewegung gegen den Terror, die sich seit dem 11. September 2001 im Westen gebildet hat, ausschließen zu lassen. Doch verlangt sie, wie im Falle der im Dezember 2001 verurteilten kubanischen «Gefangenen des Imperiums» (kubanischer Fernsehspot) in den USA, nicht zweierlei Maß anzuwenden. Daran muß sie sich allerdings auch selbst messen lassen. Es gibt eine klare Trennlinie zwischen dem legitimen Recht auf Revolution und Terror: Sie findet sich in der Verletzung von Körpern, der Entführung oder der Tötung Unschuldiger. Jedenfalls handelte

Fidel Castro wieder einmal politisch sehr klug, als er die medizinische Unterstützung Kubas bei der Unterbringung von Taliban- und Al-Qaida-Gefangenen im Stützpunkt Guantánamo-Bay verkündete. Kuba hat die Entsendung von Ärzten angeboten – nicht etwa für die Marines, sondern für die Gefangenen. Die Bush-Administration rechnet Kuba als einziges Land der westlichen Hemisphäre zu den Unterstützerstaaten des internationalen Terrorismus.

Das Sozial- und Bildungssystem sowie das kubanische Gesundheitswesen haben, trotz sehr großer Schwierigkeiten, ihren Ruf wahren können. Auf dieser Basis zeichnete sich sogar eine neue Phase des Internationalismus ab. Kuba sendet heute nicht mehr Soldaten nach Afrika, in die Karibik und nach Zentralamerika, sondern vor allem Mediziner, aber auch Trainer, Lehrer und Instrukteure. Viele junge Menschen aus Lateinamerika oder Afrika kommen zum Studium nach Kuba. Kubanische Musiker und Sportler sind in aller Welt zu finden, Meisterschaften in vielen Sportarten, wie Amateurboxen, Leichtathletik, Volleyball und Baseball (*Pelota*), sind ohne kubanische Beteiligung undenkbar. Die meisten Sportstätten *auf* Kuba allerdings verrotten immer noch, wenn auch nach der Hungerkrise von 1993 bis 1995 wieder landesweit mehr Sport betrieben wird. Hier und da werden seit 2000 auch wieder Sportstätten erneuert.

In diesem Epilog muß auch gesagt werden, daß in den neunziger Jahren die sozialen Probleme gerade im Bildungs- und Gesundheitsbereich immer größer wurden. Erst seit der sogenannten Elián-Affäre (1999) und der wirtschaftlichen Stabilisierung flossen wieder Investitionen in den Bildungsbereich. So kommen einige Ergebnisse der konservativen Konsolidierung auch der Bevölkerung zugute. Insgesamt aber sind diese Bereiche, vor allem der Gesundheitssektor, immer noch überlastet, schwerfällig-zentralistisch, veraltet und zugleich extrem ineffizient durch schlechtbezahltes Personal, das Fehlen von Medikamenten und Material sowie überarbeitete Ärzte. In der Oberschul- und Universitätsausbildung bildet der Marxismus-Leninismus stalinistischer Prägung immer noch den Kern des ideologischen Systems, allerdings eingebettet in Texte, Performanzen und Rhetoriken des Nationalismus.

Gerade in Krankenhäusern und in den Landschulen zeigen sich die Probleme der Sozialhygiene deutlich. Krankenhäusern fehlt es häufiger an regelmäßigem Essen für Kranke, an Bettzeug oder an

Handschuhen, um Ansteckungen zu vermeiden, als an Ärzten. Den angeblich so hochgebildeten Kubanern mangelt es an Material zum Lesen, seien es Bücher oder Zeitschriften, vor allem aber fehlen gute Zeitungen. Das Essen besteht, bei Anerkennung starker regionaler Unterschiede, zumindest in denjenigen Landschulen, die keine Vorzeigeeinrichtungen sind, im ungünstigsten Falle aus Zuckerwasser zum Frühstück und aus schlechtgekochtem Reis, glitschigen Linsen oder Erbsen (die aber bis 2006 zugleich Kaffeezusatz waren, um diesen zu strecken, und deshalb oft auch Mangelware) mittags und abends; Fleisch oder Obst gibt es kaum, Eier nur selten. Die sanitären Einrichtungen und der Transport sind schlicht katastrophal. Das steht auch in direkter Relation zur epidemiologischen Situation. Parasiten und Läuse sind weit verbreitet; im Grunde muß man von einer Art Epidemie niedriger Intensität sprechen. Die kostenlose Vergabe von Vitamintabletten ist längst Vergangenheit. Wie tief diese Art Dauerkrise niedriger Intensität reicht und wann sie eventuell in eine offene Krise starker Intensität umschlägt, kann heute niemand sagen. Die Mobilisierung gegen die das Denguevirus übertragenden Mücken ist sicherlich nützlich (wenn auch ökologisch belastend), aber sie ist nur eine der vielen Mobilisierungen, mit denen die Bürokratie die Bevölkerung unter Spannung halten will. Sie zeigt, daß die Regierung sich über die immer gefährlicher werdenden Probleme der Sozialhygiene im klaren ist. Gerüchte besagen, daß demnächst auch die Privatschweine auf den Dächern verboten werden sollen.

Unter der westlichen Intelligenz und der 68er-Generation, deren Vertreter heute in vielen westlichen Ländern bis in die Spitzen der Regierungen zu finden waren, spielten melancholische Reminiszenzen eine wichtige Rolle. Kuba fand in den neunziger Jahren des 20. Jahrhunderts widersprüchliches Interesse gerade auch wegen seiner Schwierigkeiten und der Chance, mag es auch nur eine Chimäre sein, einen Politikansatz, der auf soziale Gerechtigkeit zielte, in das Zeitalter der westlichen Globalisierung zu retten. Kuba würde damit wieder die Rolle eines Experimentierfeldes spielen. Allerdings bedürfte es dazu einer Führung, die die Experimentierfreude der sechziger Jahre mit den Erfahrungen der neunziger zu verbinden wüßte. Die Reformen hatten ab 1996 klar konservierenden Charakter. 2002/03 brach mit der Konsolidierung von Hugo Chávez in Venezuela auch für Kuba ein neues Kapitel an.

Es ist allerdings auch klar, daß Menschen unter dreißig Jahren, die die materiellen Sicherheiten der älteren Generation nicht genießen, aber eine gute Bildung erwerben konnten, Hauptnutznießer eines Systemwechsels wären. Die entscheidende Frage ist die nach dem «Wie» des Wechsels und dem «Wer» der Führung. Um ein Umkippen der Reformen in ein russisches Modell nach dem Ableben oder der Ablösung der jetzigen Führung zu verhindern, wäre diese gut beraten, sich jetzt um die Entwicklung eines kubanischen Unternehmertums und einer wirklich demokratischen, das heißt einer von unten gewachsenen sozialen Marktwirtschaft zu bemühen. Das «kleine» Kuba bedarf einer Agrarreform, deren Kern die Privatisierung des Landes der Bauern sein muß (auch in Form von Kooperationen), vom Staat unterstützt und gewollt. Die Akkumulation großer Geldmengen außerhalb der Landesgrenzen – durch «Export» von Kubanern und Kubanerinnen, nämlich durch Emigration (und Heirat mit Ausländern) und Rücksendungen von Dollars – und die Tatsache, daß die Auswahl von Unternehmern und Militärs staatlich gesteuert aus den Reihen der Parteibürokratie erfolgt, führen zu mafiaähnlichen Konstellationen und sind auch nach kubanischem Verständnis undemokratisch.

Günstige Ausgangsbedingungen für den Neuansatz eines modernen «kleinen» Kuba wären ebenso wie die Konditionen für einen innerkubanischen Wettbewerb gegeben, auch und gerade wegen der politischen Abschottung nach außen und der sehr rigiden inneren Kontrolle. Karibische Märkte könnten im erneuerten karibischen Sozialismus – oder Castrismus (Castroismus) – hervorragend gedeihen. Damit wäre, soweit das bei der Verflechtung der internationalen Wirtschaft überhaupt noch möglich ist, die wirklich selbstverantwortliche Kontrolle von Kubanern über eine diversifizierte Wirtschaft des Landes gegeben, sozusagen als ökonomische Untermauerung der Unabhängigkeitsbemühungen durch die breite Basis eines rechtlich abgesicherten «kleinen» Kuba. Das würde bei einer weiteren Öffnung im Rahmen der Globalisierung auch die Chancen der Kubanerinnen und Kubaner auf ihr eigenes Land verbessern. Diesem Ansatz – faktisch würde es sich um die Schaffung eines patriotischen oder sozialistischen Unternehmertums von unten innerhalb eines Entwicklungskonzepts handeln, dessen historisch-kulturell-wirtschaftliche Basis eben «kleines» Kuba genannt worden ist – stehen allerdings die US-amerikanische Embargopolitik und im Innern ein tiefverwurzelter negativer Egalitarismus entgegen. Dazu kommt fehlende Rechtsstaatlichkeit. Die starke Tradition des Staates als monopolistischer Akteur, auch in der Wirtschaft, ist seit 2005 wieder überdeutlich.

Im Innern ist die Revolution vorbei, aber nach außen verkörpert Kuba noch immer «die Revolution», vor allem in Lateinamerika. All dies ermöglicht es der politischen Klasse, die wieder verstärkte innere Repression als notwendig für den Schutz nach außen und für die Verwaltung des traditionellen Mangels darzustellen. Die politische Klasse stützt sich dabei, wenn man im Bild «kleines» versus «großes» Kuba bleibt, auf eine verhängnisvolle Symbiose von grossen, zentralisierten Strukturen (vor allem im Zuckersektor), Militär, Tourismus sowie der Kontrolle der Märkte und äußeren Beziehungen. Sie agiert in diesen Beziehungen aber immer noch nach der Ideologie des politischen Monopols und des staatlichen Latifundismus. Die Leute, mit denen die Regierung diese Politik umsetzt, kommen aus Familien des «kleinen» Kuba, sprich aus Bauernfamilien, aus städtischen Unterschichten und aus der zerbrochenen Mittelklasse.

Der Mangel ist aber längst auch eine – zumindest was die von Kuba beeinflußbaren Faktoren der Krise betrifft – Folge der im System angelegten Korruption, des negativen Egalitarismus und der durch den Zentralismus begünstigten Verantwortungslosigkeit. In den Zeiten der Agros (1994–2006) war es gelungen, den Unwillen der Bevölkerung gegen die *Guajiros*, gegen die Bauern, zu richten, die ihre Nahrungsmittel, Fleisch, Reis, Bohnen, Gemüse und Früchte für Preise verkaufen, die für die meisten Kubanerinnen und Kubaner einfach zu hoch sind.

Die Funktionärselite ist weitgehend geschlossen, auch wenn immer wieder junge Menschen, vor allem Männer, in Spitzenpositionen aufsteigen. Von den wenigen Ressourcen ist kaum noch etwas zu verteilen, wenn auch Tourismussektor, Jointventures sowie der Mediziner- und Künstlerexport neue Möglichkeiten geschaffen haben, bestimmte Gruppen durch Privilegien zu binden. In einigen Regionen scheinen sich hohe Funktionäre von Partei und *Poder Popular* von Verteilungsbeamten zu Kontrolleuren des Zugangs zum Tourismussektor, vor allem auch des Zugangs zu Bau und Organisation touristischer Infrastrukturen sowie zu den Personalstellen, gemausert zu haben. Diese Tendenz hat sich seit 1998 noch verstärkt; eine sich in ritualisierter Sprache und Habitus revolutionär gerierende Tourismuselite im Hotel- und Verkaufseinrichtungsbau, aber auch in der Personalpolitik für diesen Bereich begann sich als neue Elite vom vielgelobten «Volk» nunmehr deutlich abzuheben. Manchmal wurde man im Kontakt mit diesen «Dienstleistern» das Gefühl von Inkompetenz und Hochmut auf der einen, Abscheu über Liebedienerei für harte Dollars und politisches Duckmäusertum auf der anderen Seite nicht los. Dazu kam, daß die meisten Jobs im Tourismus an «Weiße» gehen. Auch haben sich zusammen mit dem charismatischen Neocaudillismus die großen Wirtschaftssektoren unter Kontrolle des Militärs – für kubanische Verhältnisse recht erfolgreich – entwickelt und stellen mittlerweile die Basis für einen möglichen «russischen Weg» auf Kuba dar.

Mit den Geldsendungen von Auslandskubanern, venezolanischer Hilfe und weltweiten Unterstützern verbindet sich in diesem Zusammenhang das Problem, daß die Subsidien- und Alles-kommt-per-Befehl-von-oben-Mentalität der siebziger und achtziger Jahre fortbesteht. Der Druck der Krise führte nicht zu radikaleren Reformen. Das historische Modell «Elite sucht Imperium» kann aber heute nicht mehr funktionieren, da die Insel nie wieder über ein exklusives Produkt verfügen wird, wie es der Zucker zwischen 1820 und 1950 oder die strategische Lage für die UdSSR 1970 bis 1990 darstellte. Die Zuckerplantagenwirtschaft kann nicht weiter Basis der Existenz Kubas sein.

Die Zukunft könnte, wie im Ansatz schon einmal in den fünfziger Jahren, im Tourismus, der Kultur und im weitesten Sinne in einer Dienstleistungsökonomie liegen, flankiert von spezialisierter Genußmittel-, Gemüse-, Obst- und Edelholzproduktion. All dies im Rahmen einer neuen Regionalisierung, die seit 2002 ganz deutlich wird in den immer engeren Beziehungen zum chavistischen Venezuela. In historischer Perspektive könnte man diesen Entwicklungsweg den eines «kleinen» Kuba in einem neuen, linksorientierten Lateinamerika nennen. Gerade hierin liegt ein historisches, wirtschaftliches und strukturelles Überlebensproblem Kubas. Die Entscheidung für ein «kleines» Kuba der diversifizierten privaten Klein- und Mittelbesitze, der bäuerlichen Kooperativen, verlangt à la longue die Abkehr vom wirtschaftlichen Zentralismus, von der Dominanz des staatlichen Latifundismus des «großen» Kuba, vom ritualisierten Internationalismus und insgesamt von der Elitenfixierung auf eine Geschichte, die die Insel an Imperien bindet. Tomate statt Zuckerrohr muß das neue Image Kubas prägen. Wirtschaftlich ist es heute wohl die einzige Chance, zunächst diese Subsistenzbasis offiziell anzuerkennen und sie weiterzuentwickeln. Grundvoraussetzung wäre eine wirkliche Agrarreform unter Schutz eines starken Staates. Nur so kann sich Kuba, mit Biotechnologie (und eventuell Solartechnologie) sowie einem neuen Kultur- und Gesundheitstourismus, der Nutzung seiner wissenschaftlichen Potenzen sowie seines Potentials gutausgebildeter Menschen, aus eigener Kraft in ein neues Lateinamerika einfügen.

Die Abkehr vom «großen» Kuba ist mit der Reduzierung und Umorganisation der Zuckerwirtschaft auch eine kreative Zerstörung. Es ist nicht nur so, daß Kuba und seine Revolution mittlerweile zur Folklore der internationalen Linken gehören. Zu dieser Folklore gehört im Grunde auch die stillschweigende Anerkennung des «großen» Kuba als des einzigen Kuba (mit wenigen Ausnahmen). Alle kubanischen Eliten, von José Agustín Caballero, Saco und Arango y Parreño über Enrique José Varona, Julio Antonio Mella, Fernando Ortíz, Jorge Mañach, Manuel Moreno Fraginals bis zu Roberto Fernández Retamar und Jesús Díaz oder Iván de la Nuez, haben auf Basis des «großen» Kuba und mit diesem Kuba ihre Kultur ausgebildet. Die Fama Kubas, durch Humboldts Kuba-Essay zeitig bestätigt, speiste sich seit dem zweiten Drittel des 19. Jahrhunderts aus dem Mythos dieses sich weiterentwickelnden «großen» Kuba. Der Mythos lebt. Aber die kulturelle Elite, sei sie castristisch oder anticastristisch, muß von den mythischen Höhenkämmen ihrer «westlichen Kultur» in zwei Klüfte blicken: einmal die zum «schwarzen» Kuba und die zum «kleinen» Kuba. Das «kleine» Kuba ist wie in den Tagen Eduardo Machados Mitte des 19. Jahrhunderts auch heute weitgehend ein «weißes» Kuba; 1992 wurden 98 % der privaten Bauern und 95 % der Mitglieder der landwirtschaftlichen Kooperativen als «weiß» eingeschätzt, während das historische «große» Kuba zwangsläufig immer vorwiegend «schwarz» war. Das ist es auch heute noch, inklusive der Städte (vor allem durch das Phänomen der *Palestinos,* der farbigen Einwanderer nach Havanna), die wegen der Probleme der Urbanisierung und Landflucht immer deutlicher multiethnisch werden. Früher galt von den vielen «kleinen» Kubas nur die Provinz Oriente als «schwarz». Die Gefahren des Rassismus für Kuba können wir nur ahnen. Ideologien sind eine Sache, Alltag und Erfahrungen eine andere. Und der Unterschied zwischen dem «großen» und dem «kleinen» Kuba besteht kulturell und sozial in ebendieser riesigen «Kluft zwischen dem urbanen, weltoffenen Kuba (Havanna und den Bildungseliten der großen Städte, Santiago, Santa Clara, Cienfuegos, Camagüey, Matanzas – M. Z.) und dem ruralen, in Selbstabgeschlossenheit und auf einem viel niedrigeren Lebensstandard verharrenden Kuba», von dem seit jeher die Werte stammen, die als die «wirklich» kubanischen Werte gelten. In diesem «kleinen», aber auch im «großen» Kuba haben unter bestimmten Voraussetzungen die Rassenallianzen des Alltags gut funktioniert.

Das «kleine» Kuba haben zwar alle Eliten in Notzeiten entdeckt (wie heute mit der Forderung nach Diversifizierung im Agrarsektor). Aber keine regierende Elite hat es zur wirklichen Basis seiner Wirtschaftspolitik gemacht. Im revolutionären Kuba der dritten Republik war die kurze Phase des Angriffs auf das «große» Kuba spätestens 1965 zu Ende, auch wenn sich in der Dezentralisierung und Entwicklung der Landwirtschaft auch danach noch Elemente finden lassen. Heute wäre die Basis einer solchen Wirtschaftspolitik die konsequente Privatisierung unter dem Schutz des existierenden Staates.

Die Europäische Union war bis 2002, trotz fehlender Verträge und trotz der gelegentlich recht spröden politischen Haltung Deutschlands, der Niederlande und gelegentlicher, fast innenpolitischer Kräche mit Spanien, der wichtigste ökonomische Partner Kubas. Zwischen 1999 und 2002 gab es auch wieder eine offizielle Zusammenarbeit zwischen Kuba und Deutschland. Damit befand sich Deutschland auf einer Linie mit Staaten wie Kanada, Spanien, Italien und Frankreich. Die Insel ist zusammen mit der Dominikanischen Republik das antillianische Ferienparadies der Europäer. Allerdings sind die übergroßen Erwartungen an eine rapide Weiterentwicklung der Touristenzahlen durch den 11. September 2001 zurechtgestutzt worden. In der neuen Eiszeitphase zwischen EU und Kuba seit 2002 verlor die kubanische Führung, das heißt Fidel Castro und Raúl Castro sowieso, ihr Interesse am nie recht geliebten Massentourismus. Seit der Konsolidierung von Hugo Chávez 2003/04 reorientiert sich Kuba nach Lateinamerika.

Fidel Castro – Don Quijote in Olivgrün oder
Vater des Linksrucks? Eine kritische Würdigung

Kuba und speziell Fidel Castro konnten sich bereits seit der zweiten Hälfte der neunziger Jahre internationaler Erfolge erfreuen. Castro hat mit Papstbesuch, Teilnahme an der Versammlung der 48 Staats- und Regierungschefs der EU, Lateinamerikas und der Karibik in Rio de Janeiro 1998 und als Gastgeber des IX. Iberoamerikanischen Gipfels 1999, bei dem nach über fünfhundertjähriger gemeinsamer Geschichte zum ersten Male ein spanischer König Kuba betreten hat, sowie dem Gipfel der 133 G-77-Staaten im April 2000 in Havanna (einem Gegengewicht zur Organisation der G-8-Staaten) außerordentliche außenpolitische Erfolge erreicht. Flankiert wurden diese Erfolge durch Besuche von hochrangigen Wirtschaftsmanagern und Politikerdelegationen aus Spanien, aber auch aus vielen anderen europäischen Ländern, auch aus Deutschland.

Mit George W. Bush kam ein Präsident an die Macht, der in seiner ersten Amtszeit die minimalen Erfolge des Ausgleichs voriger Amtsinhaber zunichte machte. Fidel Castro allerdings bekam mit dem neokonservativen Präsidenten und seiner verfehlten Politik den dritten Atem.

Seit 2002 wurde offensichtlich, daß der Politmagier Fidel Castro konservative Innenpolitik, kubanische Medien und Fernsehpräsenz zur Mobilisierung und zur endgültigen Beendigung der Reformphase (1993–1997) nutzte. Der *Comandante en Jefe* reiste zwei Jahre unter den Augen der Kameras wie ein Kaiser im Lande umher. Die wie mittelalterliche Gerichtshöfe umherziehenden *tribunas abiertas*, offene Tribunale, verschafften Castro neue, reale wie mediatisierte Visibilität im Lande. Das hatte seine Gefahren, wie der Schwächeanfall auf einer Massenversammlung im Jahr 2000 zeigte. Durch das Fernsehen war Castro seit dem Ende der neunziger Jahre nicht mehr nur ein Bild in den Privatwohnungen, in den Amtsstuben und Zeitungen, sondern er war omnipräsent. Das gab ihm die Möglichkeit, sein Charisma wirken zu lassen, sowie der Elite die Chance, neue Kader zu rekrutieren. Fidel Castro gab zudem den Bildungssuperminister. Ein neuer Fernsehkanal sendet seit 2001 ein politisiertes Bildungsfernsehen und neue politische Rituale. Castro kann noch mobilisieren, mit dem Fernsehen und mit einem Image, das seinem Alter angepaßt wurde. Die Jugendbilder sind durch Altersbilder ersetzt worden. Allerdings machte er gelegentlich den Eindruck eines vom eigenen Autokratismus gelangweilten Altstars. Seit 2002 übernahm mehr und mehr Hugo Chávez die Rolle des Chefcharismatikers – in Lateinamerika sowieso, aber auch im kubanischen Fernsehen. Der neue Castro heißt Chávez. Fidel Castro hat mittlerweile seinen letzten Kampf aufgenommen – gegen eine schwere Alterskrankheit. Er hat seinem Bruder Raúl die Macht übergeben und wird sie nicht mehr ausüben. Damit ist das Symbol der permanenten Revolution von der Bühne, wird aber mehr und mehr zu einem Mythos.

Alles in asllem und in Verbindung mit Wachstumsraten der Wirtschaft um die 10-%-Marke 2005 und 2006 zeichnet sich unter Raúl Castro und der kollektiven Führung für die nächsten drei bis vier Jahre in der Innenpolitik keine demokratische Öffnung nach westlichen Vorstellungen ab, sondern eine Stabilisierung des bestehenden Systems aufgrund politischer, kultureller und struktureller Gegebenheiten.

Der Castroismus, eine pragmatische Politik, die eine traditionell «kommunistisch» genannte Politikform mit neuen sozialen Inhalten gefüllt hat, existiert seit über vierzig Jahren. Eigentlich hat es sich immer um Linksnationalismus gehandelt. Die Basis des ständigen Wandels waren und sind die einflußreichen Konstrukte der Gleichheit, der nationalen Selbstbestimmung und der eigenen Kultur in einer Welt der Globalisierungen. Der Castroismus wirkte sich zwischen 1960 und 1990 für die Masse der Menschen auf Kuba positiv in bezug auf Grunddaten der Existenzsicherung (vor allem Ernährung, Gesundheit, Bildung; im Wohnungsbau müssen Abstriche gemacht werden) aus. Hätten die reichen Venezolaner auch nur die Hälfte des kubanischen Programms für ihre Bevölkerung übernommen, hätten sie nicht die Probleme der, vornehm umschriebenen, «institutionellen Instabilität» der neunziger Jahre. Der Castrismus hat dem Staat auf Kuba zum ersten Mal in der neuesten Geschichte über längere Zeit Stabilität, Autorität und Verankerung in der Masse der Bevölkerung gegeben. Allerdings war diese Stabilisierung nur möglich auf Basis der festen Bindung an den Realsozialismus sowjetischer Prägung 1970–1990 und der Erhaltung der grundlegenden Strukturen des «großen» Kuba. Die kubanische Revolution, selbst wenn man sie weit definiert, ist spätestens seit

1990 zu Ende; die Reformierung des Systems unter propagandistischer Nutzung des Wortes «Revolution» ist bis heute nicht gelungen. Anfang der neunziger Jahre hätte Fidel Castro eigentlich Platz machen müssen für eine wirkliche Demokratisierung und Föderalisierung der Macht, nämlich Agrarreformen, die das «kleine» Kuba anerkennen, die Selbstverwaltung der Betriebe sowie Wahlen. Im Grunde übte die Macht im Innern schon zu dieser Zeit sein Bruder aus; der ältere Castro kümmerte sich nur noch um die großen Themen, die internationale Politik und die strategischen Beziehungen, vor allem zu den USA. Sein charismatischer Autokratismus und sein Verbleiben in der oberen Machtposition, der starke Patriotismus und die Stabilität der bürokratisch-militärischen Strukturen haben Kuba zwar vor einem Zusammenbruch 1992–1996 gerettet. Faktisch existierte in der Reformphase 1993–1997 eine Pattsituation zwischen Gesellschaft, bewaffneten Kräften und Machtspitze, in der das Charisma Fidel Castros den Ausschlag gab.

Nach dem Abbruch der Reformen ist der kubanische Staat konservativ geworden. Die Frage der Zukunft wird sein, nach welcher Richtung er sich öffnet. Die Politik der Eigenständigkeit hat Fidel Castro viele Sympathien eingebracht, auch im Westen; der Haß, den es auch gibt, ist eigentlich eher ein traditionelles Ritual. Der Preis der Eigenständigkeit ist die Isolierung. Doch die Menschen auf Kuba haben tiefverwurzelte Erfahrungen mit der Globalisierung; schon der Sklavenhandel kann durchaus als Globalisierung durch Zwang betrachtet werden. Sie haben auch Erfahrungen mit der Exzeptionalität ihrer Insel; das ganze 19. Jahrhundert hindurch war Kuba in gewissem Sinne in Lateinamerika «allein». Bis 2002 schienen die einzigen «ewigen» Stabilitäten des Castrismus neben dem Charisma des Chefs vor allem die Kontrolle des Militärs (und mit ihm der Spitze des Machtapparates) über die weitere Entwicklung Kubas zu sein – vielleicht offen, aber eher noch verdeckt, wie im postsandinistischen Nicaragua, allerdings ohne den offenen Systemwechsel und die rapide Unterordnung unter die USA. Der zweite Stabilitätsfaktor fand sich im fortgesetzten Versuch, eine tiefverwurzelte Nationalkultur, zu der eben auch (aber bei weitem nicht nur) der US-amerikanische Film, ein unablässiger Strom lokaler Musikstile und die *Pelota* gehören, weiterzuentwickeln.

Die militärische Parallelorganisation der Gesellschaft ist auf Kuba weit fortgeschritten, nicht nur in den sichtbaren Bereichen

der Polizei, der Spezialtruppen des Innenministeriums beziehungs-
weise in den weniger sichtbaren der Armee oder des Geheimdiens-
stes, sondern auch sozial, in die Tiefe der Gesellschaft reichend.
Dies wird an den Beispielen des *Comité de Defensa* (Verteidigungs-
komitee, nicht zu verwechseln mit den CDR), aber mehr noch der
Asociación de Combatientes de la Revolución Cubana (ACRC,
Vereinigung von Kämpfern der kubanischen Revolution, beide
gegründet nach dem Mauerfall 1989) unter Juan Almeida deutlich.
Bei der *Asociación* handelt es sich um eine Neuauflage der Vetera-
nen- und Patriotenorganisation, die alle diejenigen vereinigt (und
zugleich natürlich kontrolliert), die an Kämpfen innerhalb und
außerhalb Kubas zur Verteidigung der Revolution beteiligt waren.

Bisher wurde das Militär, sprich die Armee, noch nie offen gegen
die Bevölkerung eingesetzt. Es wurde seit 1991 verkleinert (1995:
105 000 Mann), hat aber einen relativ guten Ruf bei der Bevölkerung. Die Verbrechensbekämpfung und die Niederhaltung der
inneren Opposition, der gezielte Einsatz gegen «Unruhestifter»
waren zumeist Aufgaben der Polizei oder spezieller Abteilungen
des Geheimdienstes. Allerdings wurden für solche Einsätze auch
die paramilitärischen Spezialbrigaden gegründet, so daß sich der
Unterschied zwischen Polizei und Armee schon zu verwischen beginnt. Daß Überlegungen zum Einsatz der Armee im Inneren aber
durchaus schon eine Rolle gespielt haben, zeigte sich an Äuße-
rungen Raúl Castros während verschiedener Krisen.

Die Verbindung von Militär und Wirtschaft hat seit dem 16. Jahrhundert Tradition; die Gouverneure der frühen Kolonialzeit waren
Konquistadoren; die Gouverneure zur Zeit des Absolutismus und
im 19. Jahrhundert waren als Generalkapitäne per definitionem
Militärs. Die wirtschaftlich überaus erfolgreiche Entwicklung der
Cuba Grande des Zuckers und der Massensklaverei im 19. Jahrhundert beruhte im Grunde auf staatlicher Förderung aus militärischen Gründen, unternehmerischem Geschick der Elite in unruhi-
gen Zeiten und forcierter Arbeit der Sklaven. Die Präsidenten des
unabhängigen Kuba im 20. Jahrhundert waren mit wenigen Ausnahmen Militärs; Castro trägt bis heute die olivgrüne Uniform und
den Bart der *Barbudos*. Aber darüber hinaus hat in der Geschichte
Kubas der Militärdienst seit jeher viele Familien ernährt; die Generäle Antonio Maceo und Máximo Gómez waren während der Unabhängigkeitskriege viel populärer als selbst José Martí. Heute

stammen die meisten Angehörigen des Heeres aus den Bauernfamilien des «kleinen» Kuba; Militärs kontrollieren wichtige Teile
der Wirtschaft. Mit *Gaviota, S. A.* war sogar ein von der Armee
kontrolliertes Tourismusunternehmen entstanden. Die Armeeangehörigen bzw. ehemaligen Armeeangehörigen zählen zumindest
nicht zu den Verlierern der «permanenten Revolution». Sie leben –
mit Ausnahme einer kleinen Gruppe hoher Offiziere und Veteranen – zwar keineswegs viel besser als der Rest der Bevölkerung.
Aber sie werden aus den Beständen der Armee und den Gewinnen
der Unternehmen unter Militärkontrolle kontinuierlich versorgt.
Das ist seit der Monopolisierung der Agros durch den Staat (etwa
seit 2005) wichtig.

Mit dem Linksruck Lateinamerikas und der Konsolidierung
von Chávez in Venezuela haben sich die Umfeldbedingungen für
Kuba zutiefst verändert. Das Zentrum der Revolution liegt nicht
mehr auf Kuba, sondern in Venezuela, Bolivien (und Mexiko). Der
Castroismus wird von den neuen Bewegungen als eine wertvolle
Tradition angesehen. Fidel Castro sowie Kuba gelten als «Hort» re-
volutionärer Tugenden, obwohl auf Kuba die permanente Revolution zu Ende ist und die Bevölkerung nichts mehr von ihr hören
will. Nach außen steht Fidel Castro als Sieger da, als Don Quijote
der Gleichheit und Vater der Revolution.

Die Biographie jedes Menschen ist Umwertungen ausgesetzt, wie
es zwischen 2002 und 2005 auch für das Bild Fidel Castros drohte.
Da Kuba in den nächsten Jahren vor Veränderungen steht, die mit
neuen Umwertungen der Geschichtssicht einhergehen werden,
kann es zu positiven oder negativen Mythologisierungen des Le-
benswerkes von Castro kommen. Deshalb mag eine Bewertung der
Biographie Fidel Castros unter den Bedingungen des von ihm maß-
geblich mit geschaffenen Staates, einer Gesellschaft der Gleichheit
und der Situation in Lateinamerika (2007) nützlich sein.

Fidel Castro ist in allem, was er sich in den langen Jahren seines
politischen Lebens vorgenommen hat, gescheitert. Insofern ähnelt
nicht nur sein jetziges Fernsehbild, sondern seine ganze Biographie
der von Don Quijote. Nur in einem ist er nicht gescheitert – Fidel
Castro und die engere Führungsgruppe haben auf Kuba maßgeb-
lich ihr Hauptziel von 1959 erreicht, auf der Insel eine Gesellschaft
der Gleichheit zu schaffen, mit sicheren sozialen Verhältnissen und
guter Bildung für alle. Und sie haben es geschafft, dieses Hauptziel

politisch abzusichern. Das machte Kuba für eine Generation (1960–1990) zum weltweiten Modell und zum Vorbild vor allem im Süden und in Lateinamerika, aber auch für Teile der westlichen Linken. Auf Kuba entstand seit den sechziger Jahren des 20. Jahrhunderts der erste Wohlfahrtsstaat Lateinamerikas, sicherlich nicht in der Qualität, wie es die utopischen Vorstellungen der fünfziger und sechziger Jahre im Auge hatten. Aber immerhin ist Kuba ein sozialer Wohlfahrtsstaat, der sich unter schwierigsten Bedingungen bewährt hat. Ansonsten ist Fidel Castro bei allem, ich wiederhole, gescheitert. Aus der Perspektive des neuen Lateinamerikas ist er aber eben «erfolgreich» gescheitert. Ziel Weltrevolution, um in Realität den Menschen einer kleinen Insel eine bescheidene soziale Gleichheit zu sichern, könnte das Motto lauten. Sicherlich eine heroische Illusion. Für die historische Erinnerung mag es nützlich sein, die wichtigsten Prozesse dieser heroischen Illusion noch einmal Revue passieren zu lassen. Castro scheiterte mit dem Versuch einer demokratischen Revolution 1956–1961, vorwiegend durch den Widerstand der Oberklassen Kubas und der USA, aber auch wegen des gewaltsamen und militärischen Charakters des Guerillakrieges und der *Sierra*-Führungsgruppe. Castro und Che Guevara sind 1962 gescheitert in dem Versuch, den Supermächten des kalten Krieges, vor allem natürlich der UdSSR, aus vermeintlich geostrategischer Position Politik vorzuschreiben. Gescheitert ist die Entwicklung einer Industriebasis auf Kuba nach den Regeln der Dependencia-Theorie. Ganz deutlich wurde das Scheitern der Utopien in der Politik der Weltrevolution zwischen 1962 und 1967. Gescheitert sind auch die Politiken des «großen Sprunges» (Zehn-Millionen-Ernte 1970) und der «revolutionären» Züchtung eines neuen Rindertyps.

Castro hat zur Begründung jeder neuen Politik Reden gehalten und Interviews gegeben. Leser dieser Reden aus dem Abstand von Jahren – und auf Kuba gibt es Spezialisten bei dieser Art von Elitenkritik – meinen regelmäßig darauf hinweisen zu müssen, man habe es mit einem jeweils anderen Fidel Castro zu tun. Castro hat seine Politik aber nur den neuen Bedingungen angepaßt; er hatte eben einen langen Atem. Gescheitert ist auch die Integration Kubas in den Realsozialismus osteuropäischer Prägung mittels wirtschaftlicher und sozialer, weniger politischer und ideologischer Anpassung (1970–1986). Schließlich der Zusammenbruch des Realsozialismus in Europa und die gescheiterten Versuche, durch antimarktwirtschaftliche (1986–1992) sowie quasimarktwirtschaftliche Reformen (1993–1997) den tropischen Sozialismus auf Kuba zu reformieren und wirtschaftlich stärker an Mexiko, Kanada oder Spanien sowie die Europäische Union zu binden (1993–2002). Das scheiterte nicht zuletzt deshalb, weil Castro-Kuba immer eine sehr eigenständige Politik betrieben hat und vor 1992 auch der weltpolitischen Rolle im Sinne des Konzepts der permanenten Revolution nicht entsagen (Angola, Nichtpaktgebundenenpolitik sowie zivile Programme in Ländern der dritten Welt) oder gar seine wirtschaftliche Unabhängigkeit einschränken lassen wollte. Gescheitert ist auch die größte Süd-Süd-Solidaritätsaktion der Weltgeschichte, der Versuch, in 15 Jahren in einer zwischen Angola und Kuba abgestimmten Aktion in dem afrikanischen Land etwa die Alphabetisierung zu vollenden. In allem sind Castro und der Castrismus aber eben «erfolgreich» gescheitert, weil jedes Scheitern durch die Anstrengungen der Menschen, durch die Arbeit, die Kommunikation, die Solidarität, die Netzwerke, die Institutionen, das Beispiel, die relativ geringen Kosten und den Pragmatismus der Kubanerinnen und Kubaner etwas bewegt hat.

Obwohl Castro als junger Guerillaanführer 1959 niemals ein bürokratisches Amt antreten wollte, hatte er 16 Jahre später (1975) formal alle Ämter inne, die ein Politiker in einem autokratischen System haben kann. Dazu hat ihn sicherlich auch die innere Führungsgruppe gedrängt, die immer noch aus Guerillakämpfern besteht; Castro hat sich allerdings die Performance eines charismatischen, undogmatischen und ungebundenen Guerillachefs nie abnehmen lassen. Selbst bei großen internationalen politischen Ereignissen oder beim Kontakt mit anderen Politikern oder Amtspersonen (wie dem Papst) ist Fidel Castro immer recht unkonventionell aufgetreten. Er hat immer, auch im internen Machtsystem Kubas, außerhalb oder am Rande der Institutionalität gewirkt. Im Machtsystem Kubas hat Fidel Castro die Technik des charismatischen und zugleich patriarchalischen Populismus wie kein zweiter wirklich *ver*körpert, durch sein Auftreten, seine Performanzen, Reden und durch seinen eigenen Körper und dessen Abbilder (*images*). Alles weist darauf hin, daß diese Verkörperung nie eine simple Rolle war, sondern gelenkt war durch das Wissen und die Überzeugung von der Richtigkeit seiner Ziele. Castro ist ein Don Quijote des Kampfes um die Gleichheit. Aber er gilt auch als Vater des Linksrucks in Lateinamerika; die linken Regimes in Lateinamerika sind eng mit einer «Rückkehr des Staates» verbunden. Insofern verwandelt sich Fidel Castro zur rechten Zeit von einem einfachen Mythos in einen globalisierten Mythos, der die vielen Momente des realen Scheiterns, des Autokratismus und der Menschenrechtsverletzungen auf Kuba überstrahlt.

Die Lösung der Probleme des heutigen Kuba liegt für die gegenwärtige Führung offensichtlich weiterhin in einer Kombination aus der starken Tradition und Stellung des Castrismus, der Treue vieler Kubaner zum Vorbild Fidel Castro und der Rolle der Armee. Seit Mitte 2006 hat Raúl Castro auch offiziell die Macht, die er im Innern schon seit den neunziger Jahren kontrollierte. Die Armee – und damit Raúl Castro – und die Partei (auf die Raúl Castro mehr Wert legt als sein Bruder) werden über einen längeren Zeitraum die politische und wirtschaftliche Transformation bestimmen, auch wenn Fidel Castro sterben sollte. Sein Mythos und der Castrismus leben, sie haben ihre Überlebensfähigkeit in 30 schwierigen und zehn extrem komplizierten Jahren bewiesen und wirken mehr denn je in Lateinamerika.

Das Staatsproblem in Lateinamerika und Kuba muß historisch ganz anders diskutiert werden als in einer heutigen Debatte über absolute Werte, m. E. vor allem im Zusammenhang mit der Legitimität eines kleinen Staates unter Bedingungen der Globalisierung. Insofern ist der Castroismus die kreative atlantische Transkulturation aus Inselnationalismus, ethischem Populismus und charismatischer Herrschaft, die das zentralistische Element ausmacht und sich weitgehend auf die Armee stützt, mit caudillistisch-bonapartistischen Elementen. Gerade diese aber werden bei einer Änderung der US-Politik eine wichtige Rolle spielen, denn Autokratismus ohne Revolution (die, ich wiederhole, im Innern zu Ende ist, die kubanische Führung nutzt «Revolution» nur noch diskursiv) wird die bürokratischen Eliten des Landes nach Ableben der revolutionären Autokraten noch einmal vor die Entscheidung stellen, ob sie wirklich näher an Lateinamerika heranrücken wollen oder ob es in ein paar Jahren zu einer Wiederannäherung an die USA und zu einer Wiederherstellung der privilegierten Rolle der Insel kommt (für die Eliten). Auch Raúl Castro wird nicht ewig leben.

Das sind die Bewertungen, die ein Historiker einzubringen vermag in die Debatte um die langen Linien der Geschichte, um Entwicklungswege («Pfade»), die von der Vergangenheit über die Gegenwart in die Zukunft Kubas reichen. Das Heute ist morgen Geschichte; an jedem beliebigen Tag kann auch Unvorhergesehenes eintreten. *La vida sigue igual* ... gilt nicht für ewig. Überraschungen sind in der Geschichte immer möglich.

Deshalb sollte man die vorangegangenen Narrative nicht als Prognose begreifen, sondern als Überlegungen eines Historikers, der Kuba, auch als Teil der eigenen Biographie, seit 1963 kennt. Für europäische und deutsche Beobachter der Szenerie in der Karibik erinnert vieles an die Zeiten der deutschen Teilung, vieles mag auch ähnlich sein. Ein Komplex ist aber völlig anders: Die «Heimat» der kubanischen Nation ist die Insel Kuba, nicht Little Havana in Miami oder irgendeine andere kubanische Kolonie in der Welt. Hier fließen Nationalismus und Inselbewußtsein zusammen.

Man sollte sich also nicht täuschen: Solange der vielumworbene *Pueblo* nicht in Massen protestiert, kann der militärisch-politische Lösungsversuch des Castroismus mit Akzeptanz rechnen. Allerdings wird sich jede Führung à la longue auch offen und weit intensiver als heute mit dem Problem «kleines» und «großes» Kuba auseinandersetzen müssen. Die Chancen für ein modernisiertes «kleines» Kuba waren eigentlich, ebenwegen des immer noch charismatischen Autokratismus, nie besser als heute.

Sosehr das Schicksal Kubas mit dem Leben und Wirken von Fidel Castro untrennbar verbunden scheint und sosehr die Traditionen des konservativen Staates, des Personalismus und der Militarisierung immer noch deutlich sind, gerade bei Raúl Castro, so stark ausgeprägt ist unter den Kubanern auch die Sensibilität für alles, was nationale Unabhängigkeit, Würde und Eigenständigkeit angeht, nicht zuletzt auf kulturellem Gebiet. Fernando Ortíz hat es im Pathos der zwanziger Jahre des vorigen Jahrhunderts so formuliert: «In Kuba, mehr als bei anderen Völkern, bedeutet die Verteidigung der Kultur die Rettung der Freiheit.»

Namens- und Ortsverzeichnis

Stichwortverzeichnis

Auswahlbibliographie

Anderson, Jon Lee, *Che. Die Biographie*, München: Econ & List, 1999.

Annino, Antonio, «Kuba», in: *Handbuch der Geschichte Lateinamerikas*, 3 Bde., hrsg. von Bernecker, Walther L.; Buve, Raymond et al., Bd. III: Lateinamerika im 20. Jahrhundert, hrsg. v. Tobler, Hans Werner; Bernecker, Stuttgart: Verlag Klett-Cotta, 1996, S. 483–565.

Atkins, Edwin F., *Sixty Years in Cuba*, New York: Arno Press, 1980.

Barnet, Miguel (ed.), *Der Cimarrón. Lebensgeschichte eines entflohenen Negersklaven aus Cuba, von ihm selbst erzählt. Nach Tonbandaufnahmen herausgegeben von Miguel Barnet*, übersetzt von Hildegard Baumgart, mit einem Nachwort von Heinz Rudolf Sonntag und Alfredo Chacón, Frankfurt am Main: Suhrkamp Verlag, 1995 (Neuauflage 1999).

Burchardt, Hans-Jürgen, *Kuba. Im Herbst des Patriarchen*, Stuttgart: Schmetterling Verlag, 1999.

Burchardt, Hans-Jürgen, «Contours of the Future. The New Social Dynamics in Cuba», in: Latin American Perspectives, No. 3 (2002), S. 59–76.

Castro, Fidel; Pérez Roque, Felipe; Dieterich, Heinz, *Kuba – nach Fidel. Kann die Revolution überleben?* Berlin: Kai Homilius Verlag, 2006 (Politik & Denken Band 4).

Cien horas con Fidel. Conversaciones con Ignacio Ramonet, La Habana: ³2006.

Estrade, Paul, *José Martí (1853–1895), ou des fondements de la démocratie en Amérique Latine*, Paris: Editions Caribéennes, 1987.

Ette, Ottmar; Franzbach, Martin (eds.), *Kuba heute: Politik, Wirtschaft, Kultur,* Frankfurt am Main: Vervuert, 2001 (Biblioteca Ibero-Americana; Bd. 75).

Farber, Samuel, *The Origins of the Cuban Revolution Reconsidered,* Chapel Hill & London: The University of North Carolina Press, 2006.

Fernández Robaina, Tomás, *Bibliografía de temas Afrocubanos*, La Habana: Biblioteca Nacional José Martí, 1985.

Ferrer, Ada, *Insurgent Cuba. Race, Nation, and Revolution, 1868–1898*, Chapel Hill & London: The University of North Carolina Press, 1999.

Franzbach, Martin, «Wer mit dem Wolfe tanzt … Das Castro-Bild kubanischer Schriftsteller», in: Schöck-Quinteros, Eva (ed.), *Bürgerliche Gesellschaft – Idee und Wirklichkeit*. Festschrift für Manfred Hahn, Berlin Trafo-Verlag, 2004, S. 333–345.

Fritz, Thomas, «ALBA contra ALCA. Die Bolivarianische Alternative für die Amerikas: ein neuer Ansatz regionaler Integration in Lateinamerika», unter: www. alba-contra-alca-fdcl1–2007.pdf (29. Januar 2007).

Fuente, Alejandro de la, *«A Nation for All»: Race, Inequality, and Politics in Twentieth-Century Cuba*, Chapel Hill & London: The University of North Carolina Press, 2001.

Furiati, Claudia, *Fidel Castro. La historia me absolverá*, Barcelona: Plaza Janés, 2003.

Gratius, Susanne, *Fidel Castro*, München: Diederichs 2005.

Guerra Vilaboy, Sergio; Maldonado Gallardo, Alejo, *Historia de la Revolución Cubana : síntesis y comentario,* Quito: Edición La Tierra, 2005 (Ediciones La Tierra; 23).

Hell, Jürgen, *Geschichte Kubas*, Berlin: Deutscher Verlag der Wissenschaften, 1989.

Hoffmann, Bert, *Kuba*, München: Verlag C. H. Beck, 2000 (Reihe «Länder»).

Ibarra Cuesta, Jorge, *Cuba: 1898–1921. Partidos políticos y clases sociales,* La Habana: Editorial de Ciencias Sociales, 1992.

Instituto de Historia de Cuba, *Historia de Cuba*, 3 Bde., La Habana: Editora Política, 1994, 1996 und 1998.

Kapcia, Antoni, *Cuba. Island of Dreams*, Oxford/New York: Berg, 2000.

Marrero, Levi, *Cuba: economía y sociedad*, 15 Bde., Madrid: Editorial Playor, S. A., 1972–1992.

Martínez, Fernando; García Martínez, Orlando; Scott, Rebecca J., *Espacios, silencios y los sentidos de la libertad: Cuba 1898–1912*, La Habana: UNEAC, 2000.

Mayer, David, «Die Anden in die Sierra Maestra Lateinamerikas verwandeln. Die Kubanische Revolution als Teil des kollektiven Gedächtnisses Lateinamerikas», in: *atención! Jahrbuch des Österreichischen Lateinamerika-Instituts* 8/9 (2005), S. 384–412.

Moreno Fraginals, Manuel, *El Ingenio. Complejo económico social cubano del azúcar,* 3 Bde., La Habana: Ed. de Ciencias Sociales, 1978.

Opatrný, Josef, *Antecedentes históricos de la formación de la nación cubana*, Praga: Universidad Carolina de Praga, 1986.

Ortiz, Fernando, *Tabak und Zucker: ein kubanischer Disput*, Frankfurt am Main: Insel-Verlag, 1987.

Pérez Jr., Louis A., *On Becoming Cuban. Identity, Nationality, and Culture*, Chapel Hill & London: The University of North Carolina Press, 1999.

Pérez Jr., *Cuba and the United States: Ties of Singular Intimacy*, Athens, Ga.: University of Georgia Press, 1990.

Pichardo, Hortensia (ed.), *Documentos para la historia de Cuba,* 5 vols. in 4 Bden., La Habana: Editorial de Ciencias Sociales 1973.

Quirk, Robert E., *Fidel Castro,* New York/London: W. W. Norton & Company, 1993 (deutsch: Fidel Castro. Die Biographie, Berlin: Edition q, 1996).

Le Riverend Brusone, Julio, *Historia económica de Cuba*, La Habana: Instituto Cubano del Libro, 1971.

Rubiera Castillo, Daisy, *Ich, Reyita. Ein kubanisches Leben.* Aus dem kubanischen Spanisch übersetzt von Max Zeuske, mit einem Nachwort von Michael Zeuske, Zürich: Rotpunktverlag, 2000.

Scarpaci, Joseph L.; Segre, Roberto; Coyula, Mario, *Havana. Two faces of the Antillean Metropolis. Foreword by Andrés Duany,* Chapel Hill and London: The University of North Carolina Press, 2002.

Schroeder, Susan, *Cuba: A Handbook of Historical Statistics*, Boston, Mass.: G. K. Hall, 1982.

Scott, Rebecca J., *Slave Emancipation in Cuba. The Transition to Free Labor, 1860–1899*, Princeton, N. Y.: Princeton University Press, 1985.

Scott, Rebecca J., *Degrees of Freedom. Louisiana and Cuba after Slavery*, Cambridge/London: The Belknap Press of Harvard University Press, 2005.

Skierka, Volker, *Fidel Castro. Eine Biographie*, Berlin: Kindler Verlag GmbH, 2001.

Thomas, Hugh, *Cuba or the Pursuit of Freedom*, London: Eyre & Spottiswoode, 1971.

Torres-Cuevas, Eduardo, *Félix Varela. Los origenes de ciencia y con-ciencia cubanas*, La Habana: Editorial de Ciencias Sociales, 1995.

Torres-Cuevas, Eduardo; Loyola Vega, Oscar, *Historia de Cuba 1492–1898. Formación y Liberación de la Nación,* La Habana: Editorial Pueblo y Educación, 2001.

Twickel, Christoph, *Hugo Chávez. Eine Biographie,* Hamburg: Edition Nautilus, 2006.

Whitney, Robert, *State and Revolution in Cuba. Mass Mobilization and Political Change, 1920–1940*, Chapel Hill & London: The University of North Carolina Press, 2001.

Wulffen, Bernd, *Eiszeit in den Tropen. Botschafter bei Fidel Castro,* Berlin: Christoph Links Verlag, 2006.

Zeuske, Michael, *Insel der Extreme. Kuba im 20. Jahrhundert,* Zürich: Rotpunktverlag, 2004.

Zeuske, Michael, *Schwarze Karibik. Sklaven, Sklavereikultur und Emanzipation,* Zürich: Rotpunktverlag 2004.

Zeuske, Michael, *Kleine Geschichte Venezuelas,* München: Verlag C. H. Beck, 2007.

Zeuske, Michael, *Von Bolívar zu Chávez. Die Geschichte Venezuelas,* Zürich: Rotpunktverlag, 2007.

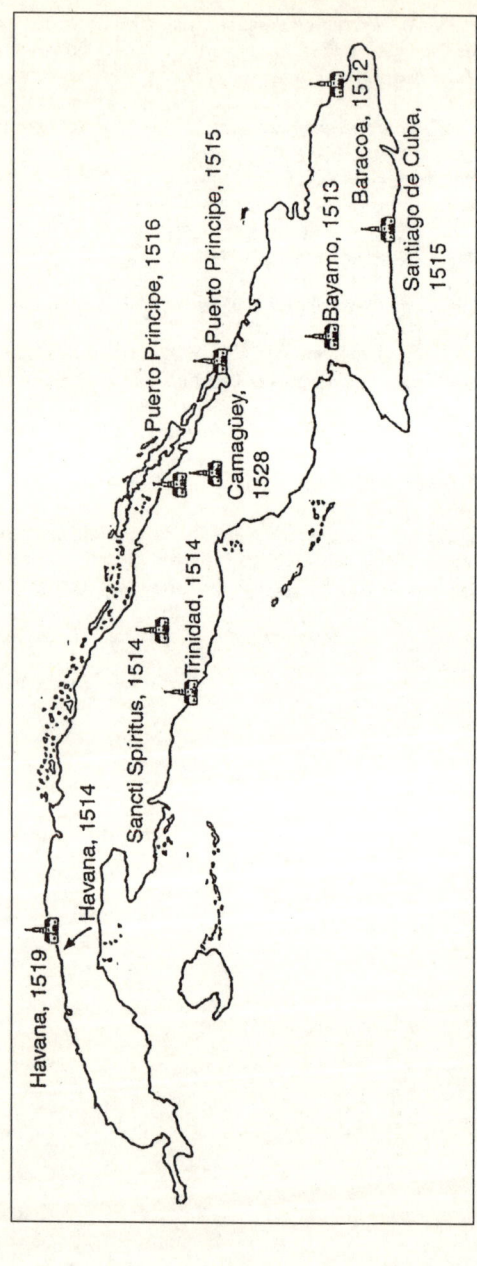

Die ersten sieben Städte (*Villas*) auf Kuba 1512–28

aus: Scarpaci, Joseph L.; Segre, Roberto; Coyula Mario, Havana. Two Faces of the Aulillean Metropolis. Foreword by Andrés Duany, Chapel Hill and London: The University of North Carolina Press, 2002.

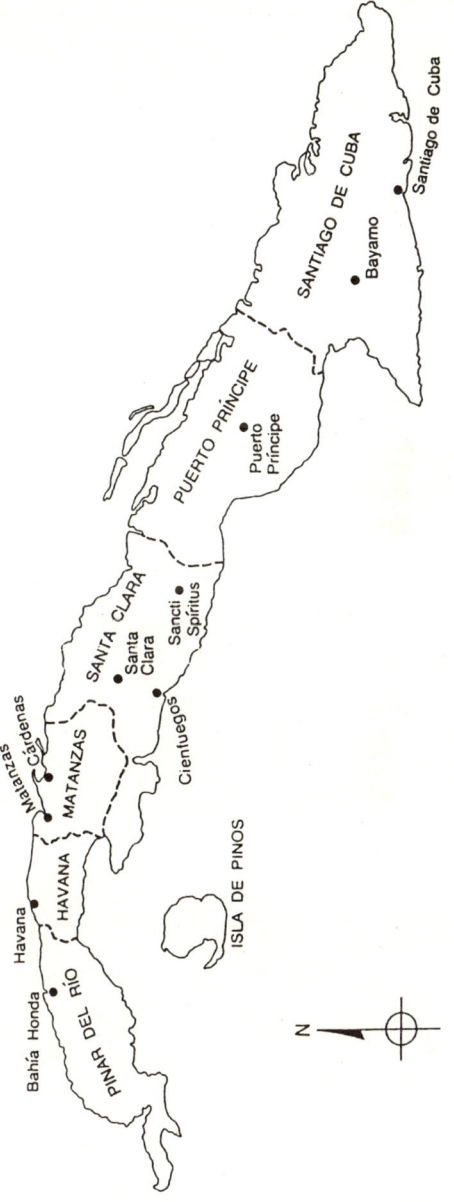

Santiago de Cuba

SANTIAGO DE CUBA

Bayamo

PUERTO PRÍNCIPE

Puerto
Príncipe

SANTA CLARA

Sancti
Spíritus

Santa
Clara

Cienfuegos

Cárdenas

Matanzas

MATANZAS

Havana

HAVANA

ISLA DE PINOS

Bahía Honda

PINAR DEL RÍO

N

Kubas Provinzen bis 1974

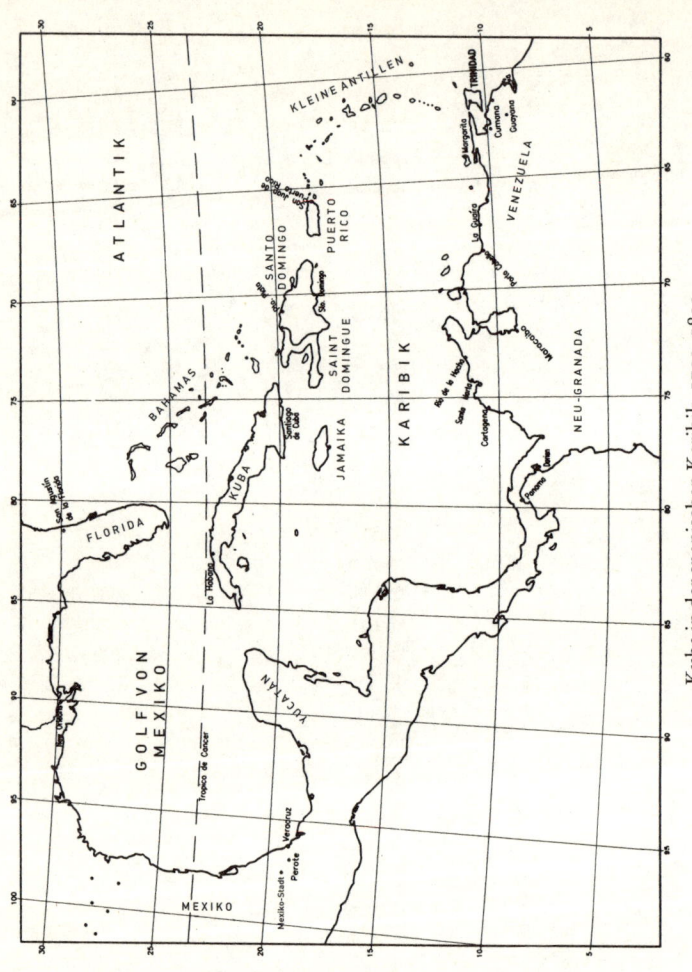

Kuba in der spanischen Karibik, 1700–1800

ATLANTIK

KLEINE ANTILLEN

TRINIDAD

VENEZUELA

Margarita
Cumaná
Guayana

La Guaira

SANTO
DOMINGO

PUERTO
RICO

SAINT
DOMINGUE

KARIBIK

Maracaibo

Río de la Hacha

NEU-GRANADA

BAHAMAS

JAMAIKA

Santa
Marta
Cartagena

Portobelo
Panamá
Darien

KUBA

Santiago
de Cuba

La Habana

FLORIDA

GOLF VON
MEXIKO

YUCATÁN

Trópico de Cáncer

Veracruz

Mexiko-Stadt
Perote

MEXIKO